rororo

Erdbeben, H1N1-Virus, Piraten, die Kriminalitätsrate in Kapstadt, die Kampfhundplage in Hoyerswerda – der Mensch im 21. Jahrhundert schwebt offenbar ständig in Lebensgefahr. Doch nicht jede Katastrophe, vor der uns die Medien aufgeregt warnen, sollte man auch zu 100 Prozent ernst nehmen. Eine gesunde Portion Skepsis und Ironie könne nicht schaden, meinen Tobias Moorstedt und Jakob Schrenk und raten: **Im Notfall Buch aufschlagen.** Denn dort ist nicht nur zu lesen, wie man einen potenziellen Selbstmordattentäter erkennt, sondern auch, wie unbegründet unsere Angst vor ebendiesen Terroristen doch ist.

Tobias Moorstedt, Jahrgang 1977, arbeitet als freier Journalist, u.a. für die *Süddeutsche Zeitung, spiegel.de*, die *taz* und ARD. Bei Suhrkamp erschien sein Buch *Jeffersons Erben. Wie die digitalen Medien die Politik verändern* (2008).
Jakob Schrenk, Jahrgang 1977, ist Redakteur bei *NEON*. 2007 erschien bei DuMont sein Buch *Die Kunst der Selbstausbeutung*. Im Rowohlt Taschenbuch Verlag haben sie 2009 gemeinsam *Das Jetzikon* veröffentlicht.

TOBIAS MOORSTEDT & JAKOB SCHRENK

IM NOTFALL

BUCH AUFSCHLAGEN

Tipps für alle möglichen Katastrophen

Zeichnungen von Leonhard Rothmoser

ROWOHLT TASCHENBUCH VERLAG

Originalausgabe
Veröffentlicht im Rowohlt Taschenbuch Verlag,
Reinbek bei Hamburg, Juni 2011

Umschlaggestaltung ZERO Werbeagentur, München
(Umschlagabbildung: © FinePic®, München)
Satz aus der DTL Documenta, PostScript, InDesign,
bei Pinkuin Satz und Datentechnik, Berlin
Druck und Bindung Druckerei C. H. Beck, Nördlingen
Printed in Germany
ISBN 978 3 499 62730 9

INHALT

EINLEITUNG

Im Herbst 2009 leuchtete die Weltkarte tiefrot. Die rasche Ausbreitung des H1N1-Virus von Mexiko über die USA und Kanada bis nach Mitteleuropa schürte die Angst vor einer neuen Supergrippe und einer tödlichen Pandemie. Die Fernsehsender und Internetzeitungen präsentierten den Siegeszug der neuen Grippe auf einem digitalen Globus, nannten Zahlen über Infektionen und Todesfälle und färbten jedes Land, in dem die Grippe bestätigt worden war, blutrot ein. Dem Zuschauer vor dem Bildschirm musste angst und bange werden, denn noch nie konnte er eine potenzielle Bedrohung derart vom globalen Horizont auf sich zu rollen sehen. Die steigende Zahl der Infizierten, die Pandemiestufen der Weltgesundheitsorganisation (1 bis 6), der Bodycount (schon 4 deutsche Opfer, schon 7, 11, 15, 23) – Panik schien die angemessene Reaktion zu sein.

Im Winter und Frühjahr 2010 wiederholte sich das Spektakel noch einmal. Und der Medienkonsument weiß: Neuartige Viren sind nicht die einzige Gefahr. Eine Boeing 747 stürzt über dem Atlantik ab. Ganze Landstriche werden von Erdbeben verwüstet. Es gibt Terroralarm und Tsunami-Warnungen, Piraten am Horn von Afrika und Amok laufende Teenager in S-Bahnen. Zu allem Überfluss verrät eine TV-Dokumentation mit dem schönen Titel *Todesfalle Haushalt*, dass die «meisten Unfälle in den eigenen vier Wänden passieren»: ein Fehltritt in der Dusche, ein tödlicher Stromschlag aus dem Toaster oder ein Handy-Akku, der fünf Zentimeter neben dem Ohr explodiert. *Game over.*

Der Mensch schwebt im 21. Jahrhundert offenbar in jeder Lebenslage in Gefahr, ist umstellt von Warnschildern und Gefahrenmeldern, deren Neonfarben grell und bedrohlich leuchten wie die Augen des Säbelzahntigers vor der Höhle des Steinzeitmenschen.

Eigentlich haben wir es im Vergleich zu unseren Vorfahren ja ganz gut, bekommen bereits vom Kinderarzt eine Spritze gegen diverse Krankheiten (und einen Lutscher!), können uns gegen Unfälle und Unglücke versichern lassen, und die Säbelzahntiger sind auch längst ausgestorben. Weil wir aber nicht nur mit Augen, Ohren und dem sechsten Sinn unsere unmittelbare Umgebung nach potenziellen Bedrohungen abtasten, sondern dank Satellitentechnik über Zwischenfälle auf der ganzen Welt informiert werden, ist das Gefühl der Gefährdung stärker denn je. Wissen ist Kontrolle, sagen manche Philosophen und Security-Dienstleister, aber in Wahrheit ist wohl das Gegenteil der Fall: Informationen sind Irritationen. Das Wissen über Naturkatastrophen in der Karibik, die Kriminalitätsrate in Kapstadt oder die Kampfhundplage in Hoyerswerda steigert nicht unsere tatsächliche Sicherheit, sondern führt uns vor allem vor Augen, was theoretisch alles schiefgehen und passieren kann und dass auf die Zukunft kein Verlass ist. Durch die Maschen unserer Sicherheitsnetze blicken wir in den dunklen Abgrund und fürchten uns sehr.

In diesem Buch berichten wir von Zombies, Piraten, Schlägern und dem gefährlichsten Tier der Welt (Löwe? Kobra? Nilpferd? Alles falsch!). Aber wir wollen Ihnen keine Angst machen. Im Gegenteil. Das Buch ist als unterhaltsame Konfrontationstherapie konzipiert, bei der man nicht nur lernt, wie man einen potenziellen Selbstmordattentäter erkennt, sondern auch, wie unbegründet unsere Angst vor ebendiesen Terroristen doch ist. Interessanter als Statistiken über neue Todesviren und die Terrorwarnstufe ist die Angst selbst. So gibt es zum Beispiel regelrechte Konjunkturen und Moden der Angst: Die Wikinger hatten Angst, dass sie am Ende der scheibenförmigen Welt mit ihren Schiffen ins

Nichts stürzen, im Mittelalter fürchtete man Dämonen und Hexen. Im 21. Jahrhundert ist der böse Blick unsere kleinste Sorge, stattdessen zittern wir vor dem unsichtbaren Systemfehler, dem Virus, Kurzschluss oder einer Terrorzelle.

Aber sind unsere Horror- und Worst-Case-Szenarien wirklich rationaler und aufgeklärter als die Ängste und der Aberglauben des Mittelalters? Vielleicht liegen wir ja schon wieder falsch und erschaffen moderne Mythen-Monster. Wir fürchten uns vor Pestiziden, Zusatzstoffen und anderen Horrorchemikalien in Lebensmitteln. Für wesentlich gefährlicher halten Lebensmittelexperten jedoch zum Beispiel Campylobacter-Infektionen. Das weitgehend unbekannte Bakterium lebt und vermehrt sich in Geflügel, Milch oder Hackfleisch und verursacht jährlich bei zehntausenden Deutschen Darmentzündungen und manchmal auch Lähmungen. Ist «die Natur» mit ihren flauschigen Kleinstlebewesen und Erregern vielleicht viel bedrohlicher als «die Chemie» (→ Lebensmittelvergiftung, S. 72)? Die ziemlich öde Feld-Wald-und-Wiesen-Grippe sorgt in Deutschland für 10 000 Tote pro Jahr, trotzdem hat das H1N1-Virus mit maximal 300 Opfern ein Schlagzeilen-Abonnement (→ Viren, S. 58). Und wer weiß schon, dass der gefährlichste Teil einer Flugreise die Autofahrt zum Airport ist (→ Fliegen, S. 20)?

Es ist noch gar nicht so lange her, da glaubte der Mensch, dass die großen Entscheidungen über Leben, Tod, Ausstattung der Vorratskammer und Höhe des Kontostands allein in der Hand Gottes lagen. Das war naiv, aber auch ganz bequem. Wenn die Blockhütte an einem verregneten Herbsttag mal wieder von einem manisch-depressiven Fluss mitgerissen wurde, war das eben Schicksal, nicht zu ändern und niemand musste sich deshalb Vorwürfe machen (→ Sintflut, S. 28). So einfach haben wir es heute nicht mehr. Ein Mensch, der einen Hai-Angriff knapp überlebt hat, wird sich gleich nach der rettenden OP die Frage gefallen lassen müssen, wieso er die Warnungen der Rettungsschwimmer nicht beachtet hat – und warum es ihm eigentlich nicht gelungen ist, das ziemlich wehleidige Tier durch ein paar gezielte Hiebe aufs Auge zu vertreiben (→ Hai, S. 150).

Menschen versuchen sich mit Alarmanlagen, Schutzimpfungen und Versicherungen vor den Gefahren der Gegenwart zu schützen. Aber egal, wie viel Geld oder Energie man in die Risikovorsorge investiert, es gibt immer etwas, an das man nicht gedacht hat, etwas, das schiefläuft. Auch ein Leser, der alle Tipps in diesem Buch auswendig gelernt hat, wird nicht ewig leben. Und nicht jedes Problem lässt sich mit den fünf Spiegelstrichen einer Powerpoint-Präsentation lösen.

Der moderne Individualist versteht sich als Drehbuchschreiber seines eigenen Lebens, will jede Entscheidung selbst treffen, hält schon den Tag-Nacht-Wechsel für eine krasse Zumutung (weil er ihn nicht beeinflussen kann) und erträgt nur schwer die Vorstellung, dass ein PKW-Unfall oder Meteoriteneinschlag sein ganz persönliches Biopic sehr plötzlich beenden kann. Wir wollen nicht nur die Gegenwart, sondern auch die Zukunft kontrollieren, aber der gefällt es nun einmal, uns zu überraschen. Niemand, der sich in den fünfziger Jahren einen Kühlschrank kaufte oder sich wenig später die Haare mit Spray zu einer Elvis-Tolle auftoupierte, ahnte, dass er mit dieser Entscheidung die Ozonschicht unserer Atmosphäre zerstörte. Das Waldsterben, vor dem sich in den achtziger Jahren jeder vernünftige Mensch fürchtete, ist dagegen ausgeblieben.

Es ist eben kompliziert. Manchmal entsteht aus der präventiven Maßnahme zur Gefahrenvermeidung sogar eine neue Gefahr. Weil nach dem 11. September in Amerika niemand mehr in ein Flugzeug steigen wollte und alle Auto fuhren, stieg die Anzahl der Verkehrsunfälle drastisch an (→ Sicherheitswahn, S. 40).

Dieses Buch ist für Abenteurer und Angsthasen gedacht, für

Heimwerker und Hausmenschen, harte Kerle und Menschen mit weichen Knien. Es ist ein Sicherheitshinweis für das Leben in der Risikogesellschaft. Wir zeigen, wie man einen Panic Room im Eigenheim installiert (→ Einbrecher, S. 15) und eine Begegnung mit einem Hund heil übersteht (→ Kampfhunde, S. 234), warnen aber trotzdem davor, einen Schutzschild aus Dienstleistungen, Vorkehrungen und Notfallplänen zu basteln. Wer sich in Schaumstoff einwickelt, verliert den Kontakt zum Leben.

Nicht das Wissen über Gefahren schafft Kontrolle, sondern die Fähigkeit, die Informationen in einen Kontext stellen, einordnen und bewerten zu können. Nicht jede Gefahr, vor der uns Frau Mama, die *Bild*-Zeitung (oder dieses Buch) aufgeregt warnen, sollte man auch zu 100 Prozent ernst nehmen. Skepsis und Ironie können nicht schaden. Und manchmal ist ein Schulterzucken schon die beste Prävention. (Nehmen Sie dafür eine lockere, entspannte Haltung ein, die Beine stehen hüftbreit auseinander. Halten Sie die Ellbogen eng am Körper und heben Sie jetzt beide Schultern so hoch es geht an. Führen Sie dabei Unterarm und Hände seitlich vom Körper weg. Die Handinnenflächen zeigen nach oben.)

Auf den folgenden Seiten werden Sie unter anderem die besten Selbstverteidigungstricks der Welt erlernen und erfahren, was Sie gegen einen Roboterangriff tun können. Unser bester Ratschlag aber heißt: Keine Panik!

01. EINBRECHER

MY HOME IS MY CASTLE

Schutz vor ungebetenen (und gegebenenfalls auch gebetenen) Gästen: Der Panic Room ist das neueste Interieur-Statussymbol.

In Städten wie New York, São Paulo oder Moskau werden Luxusapartments nicht mehr mit der «guten Lage» und dem «edlen Stuck» beworben, oder mit Features wie Pool, Personal und Panoramafenster, sondern mit dem Zusatz: «Safe Room installed». Der Panic Room, eine kleine Zelle, in der sich Bewohner vor Einbrechern und Entführern verstecken können, ist das neue Statussymbol. Nachrichten von Terroranschlägen und Geiselnahmen sind ein idealer Werbespot für Firmen, die verstärkte Türen und Bunker-Komplettpakete anbieten und die heute das beste Geschäft seit der Kubakrise machen. Ende 2009 wurde zum Beispiel der dänische Künstler Kurt Westergaard, der eine Karikatur des Propheten Mohammed veröffentlicht hatte und deshalb auf der schwarzen Liste islamischer Extremisten gelandet war, in seinem Eigenheim von einem mit einer Axt bewaffneten Somalier angegriffen. Kurt Westergaard rettete sich in seinen Safe Room und alarmierte mit dem Handy die Polizei. Der Angreifer-

wurde verhaftet, während er vergebens versuchte, die Tür aufzubrechen.

Das alte Sprichwort «My home is my castle» wird zunehmend wörtlich genommen. Genau wie mittelalterliche Burgherren, die sich nicht nur auf die hohen Burgmauern verließen, sondern im Inneren der Burg eine uneinnehmbare Zitadelle mit Quelle, Vorräten und geheimen Fluchtwegen anlegten, leisten sich immer mehr Hauseigentümer einen Schutzraum im Eigenheim. Dabei handelt es sich nicht um einen großräumigen Bunker, wie ihn im 20. Jahrhundert viele Menschen im Keller eingerichtet hatten, um sich vor Atomkrieg und nuklearem Winter flüchten zu können. Der Safe bzw. Panic Room ist eher für moderne Bedrohungen wie Gewaltverbrechen, Kidnapping oder Terroranschläge konzipiert und soll dem Bewohner nur wenige Stunden Schutz bieten. Zur Zielgruppe der Panic-Room-Hersteller gehören natürlich vor allem Staatsmänner, Geschäftsleute und andere VIPs. Aber auch Durchschnittsbürger investieren zwischen 10 000 und 300 000 Euro für einen sicheren Ort in den eigenen vier Wänden. Eine Bastelanleitung für die Worst-Case-Architektur:

1. Standortsuche: Nicht jedes Zimmer im Haus eignet sich als Safe Room. Der Raum sollte kompakt und fensterlos sein und Platz für alle Bewohner bieten. Achten Sie auch darauf, dass der Raum gut und schnell zu erreichen ist – der Heizungskeller oder der Speicher im zweiten Stock sind eher nicht geeignet. Im Idealfall sollte man den Safe Room sogar über mehrere Routen erreichen können. Nicht jeder Hausbesitzer verfügt über ausreichend Wohnfläche, um einen Raum dem Sicherheitsbedürfnis zu opfern, oft werden deshalb Badezimmer oder begehbare Kleiderschränke zu einem Safe Room upgegradet.

2. Türen und Schlösser: Die Tür ist das wichtigste Bauteil eines Safe Rooms. Experten empfehlen ein kugelsicheres Produkt mit integriertem Stahlrahmen. Der Nachteil einer solchen Konstruktion ist, dass eine derart verstärkte Tür oft mehrere hundert Kilo wiegt. Moderne Materialien wie Kevlar oder Fiberglas werden deshalb immer beliebter. Die Tür sollte sich mit einem Handgriff schließen und ohne Schlüssel absperren lassen. Absolutes Premiumprodukt ist ein elektrisches Magnetschloss, das weder mit Brecheisen noch mit Dietrichen geknackt werden kann. Eine Tür ohne Türgriff ist eine Wand.

3. Dreidimensionaler Schutz: Ein Safe Room ist ein Tresor für Menschen. Deshalb ist es wichtig, alle Berührungsflächen mit der Außenwelt zu verstärken. Verfügt Ihr Haus über Böden und Decken aus Beton: Prima! Falls nicht, sollten Sie auch hier Stahlnetze oder Kevlarplatten einfügen. Die Wände sollten mit kugelsicheren Stahlplatten verstärkt werden. Stellen Sie sicher, dass die Verstärkungen nicht die Statik des Gebäudes überlasten.

4. Über-Lebensmittel: Ein Safe Room ist nur für eine Aufenthaltsdauer von wenigen Stunden konzipiert. Große Vorräte, wie sie in den alten Atombunkern üblich waren, sind deshalb nicht vonnöten. Trotzdem sollten Sie darauf achten, im Innenraum einige überlebenswichtige Dinge zu lagern. Das Katastrophenhandbuch des US-Justizministeriums listet Wasser, haltbares Essen, Erste-Hilfe-Ausrüstung sowie Taschenlampen mit frischen Batterien auf. Verteidigungsmittel wie Pfefferspray, Elektroschocker oder gar eine Feuerwaffe könnten, so Experten, dazu beitragen, das subjektive Sicherheitsgefühl zu verstärken. Manche raten gar dazu, eine Toilette mit eigenem Wasserkreislauf zu installieren.

5. Kommunikation: Ein Safe Room sollte unbedingt einen Kommunikationskanal zur Außenwelt aufweisen. Verlassen Sie sich dabei nicht auf Ihr Telefon-Netzwerk, das womöglich von Eindringlingen außer Kraft gesetzt wird. Auch der Empfang von Mobiltelefonen (immer aufgeladenen Akku vorrätig halten!) könnte durch die Stahlkonstruktion des Raumes gestört sein. Die sicherste Option ist es, ein kleines Funkgerät im Mini-Bunker zu deponieren. Halten Sie eine Liste der wichtigsten Nummern und Frequenzen griffbereit. Elaborierte Konstruktionen verfügen oft über Monitore, die mit Überwachungskameras im Haus verbunden sind. Der Vorteil: Sie können die Situation besser beurteilen. Der Nachteil: Womöglich müssen Sie hilflos dabei zusehen, wie die Einbrecher Ihre Wohnung und Ihre materielle Existenz vernichten.

6. Ego-Schutzhaft: Ein Schutzraum sollte im Idealfall schalldicht sein. Das stellt sicher, dass die Eindringlinge Ihre Kommunikation mit den Sicherheitsbehörden nicht verfolgen können. Außerdem, betonen Experten, sei es immens wichtig, dass die Angreifer die Menschen im Safe Room nicht psychisch unter Druck setzen können, wie man es zum Beispiel in dem Hollywoodfilm *Panic Room* mit Jodie Foster sehen konnte. Lassen Sie sich nicht auf psychologische Spielchen mit den Angreifern ein.

7. Extras: Die besten Safe Rooms sind luftdichte Kammern mit Temperatur- und Feuchtigkeitskontrolle. Experten raten dazu, den Schutzraum als geschlossenes System zu konstruieren, mit eigener Strom-, Wasser- und Luftversorgung. Das stellt sicher, dass Angreifer Sie nicht mit Tränengas oder anderen Substanzen ausräuchern können. Einige empfehlen auch, einen Fernseher und DVD-Player einzubauen. Manchmal braucht die Polizei eben länger. Und entspannte Menschen handeln überlegter und abgeklärter als Safe-Room-Insassen mit Lagerkoller.

8. Dekoration: Als letzten Schritt sollten Sie sich darüber Gedanken machen, wie man den Safe Room so gestaltet, dass er nicht wie ein militärisches Sperrgebiet im Wohnbereich wirkt. Verkleiden Sie die Stahlelemente zum Beispiel mit Ziegeln oder Holzpaneelen. Hängen Sie Bilder auf, und vielleicht macht sich ja auch eine Designerlampe gut in dem Raum. Das alles stellt nicht nur sicher, dass der Safe Room schwerer zu orten ist, sondern erhöht auch den Wohnkomfort. Und darauf will man nicht verzichten. Auch nicht in diesen Zeiten.

02. FLIEGEN

SICHER IN DER STRATOSPHÄRE

Ein Flugzeugabsturz muss keine Katastrophe sein – vorausgesetzt man beachtet die wichtigsten Sicherheitsregeln.

Die Turbinen fallen aus, die Sauerstoffmasken fallen von der Decke, und die dicke Dame auf Platz 17A beginnt, die Arie der Panik zu kreischen. Vor keiner Katastrophe fürchtet sich der Mensch mehr als vor einem Flugzeugabsturz. Weit über fünfzig Hollywood-Filme haben sich bisher mit Flugkatastrophen beschäftigt und tragen Titel wie *Falcon Down – Todesflug ins Eismeer*. Und Tageszeitungen berichten 1500-mal häufiger über Flugzeugabstürze als über Autounfälle. Dabei ist der gefährlichste Teil einer Flugreise die Fahrt zum Flughafen. Von den insgesamt rund 2,3 Milliarden Passagieren, die im Jahr 2009 weltweit auf 35 Millionen Flügen befördert wurden, starben nur 685. Die Wahrscheinlichkeit, im Straßenverkehr ums Leben zu kommen, ist bis zu einhundertmal höher als der Tod in der Stratosphäre. Die International Air Transport Association (IATA) kommt zu dem Ergebnis, dass ein Mensch schon 4807 Jahre lang jeden Tag ins Flugzeug steigen müsste, um statistisch in einen Flugunfall verwickelt zu werden – auf so ein Meilenkonto kommen nicht mal die aktivsten Vielflieger. Auch im – wie es die Stewardessen immer nennen – «unwahrscheinlichen Fall einer Notlage», tut man als Passagier gut daran, eine Panikattacke (→ Panikattacken, S. 171) zu vermeiden und stattdessen kühl und überlegt zu handeln. Selbst bei schweren Flugzeugabstürzen überleben 56 Prozent aller Passagiere. Mit diesen acht Tipps zählen Sie zur glücklichen Mehrheit:

1. Seien Sie wählerisch: Fluglinien lassen sich nicht nur nach Ticketpreis und der Garderobe der Flugbegleiterinnen unterscheiden, auch die statistische Sicherheit sollte ein zentrales Auswahlkriterium sein. Als sicherste Fluglinien der Welt gelten Emirates, Virgin Atlantic, El Al und Finnair. Besonders gefährlich sind THY Turkish Airlines, China Airlines und die brasilianische TAM Linhas Aéreas. 70 Prozent aller sogenannten Totalverluste von Maschinen entfallen auf Airlines aus Entwicklungsländern, obwohl diese nur 15 Prozent des weltweiten Flugverkehrs abwickeln.

2. Fliegen Sie nie erster Klasse: Die alte Schulbusweisheit «Die hinteren Plätze sind die besten» gilt auch im Flugzeug. Eine Auswertung aller Bruchlandungen und Abstürze kommerzieller Flüge seit 1971 ergab, dass die Überlebenswahrscheinlichkeit auf einem Sitzplatz im Heck um etwa 40 Prozent höher ist, als wenn man auf einem der Luxus-Klappbetten in den vorderen Reihen logiert. Denn Flugzeuge krachen bei Bruchlandungen oft zuerst mit der Nase in den Boden. In die First Class kommt auch der Tod als Erster. Der Service ist makellos.

3. Wählen Sie einen Sitz in der Nähe des Notausgangs: Ed Galea von der Greenwich University in London hat 105 Flugzeugabstürze samt Sitzplänen und den Berichten von 1917 Überlebenden und 155 Flugbegleitern sorgfältig studiert. Er stellte fest, dass die Überlebenden in einem brennenden Flugzeug durchschnittlich fünf Sitzreihen bis zum nächsten Notausgang zurücklegten. Aus dieser Erkenntnis heraus formulierte Galea die 5-Reihen-Regel: Am wahrscheinlichsten überleben Passagiere, die direkt am Notausgang oder eine Reihe davor oder dahinter sitzen. Wenn der Sitzplatz mehr als fünf Reihen vom Notausgang entfernt ist, ist die Wahrscheinlichkeit zu sterben deutlich größer als die Wahrscheinlichkeit zu überleben. Es lohnt sich also, vor dem Check-in den Sitzplan des eingesetzten Flugzeuges zu studieren.

4. Bestehen Sie auf einem Gangplatz: Der Blick auf Wolkengebilde und Sonnenaufgänge ist natürlich eine schöne Erfahrung, aber wiegt das wirklich Ihr Leben auf? Passagiere, die am Gang sitzen, haben bei Bruchlandungen eine Überlebenschance von 64 Prozent, auf einem Fensterplatz sind es nur 58 Prozent. Der Gangsitzer ist im Fall einer Bruchlandung besser geschützt, außerdem kann er sich nach der unsanften Landung einfacher befreien und hat einen kürzeren Weg zum Notausgang.

5. Bleiben Sie nüchtern: Es mag schon sein, dass die Enge, das Schnarchen und die Essgeräusche der anderen Mitreisenden eigentlich nur im betrunkenen Zustand zu ertragen sind, und ein Bloody Mary schmeckt ja auch wirklich gut. Andererseits: Da betrunkene Menschen dazu neigen, sich nicht nur im Alltag, sondern auch in extremen Gefahrenzuständen unvernünftig zu verhalten, kann absolute Nüchternheit die Überlebenswahrscheinlichkeit eines Menschen um bis zu 50 Prozent erhöhen.

6. Bewahren Sie Ruhe: Beim Absturz eines Flugzeugs, nach der Bruchlandung oder wenn der Flieger schon brennt, verlieren die Insassen in der Regel nicht die Kontrolle, schreien oder irren kopflos umher. Sie verfallen vielmehr in eine Art Schockstarre, Experten sprechen von «negativer Panik», sie machen einfach gar nichts. Und reduzieren so ihre Überlebenschancen auf null.

7. Achten Sie auf Ihren Body-Mass-Index: Ist die Maschine schon im Sturzflug, mag es für Ernährungstipps vielleicht etwas zu spät sein. Aber laut Untersuchungen der amerikanischen Federal Aviation Administration haben schlanke Menschen die besten

Chancen, sich aus einem Wrack zu befreien oder durch einen engen Notausgang zu zwängen. Doch nicht nur Übergewicht, sondern auch Alter, Körperbau und Geschlecht haben Einfluss auf die Überlebenschancen. Junge Männer, die in ihrem übrigen Leben auf Grund der verstärkten Neigung zu Alkoholkonsum, Vollkontaktsport und frisierten Sportwagen eher gefährlich leben, können sich im Flugzeug sicherer fühlen als die alte Dame oder die junge Mutter auf dem Nebensitz.

8. Hören Sie auf die Stewardess: Natürlich wirken Sie wie ein souveräner und erfahrener Vielflieger, wenn Sie gelassen in der Tageszeitung oder dem Duty-free-Katalog blättern, während die Flugbegleiter im Gang von Notwasserung und Sauerstoffnot sprechen und kleine Turnübungen mit Sauerstoffmaske und Schwimmweste vollführen. 60 Prozent aller Flugreisenden geben zu, dass sie sich nicht die Mühe machen, die Sicherheitshinweise der Airlines zu studieren. Kein Wunder, dass das Bildungsniveau der Passagiere erbärmlich ist: Die meisten Befragten gehen davon aus, dass sie bei einem Abfall des Kabinendrucks bis zu eine Stunde ohne Sauerstoff überleben könnten (es sind nur wenige Sekunden). Eine Mehrheit denkt auch, dass sie dreißig Minuten Zeit haben, um ein brennendes Flugzeug zu verlassen. Tatsächlich beträgt die Frist nur 90 Sekunden. Im Fall einer Notlandung entscheidet vor allem das überlegte und korrekte Verhalten der einzelnen Passagieren über Leben und Tod: Über 40 Prozent aller Todesfälle bei Flugzeugabstürzen wären vermeidbar gewesen, wenn sich die Betroffenen klüger und souveräner verhalten hätten. Das bedeutet: Die sogenannte «Brace»-Position bei der Notlandung einnehmen (Anlehnen an den Vordersitz), schnell genug nach der Sauerstoffmaske greifen, das Handgepäck bei der Evakuierung zurücklassen und sich vor dem Start niemals die Schuhe ausziehen (manchmal kann einem Stilempfinden auch das Leben retten)!

03. GEISELNAHME

EMOTIONALES KIDNAPPING

Eine Entführung ist unangenehm. Umso wichtiger ist die richtige Kommunikation mit dem Geiselnehmer.

Am 15. April 1974 stürmten vier schwer bewaffnete Mitglieder der amerikanischen Stadtguerilla Symbionese Liberation Army (SLA) eine Filiale der Hibernia National Bank in San Francisco. Wie bei einem Rockkonzert rief der Anführer: «Wir sind die SLA!», dann deutete er auf eine Frau, die sich mit Maschinenpistole im Anschlag in der Schalterhalle postiert hatte, und setzte hinzu: «Und das ist Tania Hearst.» Die junge Frau war zu dieser Zeit ein Weltstar wie Liz Taylor oder Janis Joplin, jeder kannte ihr Gesicht von den Titelseiten der Zeitungen und aus den TV-Nachrichten. Die 20-jährige Erbin des Milliardenvermögens von Zeitschriftenmogul William Randolph Hearst, dem der Regisseur Orson Welles mit *Citizen Kane* ein Denkmal aus Zelluloid gesetzt hat, war zwei Monate zuvor von der SLA aus ihrer Penthouse-Wohnung in Südkalifornien entführt worden. Während der Gefangenschaft wurde Patty vom Opfer zum Mitglied der Gruppe, wandelte sich vom unpolitischen Tiffany-Fan zur militanten, linksradikalen Kämpferin und taufte sich «Tania» – zu Ehren von Tania la Guerrillera, der ostdeutschen Geliebten von Che Guevara.

Ein ähnlicher Fall ereignete sich ein Jahr zuvor in Stockholm. Zwei Kidnapper hatten am 23. August 1973 eine Bank überfallen, vier Angestellte in ihre Gewalt gebracht und sich mit ihnen im schwer gesicherten Tresorraum verschanzt. Im Laufe der mehrtägigen Geiselnahme zeigte sich, dass die Entführten mit den

Entführern mehr und mehr sympathisierten und sich am Ende weigerten, mit der Polizei zusammenzuarbeiten. In einem Telefongespräch mit dem damaligen Ministerpräsidenten Olof Palme sagte eine der Geiseln: «Mich bedrückt, dass die Polizei uns angreifen wird ... aber Jan (Anmerkung: einer der beiden Täter) sitzt hier und beschützt uns vor der Polizei.»

Seit der spektakulären Geiselnahme in Südschweden sprechen Soziologen vom Stockholm-Syndrom, wenn sie versuchen, die verzerrte Wahrnehmung von Kidnapping-Opfern zu verstehen. Sollten Sie eines Tages also entführt werden und feststellen, dass Sie plötzlich positive Gefühle für Ihre Peiniger empfinden, dann zweifeln Sie nicht an Ihrem Verstand. Das Stockholm-Syndrom ist eine nachvollziehbare Reaktion von Entführungsopfern auf den Ausnahmezustand. Um das Syndrom zu bekämpfen, müssen Sie es aber erst verstehen.

Das kuriose Verhalten von Patty Hearst und den schwedischen Bankangestellten hat durchaus rationale Gründe. Geiselnehmer und Geiseln befinden sich in einer ähnlichen Lage, teilen sich nicht nur den begrenzten Raum und die begrenzten Notrationen, sondern müssen auch darauf hoffen, dass die Lösegeldforderungen möglichst schnell erfüllt werden und die Polizei keinen gewaltsamen Befreiungsversuch startet. Diese paradoxe Verbundenheit wird durch Gespräche und die allgemeine Stresssituation noch verstärkt. Eine der Stockholmer Geiseln, die unter schwerer Platzangst litt, empfand zum Beispiel enorme Dankbarkeit für ihre Kidnapper, als die ihr erlaubten, den Tresorraum an eine Leine gefesselt für wenige Minuten zu verlassen.

Das Stockholm-Syndrom wirkt wie eine potente Psychodroge, die den Geist verwirrt und den Lauf der Dinge umpolt – aus der Demütigung, wie ein Hund an der Leine gehen zu müssen, wird ein Akt der Gnade.

Es ist nicht ratsam, aus Angst vor dem Stockholm-Syndrom

jegliche Kommunikation mit den Geiselnehmern zu vermeiden. Smalltalk mit den Kidnappern bietet sich aus nachrichtendienstlichen Gründen an, da Sie so eventuell entscheidende Informationen erhalten, die bei einem Fluchtversuch nützlich sein könnten, sowie andere Hinweise, die bei der späteren Ergreifung der Täter helfen könnten. Empfindet der Täter ein wenig Sympathie oder Mitgefühl für die Geisel, wird er sie vermutlich besser behandeln; außerdem sinkt die Wahrscheinlichkeit, dass er sie im Affekt tötet oder sie ums Leben bringt, um seinen Forderungen Nachdruck zu verleihen und die Polizei zu beeindrucken. Tatsächlich fürchten sich auch die Kidnapper vor dem Stockholm-Syndrom. Der ehemalige RAF-Terrorist Peter-Jürgen Boock erzählt gerne, wie er in den siebziger Jahren von jemenitischen und palästinensischen Ausbildern in Rollenspielen auf Entführungen vorbereitet wurde: «Es ging im Wesentlichen darum, wie man im Falle eines Kidnappings einerseits die Geiseln durch einen ständig wechselnden Mix aus Einschüchterung, Terror und selektiver Freundlichkeit in Angst und Abhängigkeit hält, andererseits aber das sogenannte Stockholm-Syndrom vermeidet.»

Psychoanalytiker sprechen von einer «Identifikation mit dem Aggressor». Das Leben der Geisel liegt vollkommen in der Hand des Geiselnehmers, er bestimmt, wann seine Opfer essen, trinken, schlafen und frei atmen dürfen. Dieser extreme Kontrollverlust ist für die Geiseln nur zu ertragen, indem sie sich selbst hinters Licht führen und sich einreden, der Geiselnehmer sei gar nicht böse, sondern werde im Gegenteil alles dafür tun, das Leben der Geiseln zu schützen. Diesem mentalen Mechanismus kann man entgehen, wenn man die eigenen Gedanken und Emotionen immer wieder auf ihre Gründe hinterfragt. Im Idealfall gelingt es Ihnen sogar, Sympathien für den Geiselnehmer nur vorzutäuschen und ihn dadurch emotional zu manipulieren. Genau das schaffte der amerikanische Botschafter Diego Ascensio während einer Geiselnahme in Bogotá im Jahr 1980. Ascensio diskutierte intensiv mit den Kidnappern der Terrororganisation M-19 über amerikanische Außenpolitik, beriet als erfahrener Diplomat seine Peiniger bei den Verhandlungen mit der US-Regierung und versuchte durch sein besonnenes Auftreten, die Rebellen zu beruhigen und Zuversicht zu verbreiten. Mit Erfolg. Die Geiselnehmer gaben sich damit zufrieden, dass die amerikanische und die kolumbianische Regierung nur einen Teil ihrer Forderungen erfüllten, und zogen ab. Die Geiselnahme ging unblutig zu Ende.

Patty «Tania» Hearst gelang es erst mit der Hilfe von Polizei und Staatsanwaltschaft, sich von ihren Peinigern loszusagen. Nach mehreren Banküberfällen wurde Hearst im Jahr 1975 gefasst. Im Prozess gab sie an, durch Misshandlungen und Gehirnwäsche gezwungen worden zu sein, sich der SLA anzuschließen. Hearst bekam 35 Jahre Haft, von denen sie jedoch nur 22 Monate absitzen musste. Für zukünftige Entführungen beugte sie vor. 1979 heiratete Hearst ihren Bodyguard Bernard Shaw, der heute als Sicherheitschef der Hearst Corporation arbeitet.

04. SINTFLUT

NOAHS ERBEN

Tipps bei Hochwasser, Flutkatastrophen und emotionalen Dammbrüchen.

Ein bekannter Action-Bestseller, *Die Bibel*, beschreibt Noah als einen hilfsbereiten, entscheidungsfreudigen und handwerklich begabten Mann mit langem, weißen Rauschebart, der 950 Jahre alt wurde, im Alter von 500 Jahren die Söhne Sem, Ham und Jafet zeugte und auch gerne mal einen über den Durst trank – ein echter Kerl also, nicht unähnlich Bruce Willis und Chuck Norris. Allerdings muss man sagen, dass der ewige Ruhm, der dem Arche-Architekten zuteil wird, ein wenig unverdient ist: Noah hatte schließlich nicht mit Problemen wie Klimawandel, Flussbegradigungen und Flächenversiegelungen zu tun und erlebte in seinem knapp tausendjährigen Leben nur eine Flut – jeder Bewohner einer durchschnittlichen ostdeutschen Kleinstadt muss alle zwei bis drei Jahre mit einer Flutkatastrophe rechnen. An Elbe und Oder gab es innerhalb von zehn Jahren gleich drei sogenannte «Jahrhunderthochwasser». Im 21. Jahrhundert sind Grundkenntnisse in Dammbau und Arche-Konstruktion also erste Bürgerpflicht.

Prävention I: Bevor das Wasser über die Ufer trat, gab Gott seinem Diener Noah einen kleinen Hinweis, damit dieser mit dem Bau seiner Arche beginnen konnte. Rechnen Sie nicht mit derartiger Gnade. Die Flutwelle erreicht die ersten Häuser oft nur drei Stunden nach der Warnung des Katastrophenschutzes. Es ist deshalb ratsam, einen permanenten Ringdeich um das Haus zu bauen, wie ihn auch viele Bauernhöfe und Landgüter in Schleswig-Holstein errichtet haben (ja, auch wenn man im bayerischen Oberland wohnt). Der Drei-Zonen-Deich ist das Premiumprodukt dieser Strukturgattung. Der sogenannte Stützkörper besteht aus einem Sandkern, der mit Erde und Schutt bedeckt wird. Auf der Binnenseite, also der Seite, die trocken bleiben soll, sollte man grobkörnigen Kies auftragen, da das Material eine Art Filter bildet und Wasser, das doch durch den Deich dringt, auf kontrollierte Art und Weise ablässt. Zur Wasserseite hin sollte ein wasserabweisendes Material wie Beton oder Lehm den Deich abschließen (im Notfall tut es aber auch eine Folie).

Prävention II: Falls Ihnen der Platz oder die Baugenehmigung zur Errichtung eines Ringdeichs fehlt, sollten Sie sich wenigstens vorsorglich ein Sandsacklager anlegen. Fünfzig Stück passen auf eine Euro-Palette und sind das absolute Minimum. Während in Normalzeiten ein Sandsack etwa fünfzig Cent kostet, erhöht sich der Preis im Katastrophenfall oft um 1500 Prozent. Sandsäcke sind also eine interessante Anlagemöglichkeit.

Der Ernstfall: Wenn das Wasser kommt, sollten Sie nicht zu lange vor dem Fernseher hängen bleiben und sich zusammen mit den TV-Journalisten davon berauschen lassen, wie der Fluss von der Linie zur Fläche übergeht. Ein Hochwasser schafft eine neue Realität und ist eine besonders fotogene Katastrophe, von der die Medien gar nicht genug bekommen können. Sie aber sollten nun den Fernseher abschalten und sich um den Keller kümmern. Dichten Sie die Kellerfenster mit Folie (Plastiktüten, Bettlaken) ab und schichten Sie Sandsäcke vor den Fenstern auf. Die Sandsäcke sollten auch ein paar Zentimeter der Hauswand bedecken, damit sich das Wasser nicht zwischen Mauerwerk und Sandsack hindurchdrücken kann. Leider kann eine perfekte Abdichtung des Kellers auch eine unangenehme Konsequenz haben: In Überflutungsgebieten steigt der Grundwasserspiegel. Der Pegel kann Gebäude, deren Keller nicht geflutet sind und die deshalb verhältnismäßig leicht sind, anheben und die Bausubstanz beschädigen.

Personenschutz: Im Fall einer Flutkatastrophe kommt es immer auch zu einem sozio-emotionalen Dammbruch. Die über Jahre aufgestauten Gefühle der Solidarität und Mitmenschlichkeit ergießen sich über die Welt. Sichern Sie deshalb nicht nur das eigene Haus, sondern kümmern Sie sich auch um Ihre Nachbarn. Bestenfalls haben Sie sich bereits im Vorfeld mit fluterfahrenen älteren Mitbürgern unterhalten und Höhenkarten beim Katasteramt eingesehen, sodass Sie wissen, aus welcher Richtung das Wasser kommen wird (kleiner Tipp: Es ist nicht immer die Flussseite). Dichten Sie Ihre Straße an einer passenden Stelle ab. Die Länge des Deichs entspricht logischerweise der abzusperrenden Fläche. Für einen fünfzig Zentimeter hohen Deich muss die unterste Lage zehn Sandsäcke breit sein, mit jeder Lage nehmen Sie einen Sandsack weniger, sodass der Deich am Ende eine Dreiecksform hat. In solchen Momenten werden Helden geboren und Abonnements für die Grilleinladungen der kommenden Jahre abgeschlossen. Gerhard Schröder hat die Wahl 2002 nur gewonnen, weil er sich mit Gummistiefeln und Spaten an der Elbe blicken ließ, und Helmut Schmidt verdankt seine lebenslange Popularität dem «entschlossenen Handeln» bei der Hamburger Flutkatastrophe 1962.

Flucht I: Sie waren stark, aber das Wasser war stärker? Flucht ist keine Schande. Wenn Sie zu Fuß fliehen, sollten Sie auf keinen Fall Wathosen tragen, also jene Gummi-Latzhosen, die auch von Anglern benutzt werden. Denn falls Sie ausrutschen sollten, was aufgrund des feuchten Untergrunds und der reißenden Strömung nicht ganz unwahrscheinlich ist, läuft Ihr Kautschukbeinkleid von

Die schwedische Arche: Wenn Deiche brechen und Flüsse über die Ufer treten, sollte man in der Lage sein, ein Fluchtfahrzeug zu bauen. Das Billy-Regal von Ikea ist auf Grund seiner niedrigen Materialqualität gut geeignet. Wichtig: Zuvor die Goethe-Gesamtausgabe entfernen.

1

2

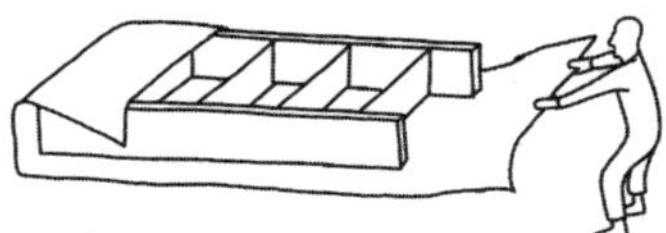

3

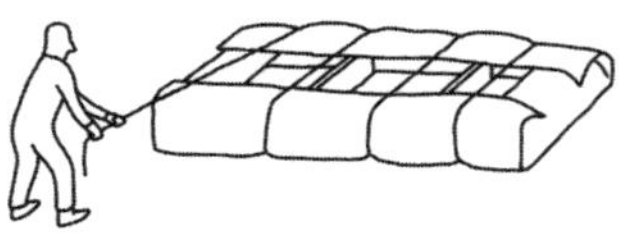

4

5

oben voll und die eigene Schutzkleidung drückt Sie unter Wasser. Immer wieder ertrinken Menschen mit Wathosen in nicht einmal hüfttiefem Wasser. Auch die Flucht mit dem PKW ist nicht ganz unproblematisch. Sicher kennen Sie die TV-Bilder von Autos, die so schnell durch geflutete Straßen fahren, dass die Gischt spritzt und sie wie glamouröse Amphibienfahrzeuge aussehen. Eine Nachahmung ist nicht empfohlen. Bereits bei einem Wasserstand von nur zehn Zentimeter auf der Straße sollte man maximal Schrittgeschwindigkeit fahren, da das aufgewühlte Wasser von unten in den ungeschützten Motorraum spritzen und Kurzschlüsse auslösen könnte (ein Auto ist heutzutage auch nur ein Computer). Steht das Wasser höher als zwanzig Zentimeter, besteht die Gefahr, dass der Motor über seine Lüftung Wasser statt Luft ansaugt und im Zylinder versucht zu komprimieren. Wie Sie vielleicht aus dem Physikunterricht wissen, lässt sich Wasser jedoch nicht komprimieren. Die Folge ist ein sogenannter Wasserschlag, auch bekannt als Totalschaden.

Flucht II: Sie wollen ausharren, aber das Wasser steigt immer höher? Auch gut. Gehen Sie nun auf keinen Fall mehr in den Keller, um die Heizung auszuschalten oder die Fotos von Ihrer Hochzeitsreise zu retten. Immer wieder ertrinken Menschen in den unteren Geschossen eines Gebäudes, weil sie unterschätzen, mit welcher Geschwindigkeit und Stärke das Wasser einströmt. Springen Sie nach Möglichkeit auch nicht ins Wasser, denn dort kühlen Sie sehr schnell aus (→ Eiswasser, S. 200). Die Fließgeschwindigkeit des Wassers steigt im Flutfall auf bis zu 14 Stundenkilometer. Bei solchen Bedingungen bekommt auch ein geübter Rettungsschwimmer echte Probleme. Falls Sie doch ins Wasser geraten, könnte sich beispielsweise Ihr Ikea-Regal wegen seines großes Volumens und des durch minderwertige Materialien bedingten geringen Gewichts als Schwimmhilfe eignen.

Achten Sie auf Baumstämme, die Sie unter Wasser drücken könnten. Vorsicht: Schon Ihr eigener Gartenzaun könnte zur Todesfalle werden, da die Strömung Ihre Beine zwischen die Holzlatten drückt wie in einen gigantischen Rechen.

Flucht III: Wenn es ganz hart kommt und das Wasser in Ihrem Haus immer höher steigt, sollten Sie auf das Dach steigen (wenn Sie kein Dachfenster haben, schneiden Sie rechtzeitig eine Luke). Warten Sie dort oben auf einen Hubschrauber von RTL, der Sie filmt, und den deutlich später eintreffenden Hubschrauber der Bundeswehr, der Sie rettet.

05. JUGENDGEWALT

DAS EISENKINN

S-Bahn-Schlägerei oder handfeste Kneipendiskussion: Nehmerqualitäten sind überlebenswichtig.

Die U-Bahn-Tunnel deutscher Großstädte sind nach Einbruch der Dunkelheit ein gefährliches Terrain – trotz des flächendeckenden Einsatzes von Überwachungskameras, Neonlicht und edlen Marmorplatten. Die Bürger fürchten sich vor dem Untergrund und den «S-Bahn-Schlägern», gewaltbereiten Jugendlichen, die die Bahnsteige, Sperrengeschosse und Rolltreppen mit Terror überziehen. Viele Menschen trauen sich nicht mehr, die öffentlichen Verkehrssysteme zu benutzen, und setzen sich in den PKW, was die CO_2-Belastung der Atmosphäre erhöht und ganz neue Gefahren heraufbeschwört (→ Sintflut, S. 28). Wie kann man diese Angst besiegen? Suchen Sie im Internet nach Statistiken zu Kriminalität und sehen Sie, dass die Wahrscheinlichkeit, Opfer eines Gewaltverbrechens zu werden, seit Jahren sinkt. Sie haben immer noch Angst? Dann trainieren Sie Ihr Glaskinn weg und lernen Sie, einen Faustschlag gut wegzustecken. Denn egal ob man nun in einer Bar, dem ÖPNV oder dem Boxring steht: Nehmerqualitäten sind immer gefragt.

- Der Zeitpunkt ist verstrichen, an dem Sie davonlaufen oder die Situation mit einigen kernigen Komplimenten an den Kontrahenten hätten entspannen können. Akzeptieren Sie ihre Situation. Antizipieren Sie den Schmerz. «Man muss die Dinge nehmen, wie sie sind», hat Bruce Lee gesagt. «Man schlägt, wenn man schlagen muss, man tritt, wenn man Füße verwenden muss.» Und so kann man den Lehrsatz des Meisters fortführen: Man bekommt eine in die Fresse, wenn man eine in die Fresse bekommt. Die Let-it-be-Haltung macht Sinn: Wenn der Geist entspannt ist, dann sind auch die Muskeln und der Körper locker, man ist schwerer aus der Balance zu bringen und kommt auch leichter über den Schock des Schmerzes hinweg.

- Halten Sie die Augen offen. Es ist eine natürliche Reaktion, die Augen zu schließen, wenn die Faust auf einen zurast. Lassen Sie Ihren Gegner nicht aus dem Blick. Schauen Sie jedoch nicht auf die verzerrten Gesichtszüge oder die kalten Augen, sondern auf seine Schultern und die Hüftpartie: Hier wird die Bewegungsauslösung zuerst sichtbar, und Sie können so Zeitpunkt und Richtung des Schlages abschätzen und entsprechend reagieren.
- Körpertreffer: Ist der Schlag gegen Brust oder Bauch gerichtet, spannen Sie die Bauchmuskeln an. Auch wenn Sie kein Sixpack haben: Die Abs gehören zu den härtesten und stärksten Muskeln des Menschen. Ein natürlicher Schutzpanzer. Atmen Sie kurz und scharf aus, bevor Sie die Faust trifft. Werden Sie beim Einatmen oder mit zu viel Luft im Bauchraum erwischt, dann ist Atemnot die Folge und Sie sind außer Gefecht gesetzt.
- Kopftreffer: Halten Sie den Mund geschlossen, um sich nicht aus Versehen die Zunge abzubeißen. Halten Sie Ihr Kinn unten, sodass der Hals geschützt ist und Ihre Stirn die Faust abfängt. Der Schädelknochen ist an der Stirn sehr dick. Mehr als eine oberflächliche Verletzung ist nicht zu befürchten. Wenn Sie Glück haben, dann bricht sich Ihr Gegner die Finger und der Kampf ist vorbei.
- Bleiben Sie mit beiden Füßen auf dem Boden der Tatsachen. Stehen Sie stabil und flexibel. Wie eine Weide im Wind, würden japanische Lehrmeister wie Mr. Miyagi aus *Karate Kid* wohl sagen. Beine schulterbreit auseinander. Knie leicht gebeugt.

Wenn Sie am Boden liegen, sind Sie weiteren Angriffen wie Tritten gegen Rippen oder Kopf schutzlos ausgeliefert. Sollten Sie doch zu Boden gehen, schützen Sie Gesicht und Bauch, Weichteile und Schwachstellen, und rollen Sie sich schnell außerhalb der Reichweite des Angreifers (ca. zwei Meter).

- Klar, Sie haben gerade keine Zeit, über Physik nachzudenken. Aber mit einer einfachen Formel können Sie den Schaden minimieren, den ein Schlag anrichtet: Je mehr Weg (W) die Faust des Gegners (g) zurücklegen muss, um die Energie (e) an ihren Körper (k) abzugeben, desto schwächer ist die Wirkung. Stehen Sie nicht starr vor Angst da, sondern fangen Sie eine Gerade auf, indem Sie mit Oberkörper und Kopf nach hinten ausweichen, drehen Sie bei einem Schwinger Ihren Kopf zur Seite. «Ride the power», nennen das die Boxer. Klingt fast so, als würde es Spaß machen.

06. KATASTROPHENFILM (I)

LEKTIONEN DER LEINWAND (I)

Was lernen wir im Klassenzimmer des Kinos und auf der Fernsehcouch-Schulbank? Suche die richtigen Freunde!

Wenn die Erde bebt, mächtige Berge beginnen, Feuer zu spucken, oder die außerirdischen Monster zur Attacke schreiten, sollte man nicht den Fehler machen, mit dem Mobiltelefon die Hotline der Regierung anzurufen oder den muskulösen Feuerwehrkommandanten mit dem vollen Haar und den stahlgrauen Augen um Hilfe zu bitten. Halten Sie stattdessen Ausschau nach Typen mit Hornbrille, Hosenträgern und einem Haarschnitt, der entfernt an einen Wischmob erinnert. Denn: Geeks und Nerds, so lernt man in Hollywood-Filmen, sind bei Katastrophenalarm und im Ausnahmezustand einfach unbezahlbar. Die Computerfreaks haben neben einem abgeschlossenen Physikstudium auch das Heimwerkerdiplom und kennen neben den Naturgesetzen die Passwörter zu den Informationsnetzen der Welt.

Helden sehen eben nicht so aus wie Achilles, James Bond und Brad Pitt, sondern eher wie der Schauspieler Jeff Goldblum, ein dürrer Schlacks mit dicker Brille, der in Hollywood ein exklusives

Abonnement auf die Rolle des findigen Wissenschaftlers besitzt. In *Independence Day* spielt er Daniel Levinson, einen genialen Wissenschaftler und Looser, der von seiner Frau verlassen wurde und als Satellitentechniker bei einem privaten Fernsehsender arbeitet, in *Jurassic Park* den zynischen Mathematiker und Chaos-Theoretiker Ian Malcolm. Nerds haben das theoretische Wissen, die paranoide Intuition und auch die Hardware, um die Zeichen des Unheils zu deuten. Sie interpretieren die seismischen Signale, das Verhalten der Tiere und das Knistern der Funksphären. «Life can't be stopped ... Life finds a way», warnt Malcolm in *Jurassic Park*, und kurz darauf bricht der erste T-Rex durch den Elektrozaun. In *Independence Day* ist Levinson der erste Mensch, der die rätselhaften TV-Störungen als außerirdischen Countdown enttarnt. Es ist deshalb eine gute Idee, sich auf dem Uni-Campus oder in wissenschaftlichen Buchhandlungen herumzutreiben, dem natürlichen Lebensraum der Nerds, und so die Wahrscheinlichkeit zu erhöhen, eine Frühwarnung zu bekommen.

Egal ob es sich um Vulkanausbrüche, Alien-Attacken oder die nächste Sintflut handelt: Der Regierung ist, glaubt man den Katastrophenfilmen, in jedem Fall nicht zu trauen. Statt auf den Nerd zu hören, der das Rätsel längst gelöst hat, sperren Uniformträger und Amtspersonen sowohl das individuelle Genie als auch den gesunden Menschenverstand aus den Kontrollräumen aus, folgen starr dem Protokoll und verschlimmern so oft noch die Situation. Die Behörden unterdrücken Informationen und lassen die Bürger im Unklaren, was angeblich der öffentlichen Ordnung dient, tatsächlich aber wohl eher dem Machterhalt und der nächsten Wahl (Wer will als Präsident in die Geschichte eingehen, der sich von Außerirdischen vorführen ließ?).

Der Nerd, das ist unser Glück, lässt sich von so etwas nicht aufhalten. Er glaubt an die Freiheit von Informationen und totale Transparenz und ist getrieben von einer Mischung aus moralischem Pflichtbewusstsein und dem artspezifischen, übermenschlichen Durchhaltevermögen, das ihn auch zum Schachgroßmeister und Autor eines Englisch-Klingonisch-Wörterbuchs macht. Machen Sie es sich zunutze, dass der Nerd an sozialer Unterernährung leidet. Sollten Sie das Glück haben, eine schöne Frau zu sein, dann haben Sie den Angriff so gut wie überlebt, denn Nerds sind immer auf der Suche nach der ersten Frau (die ihnen auch ab und zu mal den Wollpullover wäscht). Aber auch als Mann können Sie seine sozialen Defizite ausnutzen (Führerschein, Party-Einladung, Flirttipps). In einer digitalisierten Welt sind die Nerds die neuen Helden. Wenn Sie Glück haben, schreibt er auf einem iPhone in wenigen Minuten einen Computervirus – der den Zentralrechner der Raumflotte zerstört.

KATASTROPHENPÄDAGOGIK

Achtung: Manchmal wird aus einer Lösung ein neues Problem.

Der moderne Mensch ist lernbesessen und kann Unglücksfälle wie einen Terroranschlag, ICE-Unfall oder das WM-Aus im Viertelfinale nur ertragen, wenn er die Umstände genau analysiert, aus Fehlern lernt und Maßnahmen ergreift, die verhindern, dass sich die Katastrophe in Zukunft wiederholt. Wir bauen hohe Zäune, mächtige Dämme und tasten die Umgebung mit Hightech-Sinnesorganen wie Radar und Ultraschall ab, basteln also permanent an der Illusion, die Welt und die in ihr waltenden Kräfte zu kontrollieren und an alles gedacht zu haben. Es stimmt natürlich, dass es gefährlich ist, eine Gefahr zu ignorieren, aber es kann viel gefährlicher sein, ein Risiko zu überschätzen. Ein ängstlicher Mensch handelt oft nicht vernünftig. Der Kampf gegen eine Gefahr kann schlimmere Folgen haben als die ursprüngliche Bedrohung. Und aus einer Lösung wird ein neues Problem.

- Am 11. September 2001 beobachtete die ganze Welt live im Fernsehen, wie eine Boeing 767 ins World Trade Center in New York krachte. Kein Wunder, dass viele Menschen in den

Tagen und Wochen nach dem Attentat das tödliche Transportmittel Flugzeug mieden und selbst lange Strecken lieber im eigenen PKW zurücklegten. Die individuelle Vorsichtsmaßnahme hatte gesamtgesellschaftlich gesehen verheerende Folgen. Auf Grund des erhöhten Verkehrsaufkommens kamen in den zwölf Monaten nach dem 11. 9. 2011 in den USA mehr als 1500 mehr Menschen durch Verkehrsunfälle ums Leben als in durchschnittlichen Jahren.

- Im Jahr 1972 ordnete die amerikanische Zulassungsbehörde für Arzneimittel an, dass die Verpackungen von Opiaten, Schmerzmedikamenten und anderen starken Arzneien mit einem kindersicheren Verschlusssystem gesichert werden müssen. Die Pillendose war fortan nur noch durch eine komplexe Kombination aus Dreh- und Drückbewegungen zu öffnen und wurde so zu einem Plastiktresor. Geholfen hat die Verordnung jedoch nichts, im folgenden Jahr erlitten 3500 mehr Kinder eine Medikamentenvergiftung als in den Jahren zuvor. Offenbar hatten viele Eltern der Verschlusstechnik blind vertraut und die Arzneien häufiger in Reichweite der Kinder liegen lassen.
- Kurt Gödel war ein Genie. Der Wiener Mathematiker (1906–1978) arbeitete mit der axiomatischen Mengenlehre und leistete maßgebliche Beiträge zur Relativitätstheorie in der Physik. Aber auch ein brillanter Logiker kann unlogische Dinge denken und tun. Kurt Gödel hatte so große Angst, von seinen Feinden und Konkurrenten vergiftet zu werden, dass er seine Frau zwang, vor seinen Augen zu kochen und die Speisen auch vorzukosten. Die Phobie wurde immer schlimmer, sodass Gödel immer weniger und zuletzt gar nichts mehr aß. Als der Mathematiker starb, wog er noch knapp dreißig Kilogramm.
- Das Straßensystem der DDR war Ende der achtziger Jahre in einem verheerenden Zustand. Nach der deutschen Wiederver-

einigung wurden viele Milliarden Mark und Euro investiert, um die Oberfläche und Beschilderung der Straßen auf westeuropäisches Niveau zu heben. Die neuen Ampeln und die Absenz der Schlaglöcher machte das Autofahren im deutschen Osten jedoch nicht sicherer. Im Gegenteil. Die Zahl der Unfälle mit Toten und Verletzten stieg um 15 Prozent. Der neue, glatte Asphalt erinnerte die Fahrzeugführer offenbar an eine Rennstrecke.

- In den neunziger Jahren druckten peruanische Boulevardzeitungen dicke und blutrote Schlagzeilen: Verursacht das Chlor im Trinkwasser Krebs? Vergiften die Behörden die unschuldige Bevölkerung? Das hochreaktive und aggressive Element Chlor ist einer der wichtigsten Grundstoffe der chemischen Industrie, wird jedoch auch zur Desinfektion von Pools und – in weit geringeren Mengen – Trinkwasser genutzt. Die Medienkampagne gegen die Hygienestandards zeigte rasch Wirkung: Die Menschen wollten kein Chlor mehr trinken, und die Behörden verboten «zur Sicherheit» und ohne wissenschaftliche Beweise zu haben die «Chlorung» von Wasser. Wenige Wochen später brach in Peru eine Cholera-Epidemie aus, an der 7000 Menschen starben. Die Ursache war verseuchtes Trinkwasser.
- Ende der achtziger Jahre wurde ein Viertel der Münchner Taxi-Flotte mit dem damals neuen Antiblockiersystem (ABS) ausgestattet – mit überraschenden Konsequenzen: Nach drei Jahren waren die ABS-Taxis in knapp die Hälfte aller Unfälle verwickelt. Fahrer von Autos mit Antiblockiersystem schnitten die Kurven stärker, gerieten öfter auf die Gegenfahrbahn und beschleunigten und bremsten kräftiger. Wenn sich der Mensch zu sicher fühlt, tut er Dinge, die ihn in Gefahr bringen.

08. PIRATEN

FREIGEISTER UND FREIBEUTER

Golf von Aden oder Ostseeküste: Es ist höchste Zeit, die private Segeljolle seeräubersicher zu machen.

In dem kleinen Küstenort Büsum existiert direkt am Hafen das Etablissement Piraten-Meer, in dem Abenteurer «auf Deck» ihre «reiche Beute» beim «Würfelspiel» riskieren können, wie eine Broschüre wirbt. Das Piraten-Meer ist jedoch kein Versteck mit Vollpension für Freibeuter, sondern ein Spaßbad für die ganze Familie. Neben Wellness und Wellenbad gibt es auch eine Long-John-Silver-Rutsche und die Schatzinsel-Sauna. Aus dem berüchtigten Piraten Störtebeker wurde das StörteBECKEN (ca. 25 Grad Celsius). Im Piraten-Meer würde sich auch Käpt'n Jack Sparrow wohlfühlen, der torkelnde und stark geschminkte Kajal-Kosar, den Johnny Depp in dem Hollywood-Hit *Pirates of the Caribbean* spielt: Freigeist statt Freibeuter.

Hollywood-Produzenten und die Büsumer Tourismusbeamten übersehen, dass der Pirat seit Ende der Nullerjahre keine Phantasiefigur mehr ist, mit der Abenteuerlust und Freiheitsbedürfnis des bürgerlichen Publikums angesprochen werden können, sondern längst wieder zum realen Gegner mutiert ist. Im Jahr 2009 wurde gar nicht so weit weg von Büsum das 98 Meter lange Frachtschiff Arctic Sea von zehn Bewaffneten geentert. Die Männer steuerten das russische Schiff durch den Ärmelkanal in Richtung Afrika. Die russische Marine stoppte sie vor der Küste Portugals. In Hamburg fand ein Jahr darauf der erste Piratenprozess seit 400 Jahren statt: Angeklagt waren insgesamt zehn Somalis, die am Golf von Aden einen deutschen Frachter überfallen hatten und von der Bundeswehr verhaftet wurden. Als Geburtsdatum gab einer der Piraten «in der Regenzeit» an, als Geburtsort «unter einem Baum».

Neben dem Golf von Aden, durch den bis zu zwanzig Prozent des Welthandels abgewickelt werden, gelten die Küsten vor China, den Philippinen, Brasilien, Venezuela, Nicaragua und Guatemala als gefährliche Gebiete. Aber auch an der albanischen Küste ist Pirat eine angesehene Karriereentscheidung. Piraten fühlen sich vor allem in einer bestimmten politisch-ökonomischen Nische wohl, einem Lebensraum, in dem der Seehandel prosperiert, die lokalen Behörden schwach sind und die Bevölkerung aufgrund ihrer unbefriedigenden ökonomischen Situation die Piraterie als ernsthafte Erwerbsalternative betrachtet. Demnach wäre es also durchaus möglich, dass bald auch die Bewohner des Mecklenburger Brachlands ihre Hartz-IV-Sätze durch maritime Überfälle aufbessern.

Der Pirat ist keine Figur, die nur auf dem Bildschirm der *Tagesschau* auftaucht, sondern, wie der römische Politiker und Philosoph Cicero gesagt hat, der «Feind aller». Und deshalb sollten auch alle für den Ernstfall des Enterns gerüstet sein, ganz gleich, ob es sich um Landratte oder Seemann handelt, ob man auf dem Bodensee kreuzt oder eine Einhand-Weltumsegelung plant. Selbst Hobbysegler mit Ein- oder Zweimaster müssen sich in Zukunft nicht nur Sorgen um Flecken auf der weißen Seglerhose machen, sondern sich vor allem darum kümmern, dass ihre Jolle piratensicher wird.

Im antiken Griechenland, in dem Seeraub so alltäglich war, dass er kaum von Seehandel unterschieden werden konnte, wurden die Bordwandkanten von Schiffen oft mit Ölen und Fetten eingeschmiert, um den Piraten das Entern zu erschweren. Eine gute Idee, die durch geringen Gewaltfaktor und übersichtliche

Kosten besticht und auch für Privatpersonen umgesetzt werden kann. Denken Sie daran, ihre Jolle mindestens einmal pro Woche nachzufetten, um den nötigen Glitscheffekt zu erhalten. Seit den alten Griechen hat sich in der Chemie natürlich einiges getan, sodass man nicht mehr auf natürliche Gleitmittel setzen muss, sondern bei der Hamburger Firma VFR Marine Service eine hochmoderne Flüssigseife in grellem Pink bestellen kann, welche die Piraten, die ja tatsächlich häufig nur Sandalen oder Flip-Flops als Schuhwerk tragen, außer Gefecht setzen soll.

Die Piraten sind meist mit Schnellbooten unterwegs sowie mit Panzerfäusten und Maschinengewehren bewaffnet und Ihnen deshalb in Sachen Geschwindigkeit, Agilität und Feuerkraft weit überlegen. Lassen Sie sich deshalb nicht auf direkte Duelle und Verfolgungsjagden ein und nutzen Sie den Größenvorteil gegenüber den räuberischen Nussschalen. Versuchen Sie, Ihr Schiff als Festung zu sehen und es auch in eine solche zu verwandeln. Die Bordwand ist eine Burgmauer und somit der erste und beste Schutz gegen Angreifer. Gestalten Sie die Bordwand so, dass das Entern für die Angreifer mit erheblichen Schmerzen und hohem Frustrationspotenzial verbunden ist, und lassen Sie sich dabei unbedingt von Ritter-Filmen und Belagerungsszenen inspirieren. Statt kochendem Pech und Teer können Sie versuchen, die Angreifer mit Wasser abzuschrecken – die Bundespolizei setzt am 1. Mai und bei S21-Events ja auch Wasserwerfer gegen Antifa und Bürgertum ein (→ Polizeigewalt, S. 135). Befestigen Sie deshalb Löschschläuche an der Reling, welche die Piraten im Falle des Falles buchstäblich von der Bordwand fegen werden. Das Piraten-Abwehrsystem Pirex, das für Schiffe aller Größenordnungen erhältlich ist, arbeitet ebenfalls mit H_2O: Aus kleinen Düsen, die rings um das Schiff angeordnet sind, spritzt Meerwasser und formt einen dichten Wassernebel, der das Navigieren und Kommunizieren in der Nähe des Schiffs unmöglich macht. Experten raten, das Sprühwasser mit fluoreszierender Lebensmittelfarbe zu versetzen und die Piraten im besten Wortsinne anzuschmieren. Die Farbe markiert nicht nur die Seeräuber für bis zu 60 Stunden und erleichtert der Polizei die Arbeit, sondern ist auch auf der Meeresoberfläche über weite Strecken sichtbar und ein effektiver lautloser Hilferuf.

Für den Fall, dass die Piraten trotz der Wasserspiele die Reling erklimmen, sollten Sie weitere Hindernisse einbauen. Legen Sie also NATO-Draht um das Schiff herum. Eine noch radikalere Variante besteht darin, Teile des Decks im Angriffsfall unter Starkstrom zu setzen. Diese Idee befindet sich aber erst im Versuchsstadium. Ein Einsatz auf Privatyachten ist vermutlich nicht ganz ungefährlich.

Immer mehr Reedereien und Reiseverbände drängen in den Industriestaaten auf eine Reform des Seerechts, das Waffen und Soldaten in der Handelsschifffahrt verbietet. Moderne Söldner-Unternehmen wie DynCorps oder Xe Services, beide aus den USA, wittern bereits ein neues Geschäftsfeld (bald könnten also wieder Söldner gegen Piraten kämpfen, die Menschheit hat sich in den vergangenen Jahrhunderten wirklich weiterentwickelt). Da sich die Seerechtsnovelle noch eine Zeit hinziehen wird, bleibt Bootsbesitzern nichts anderes übrig, als auf nicht tödliche Waffen wie die sogenannte Schallkanone zu setzen, die unter anderem von der Kieler Firma ITT vertrieben wird. Ein Langstrecken-Schall-Strahler stößt sehr laute, sehr schrille Töne aus, die bei der Zielperson neben Fluchtreflexen auch Übelkeit, Schmerzen und Bewusstlosigkeit hervorrufen. Die Reichweite der Audio-Artillerie beträgt bis zu zwei Kilometer. ITT nennt die Klangkanone lieber «Kommunikationssysteme», mit den Lautsprechern kann man auch Mozart oder Verdi abspielen. Eine brillante Idee: Man vertreibt die bösen Buben und tut gleichzeitig was für ihre musische Bildung.

09. STURZ

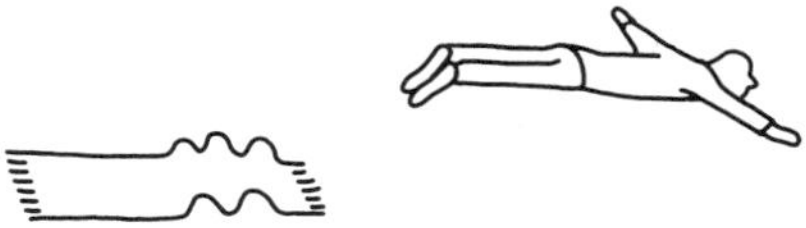

SCHULE DES SCHEITERNS

Wie man so hinfällt, dass man auch wieder aufstehen kann.

Der Fußballer Oliver Kahn kam in seiner langen Karriere oft in Kontakt mit dem harten Erdboden oder einer Matschpfütze. Der «Torwart-Titan» hechtete, sprang und fiel im 16-Meter-Raum herum und musste oft genug mit ansehen, wie der Ball trotz seiner Bemühungen ins Tor rollte. Kahn kennt das Gefühl, am Boden zu liegen und wie der letzte Depp auszusehen, und hat nur einen Ratschlag gegen Schmerzen und Scham: «Es muss weitergehen. Immer weiter.» Motivationstrainer und niederlagengeschulte Helden des Alltags wissen eben, dass es keine Schande ist hinzufallen, es ist nur eine Schande, nicht wieder aufzustehen.

Nicht immer ist jedoch ein schwacher Charakter oder ein Mangel am «Willen des Wollens» (O. Kahn) der Grund dafür, dass sich ein Mensch nach einem Sturz nicht mehr erhebt. Manchmal ist dieser Mensch auch einfach tot. Im Jahr 2007 starben in Deutschland 7728 Menschen durch Stürze im Haushalt und auf der Straße (→ Haushalt, S. 123). Zum Vergleich: Im gleichen Jahr kam die vergleichsweise geringe Zahl von 351 Menschen durch Ertrinken ums Leben. Ist es also nicht ziemlich verantwortungslos, dass wir unseren Kindern beibringen, wie sie laufen, springen und rennen sollen, ihnen aber nicht erklären, auf welche Art und Weise sie Verletzungen bei einem Sturz vermeiden können. Wichtiger als ein Schwimmkurs wäre ein Sturzkurs. Hier ist er:

- Der Sturz nach vorne droht, wenn Sie über Ihre eigenen Beine stolpern, an einer Teppichkante oder dem Bein eines Mitbürgers hängen bleiben. «Auf die Nase fallen», sagt der Volksmund und hat mal wieder nichts verstanden. Denn die große Gefahr dieser Sturzrichtung besteht darin, dass Sie mit dem Kinn auf den Boden knallen, der Kopf ruckartig nach hinten geschlagen wird und das Genick bricht. Drehen Sie also den Kopf sofort nach dem Abheben zur linken oder rechten Schulter. Um zu verhindern, dass die Handgelenke die gesamte Sturzenergie auffangen müssen (und unweigerlich brechen), strecken Sie die Arme nach vorne aus und versuchen Sie auf den Handflächen und Unterarmen zu landen. Schürfwunden sind die kleinste Gefahr.
- Zum Sturz nach hinten kommt es beispielsweise bei Glatteis, frisch gebohnerten Böden und wegrutschenden Teppichen: Da Sie im Alltag vermutlich keinen Helm tragen (warum eigentlich nicht?), gilt Ihre erste Sorge wiederum dem Kopf. Drücken Sie das Kinn gegen die Brust und machen Sie einen runden Rücken, um zu verhindern, dass Sie ungebremst mit dem Kopf auf den harten Boden aufschlagen (Gefahr des Schädelbasisbruchs etc.). Ein guter Zeitpunkt, um den Sturz nach hinten zu üben, ist übrigens der Heimweg vom Supermarkt: Versuchen Sie, die Einkaufstüten beim Fallen vor den Körper zu reißen, diese Bewegung bremst die Fallgeschwindigkeit und mindert so die Wucht des Aufpralls. Haben Sie die Hände frei, schlagen

Sie die Hände samt den Unterarmen beim Aufkommen fest gegen den Boden, um die Landung sanfter zu gestalten.

- Der Sturz von der Leiter ist vor allem wegen der enormen Fallhöhe gefürchtet. Dabei verschafft Ihnen die Höhe wenigstens die Zeit, die Sie brauchen, um eine richtige Sturzposition einzunehmen. Katzen verletzen sich auch meist bei Stürzen aus zwei Metern oder weniger. Liegt der Ausgangpunkt höher, also zwischen drei und acht Metern, bleiben die Tiere häufig unversehrt, da sie sich auf die Landung vorbereiten können. Richtig ausgeführt ist der Leitersturz deshalb eine spektakuläre, aber harmlose Übung. Je nach Fallrichtung gelten beim Abgang von Leiter oder Stuhl die eben beschriebenen Regeln. Wichtig ist dabei: Ein Mensch, der spürt, dass er aus der Balance gerät, diese Tatsache im Herzen akzeptiert und sich auf den Aufprall vorbereitet, wird sich weniger schwer verletzen als eine Vergleichsperson, die auf einer Leiter gleicher Höhe verzweifelt ums Gleichgewicht kämpft, zappelt und am Ende unkontrolliert zu Boden geht.
- Der Sturz von der Treppe ist die Königsdisziplin im Tanz mit der Gravitation und erfordert viel Training für eine perfekte Ausführung. Unbedingt sollten Sie vermeiden, die Treppe auf dem Bauch oder dem Rücken herunterzurutschen, da in dieser Lage der Kopf wiederholt auf die Stufen schlagen wird. Schon im Moment der Sturzauslösung sollten Sie sich deshalb seitwärts drehen, sodass Sie die Treppe in einem 90-Grad-Winkel zur Falllinie hinunterrollen. Versuchen Sie ganz bewusst jede einzelne Stufe mitzunehmen, so kontinuierlich Bewegungsenergie abzugeben und eine Beschleunigung zu vermeiden. Drehen Sie das Kinn immer zu der Schulter, die gerade nicht belastet wird. Merksatz: Wenn Sie eine Treppe mit 25 Stufen stürzen, müssen Sie auch 25-mal die Blickrichtung ändern. Der steife Nacken lohnt sich.

Generell besteht bei einem Sturz die Gefahr, dass Sie nicht nur Ihr Leben, sondern auch Ihre Würde verlieren. In einer Gesellschaft, in der Scheitern ein Tabu und eine Person, die in einer finanziellen Notlage steckt, «ganz unten» ist, gibt es nichts Peinlicheres als einen fallenden Menschen (auf diese Erkenntnis hat Charlie Chaplin seine Karriere begründet). Mit zunehmender Meisterschaft sollten Sie also dazu übergehen, nicht nur das sichere, sondern auch das schöne Stürzen zu üben: Breiten Sie beim Treppensturz die Arme und Beine nach Art der Stuntmen weit aus, rollen Sie sich beim Sturz nach hinten ab und stehen Sie sofort wieder auf: lächeln, weitergehen.

10. GRUBENUNGLÜCK

DER MUT DER MINEURE

Fünf Projekte, mit denen 69 Tage im eingestürzten Bergwerk wie im Flug vergehen.

Genießen Sie das Leben: Gut, die ersten Tage nach dem Mineneinsturz waren hart. Sie haben mit wenig Wasser und drei Dosen Thunfisch überlebt. Aber wenn die Rettungskräfte Sie erst einmal gefunden haben, dann wird die Lage bald besser. Versorgungsschächte und Glasfaserkabel liefern alles, was das Männerherz begehrt: drei warme Mahlzeiten am Tag, Dessert, reichlich Bier und jeden Tag zwei Packungen Zigaretten. Stecken Sie sich eine Kippe an und genießen Sie den 2:0-Sieg Ihrer Fußballnationalmannschaft im Freundschaftsspiel gegen die Ukraine. Und das Beste: Zwischen Ihnen und Ihrer meckernden Frau liegen 700 Meter und Millionen Tonnen Granit.

Stählen Sie Ihren Körper: Auch die schönste Kupfermine wird nach einigen Tagen langweilig. Nutzen Sie die freie Zeit und arbeiten Sie an Körperfettgehalt und Muskeltonus. Sie wollen doch gut aussehen, wenn Sie der Ehefrau (und der Geliebten) wieder unter die Augen treten. Niemand braucht ein Fitness-Studio! Steine sind runde Hanteln. Machen Sie auch Situps, Kniebeugen und Liegestützen. Setzen Sie sich eine Stirnlampe auf und erkunden Sie das unterirdische Trimm-dich-Labyrinth – der Tunnelblick des Langstreckenläufers oder Sprinters bekommt so eine ganze neue Bedeutung. Wenige Wochen nach der Rettung können Sie dann am New-York-Marathon teilnehmen.

Erledigen Sie den Papierkram: Im Alltag, zwischen Supermarkteinkauf und Kinderarztbesuch, bleiben viele Überweisungen und so manches andere paragraphenschwangere Papier auf dem Schreibtisch liegen. In der Mine haben Sie endlich mal Zeit, ausgiebig mit dem Anwalt zu telefonieren und sich mit den Kollegen gewerkschaftlich zu organisieren. Schließen Sie mit Ihren Leidensgenossen einen Vertrag ab, der regelt, dass die Einkünfte aus dem Verkauf Ihrer wundersamen Geschichte an Hollywood-Produzenten und amerikanische Großverlage gleichmäßig aufgeteilt werden, gründen Sie zu diesem Zweck auch eine Aktiengesellschaft. Setzen Sie auch eine Klageschrift gegen den Arbeitgeber auf, dessen Geiz-ist-geil-Mentalität die ganze Katastrophe erst verursacht hat, und verlangen Sie 10 Millionen Dollar. Wo Sie gerade dabei sind: Verklagen Sie auch den Staat und fordern weitere zwei Millionen Dollar.

Arbeiten Sie am Drehbuch: Drehen Sie mit der Videokamera kleine Reportagen über den Alltag im Untergrund, in denen Sie die Männer nach und nach der Weltöffentlichkeit vorstellen. Beenden Sie jede Episode mit: «Ich gebe zurück ins Sendestudio». Verteilen Sie verschiedene Rollen wie «der Anführer», «der Weise», «der Hallodri» oder «der Teenager» an die Männer. Die 2000 Journalisten, die an der Oberfläche auf Sie warten, lieben platte Charakterisierungen und werden Sie sowieso in eine Schublade stecken. Überlegen Sie sich kurz, ob Sie lieber von Javier Bardem oder Antonio Banderas gespielt werden wollen, und behalten Sie die Feder immer in der Hand. Geben Sie dem ersten Kumpel, der rauskommt, einen markigen, klugen Satz mit auf den Weg, ja genau, so etwas wie: «Bitte behandelt uns wie Bergleute und nicht wie Künstler.» Die Medien werden dieser Bitte zwar nicht entsprechen, aber die bescheidene Geste steigert den Marktwert.

Bilden Sie eine Hornhaut auf der Netzhaut: Die NASA-Experten, die sich sonst um die Psychosen von Astronauten kümmern, die ja ebenfalls eine lange Reise in der Dunkelheit unternehmen, haben empfohlen, mit Halogenstrahlern den Tag-Nacht-Rhythmus zu simulieren. Eine gute Idee. Blicken Sie aber auch mehrmals täglich für fünf Minuten in die Lichtquelle und versuchen Sie, nicht zu blinzeln. Denn das ungewohnte Sonnenlicht wird an der Oberfläche Ihr geringstes Problem sein. Warten Sie nur ab, bis die Scheinwerfer angehen. Sie werden merken, dass der härteste Granit der Mine nachgiebiger ist als die Boulevardpresse und niemand einsamer ist als ein verwirrter Mensch auf einer großen Bühne. Viel Glück. Das wahre Abenteuer hat gerade erst begonnen.

11. HISTORISCHES UNGLÜCK (I)

VOLKSHOCHSCHULE DER VERGANGENHEIT I

Was wollen uns die größten Katastrophen kommunizieren? Verzichtet auf die schöne Aussicht!

Die Armee des römischen Generals Lucius Cornelius Sulla hatte im Laufe der Jahre gegen wilde Teutonen gekämpft, gegen die Reiterhorden Kleinasiens und im großen Bürgerkrieg auch gegen die eigenen Landsleute mit anderen Parteibüchern. Die Legionäre hatten sich eine Belohnung wirklich verdient. Sulla siedelte deshalb 2000 seiner Soldaten in dem malerischen Städtchen Pompeji an, das am Hang des Vesuvs lag und bereits in der Antike für die Olivenbäume, Weinreben und die wundervolle Lage an der Amalfi-Küste berühmt war. Für die Veteranen sollte sich die Vorstadtvision von einem Häuschen im Grünen erfüllen, in dem sie ihren Lebensabend genießen können. Einige der Häuser hatten sogar einen Blick aufs Meer. Luxus pur. Der Lebensabend erwies sich dann aber leider als recht kurz.

Am Morgen des 24. August im Jahr 79 n. Chr. verdunkelte eine schwarz-grüne Wolke den ansonsten klaren Himmel. Die schöne Aussicht aufs Meer war verschwunden. Die Einwohner von Pompeji zogen sich in ihre Villen und Mietwohnungen zurück und fühlten sich sicher. In den folgenden 18 Stunden ging ein gewaltiger Sturzregen aus Asche und Bimsstein auf die Stadt nieder. «Es gibt keine Götter mehr», notierte der Chronist Plinius der Jüngere, «das Universum ist in ewiger Dunkelheit verloren.» Einen Tag später war ein Großteil der 10 000 Einwohner tot, erstickt und erschlagen, die Stadt unter einer 25 Meter hohen Ascheschicht verschwunden. Erst 1500 Jahre später wurde das Todesterritorium wieder ausgegraben.

Der Vesuv galt in der Antike als erloschen. Pompeji wurde aber in den Jahren vor dem Ausbruch von mehreren Erdbeben erschüttert. Das hätte die Einwohner misstrauisch machen sollen, denn die Erschütterungen lösten den Gesteinspfropfen über der Magmakammer in acht Kilometer Tiefe. Die Vorstädter waren vermutlich zu beschäftigt mit der Rosenzucht oder damit, selbstzufrieden auf der Veranda zu liegen und aufs Meer zu schauen. Eine Villa am Vesuv galt im alten Rom, das mit Mietskaserne (Plattenbau), Atrium (Loft), Stadtschloss (Architektenhaus in Bogenhausen) und Landgut (Ferienhaus) einen ähnlich strukturierten Immobilienmarkt hatte wie der Spätkapitalismus, als Statussymbol. Wer diesen Blick genießen kann, flüsterten die antiken Makler den Kunden wohl in die Ohren, der hat es geschafft im Leben. Sonne, Wind und Wolken zaubern herrliche Gemälde auf die Leinwand der Luft, dabei vergisst man leider, dass die Lichtstimmung von gewaltigen Naturkräften erzeugt wird.

Der freie Blick auf das Meer und das Vulkanmassiv sollte dem Menschen nicht geheuer sein – das bedeutet ja auch, dass nichts mehr zwischen ihm und der darin gefassten rohen Urgewalt steht. Die schöne Aussicht vernebelt unser Gehirn, stört die Risikokalkulation und führt dazu, dass man sich, wenn man sich eigentlich was Gutes tun möchte, in Gefahr begibt – man kommt der Naturgefahr sozusagen entgegen. Bis in die zwanziger Jahre des 20. Jahrhunderts hatte der US-Bundesstaat Florida so gut wie kaum Probleme mit Wirbelstürmen und Hurrikanen. Die Menschen lebten konzentriert im Inneren des Landes. Der wirtschaftliche Aufschwung und die zunehmende Motorisierung der Gesellschaft ermöglichten es in den folgenden Jahrzehnten immer mehr Menschen, in die Außenbezirke und an die Küste zu ziehen – doch der amerikanische Traum vom Beachhouse machte das Land nicht glücklich, sondern angreifbar. Florida ist heute so dicht mit Wohnsilos und Fertighäusern bebaut, dass es schon einen besonders ungeschickten Hurrikan braucht, um keinen Volltreffer zu landen. Im Jahr 1926 erreichte ein Wirbelsturm die Stadt Miami und richtete einen Schaden von einigen hundert Millionen Dollar an. Würde der gleiche Sturm heute aufziehen, müsste man mit einem Schaden von bis zu 90 Milliarden Dollar rechnen. Die Bauherren in gefährdeten Gebieten wie den europäischen Alpen missachten, dass eine Schlamm- oder Nassschneelawine auch schon ganze Dörfer ausgelöscht hat. Auf Sylt spült jeder Orkan bis zu fünfzig Meter Land ins Meer, vielleicht hat man in den Millionärsvillen schon bald nicht nur Seeblick, sondern auch Seekontakt. Die Naturgewalten kennen keinen Standesrespekt.

Auch die Nachfahren der unglücklichen Soldaten des Sulla sind aus dem Schaden nicht klug geworden. Der Vesuv ist seit dem letzten Ausbruch im Jahr 1944 stumm und ruhig. Vulkanologen haben jedoch errechnet, dass der Feuerberg, den Goethe ein hässliches Ungetüm nannte, der «allem Schönheitsgefühl den Krieg ankündigt», alle 2000 Jahre explodiert. Also: Spätestens 2070 knallt's. Die Anwohner scheinen die Tabellen und Formeln der Wissenschaftler nicht zu irritieren. Im Jahr 2009 lebten im Umkreis von 10 Kilometern um den Krater mehr als 4,5 Millionen Menschen, die Flanken des Vulkans sind dicht bebaut. In der «zona rossa», der roten Zone, der bei einem Ausbruch die totale Zerstörung droht, leben mehr als 600 000 Menschen.

Dass diese Siedlungen unter Experten als «gefährlichster Ort der Welt» gelten, stört die Vesuvianer nicht. Sie schlagen sogar die 25 000 Euro Wegzugprämie aus, die der Staat anbietet, wenn sie nur ihre Haut in Sicherheit bringen, schwärmen von dem Wein, den besten Tomaten der Welt und den besonderen Momenten: Wenn man auf dem Feuerberg steht und auf das Meer hinausblickt, so erzählt man sich, dann könne man die Energie der Lava spüren, die einen durchströmt.

Der traumhafte Blick verwirrt die Gedanken des Menschen. Die beste Aussicht ist die auf einen Noteingang.

12. VIREN

KENNE DIE KEIME

Fünf neue Krankheitserreger, auf die sich Ihr Immunsystem langsam vorbereiten sollte.

Die Europäische Union plant an ihrer Grenze einen Zaun zu errichten, der Flüchtlinge aus Afrika und Asien abhalten soll. Ganz egal, wie dicht die Maschen des Stacheldrahtzauns oder des elektronischen Überwachungssystems auch ausfallen werden, für Mücken und anderen insektoide Immigranten wird der Wall zur Wohlstandswahrung keine schwierige Hürde darstellen. Durch den Klimawandel steigen Temperatur und mittlere Luftfeuchtigkeit in Mitteleuropa, das so zu einem potenziellen Lebensraum für tropische Gliedertiere wird. Für Europa ist das eine enorme Bedrohung, denn anders als die menschlichen Flüchtlinge, die sich ein besseres Leben aufbauen wollen, sind die Insekten gekommen, um Leben zu nehmen. Mücken, Zecken und Co. sind mit gefährlichem Gepäck unterwegs und in vielen Fällen mit tropischen Erregern infiziert, auf die das europäische Immunsystem nicht vorbereitet ist. «Vektortiere» nennen Biologen und Mediziner solche tierischen Virenschleudern.

1. Chikungunya-Virus: Die Asiatische Tigermücke ist schwarzweiß gemustert, wird zwischen zwei und zehn Millimeter groß und fällt vor allem dadurch auf, dass sie sich in der Luft paart; das Männchen klammert sich dabei von unten an das Weibchen. Der einzige Grund, warum man den Tieren bei ihren sexuell aufgeladenen Flugeinlagen kein Glück wünschen mag, ist, dass die Ti-

Das 360-Grad-Antibiotikum: Wenn die Luft mit Viren und Mikroben verseucht ist, muss man sich eben eine eigene Atmosphäre schaffen. Notfalls auch mit Luftballons und anderem Kindergeburtstags-zubehör.

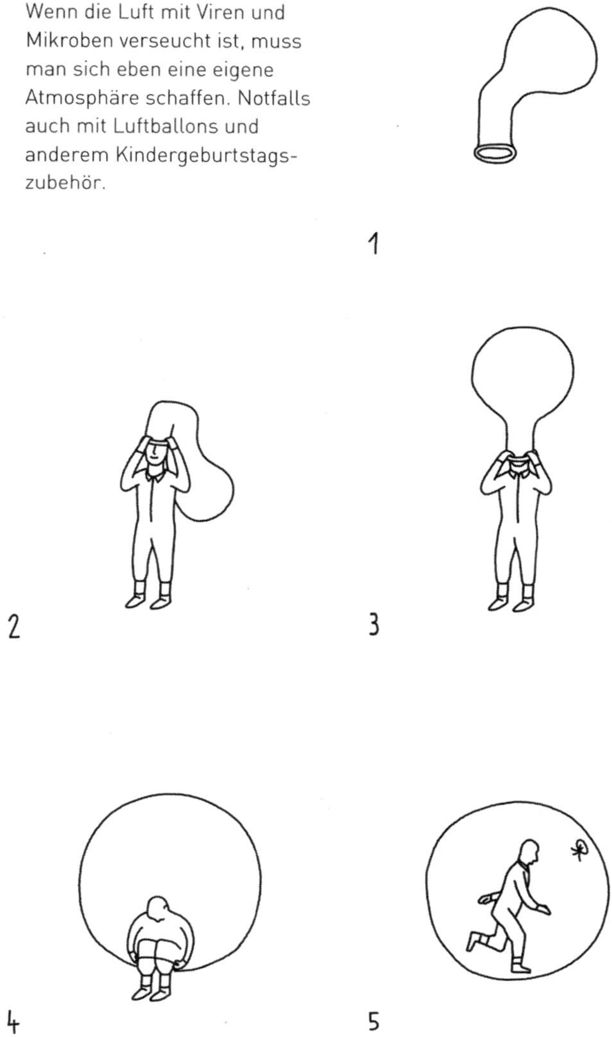

germücke das Chikungunya-Virus überträgt, das bei Menschen zu hohem Fieber, starken Kopf- sowie Muskel- und Gelenkschmerzen führt. Die betroffenen Gelenke sind geschwollen und so empfindlich, dass selbst einfachste häusliche Tätigkeiten unmöglich sind. In zehn Prozent aller Fälle dauern die Schmerzen monatelang an, selten kommt es auch zu tödlich verlaufenden Hirnhautentzündungen. Auf La Réunion erkrankten 2006 innerhalb von nur zehn Wochen über 250 000 Personen und damit ein Drittel der Bevölkerung am Chikungunya-Virus. Das Gleiche könnte bald auch in Deutschland geschehen. Dank wärmerer Temperaturen lebt die Tigermücke schon seit längerem in Südeuropa. In Italien erkrankten in den vergangenen Jahren mehrere hundert Menschen am Chikungunya-Virus, im Jahr 2007 wurden die Eier der Asiatischen Tigermücke erstmals am Rheingraben gefunden.

2. Krim-Kongo-Fieber: Das Image der Zecke ist ohnehin schon im Keller, in den nächsten Jahren dürfte es aber noch weiter sinken. Denn die Hyalomma-Zecke, die das Krim-Kongo-Fieber überträgt, ist auf dem Marsch in Richtung Norden. Die ersten Krankheitsfälle tauchten in den vierziger Jahren auf der ukrainischen Halbinsel Krim auf. 1956 wurde das Virus im damaligen Belgisch-Kongo erstmals im menschlichen Blut isoliert. Die Krankheit verursacht Fieber, Schüttelfrost, Erbrechen und Schmerzen und kann einen hämorrhagischen Verlauf nehmen (die Blutgerinnung versagt). Je nach Erregerstamm enden 2 bis 50 Prozent der Infektionen tödlich. Bislang hat sich die Hyalomma-Zecke nur bis in die Türkei vorgewagt, wo im Jahr 2010 mehr als 30 Menschen an dem Virus starben. Die Krankheit kann in manchen Fällen mit dem Medikament Ribavirin behandelt werden. Oft schlägt das Mittel jedoch nicht an, sodass Insektenspray und geschlossene Kleidung immer noch das sicherste Gegenmittel sind.

3. Hanta-Virus: Nicht in jedem Fall sind es steigende Temperaturen, die den Vormarsch der tropischen Viren und ihrer Vektortiere begünstigen. Die Rötelmaus hatte im Jahr 2009 zunächst von einer ungewöhnlich guten Bucheckern-Ernte profitiert. Im darauf folgenden Winter schützte die geschlossene Schneedecke die Maus vor Frost und Fressfeinden, sodass sie sich ab Frühjahr 2010 verstärkt ihrem Nebenjob widmen konnte: der Verbreitung des Hanta-Virus, benannt nach einem koreanischen Fluss. Speichel, Kot und Urin des Tierchens sind infektiös, Menschen stecken sich an, indem sie von Rötelmäusen gebissen werden oder infizierten Staub einatmen. Patienten klagen über Fieber- und Kopfschmerzen, im schlimmsten Fall droht ein Nierenversagen. Es gibt weder Impfung noch antivirale Therapie; die effektivste Prävention ist, seine Umgebung von Mäusen freizuhalten.

4. Westnil-Virus: Ein Tourist, der in die USA einreist, muss auf einem Formular angeben, ob er im NS-Regime aktiv war und in nächster Zeit einen Anschlag plane. Die angebrachtere Frage auf dem grünen Papier wäre vielleicht: «Können Sie ausschließen, dass Sie gefährliche Viren transportieren?» Im Jahr 1999, höchstwahrscheinlich an Bord eines Flugzeugs von Tel Aviv nach New York, enterte eine mit dem Westnil-Virus infizierte Mücke die amerikanische Hemisphäre. Das erste Zeichen, dass die Krankheit nun auch in den USA ausgebrochen war, entdeckten die Jogger im Central Park. Die Vögel fielen tot von den Bäumen. Innerhalb kurzer Zeit eroberte das Virus 40 amerikanische Bundesstaaten, seitdem starben weit über 1000 Menschen. Eine Infektion führt zu sehr hohem Fieber und extrem starken Kopf- und Augenschmerzen. Normalerweise ist das Schlimmste nach drei bis fünf Tagen vorbei, bei etwa einem Prozent der Patienten kommt es jedoch zu Komplikationen wie einer Hirnhautentzündung. Die Hauptwirte, also jene Tiere, in denen das Virus dauerhaft vorkommt, sind Krähen und Tauben. Die Mücken stecken sich an, indem sie Blut bei infizierten Tieren saugen. Einen Menschen kann eine Mücke nur anstecken, wenn sich das Virus in der Speicheldrüse des Tieres tausendfach vermehrt, was wiederum nur an heißen Tagen möglich ist, an denen es auch nachts nicht kälter als 20 Grad wird. Das ist in Deutschland im 21. Jahrhundert während einiger hitziger Sommerwochen durchaus möglich. Das Westnil-Virus kommt langsam näher. In Frankreich gab es 2010 die ersten Infektionen.

5. Dengue-Fieber: Vor der Krankheit, bisweilen auch Knochenbrecher-Fieber genannt, wurde man bisher nur in Reiseführern für Brasilien oder Südostasien gewarnt. Dass jährlich 50 bis 100 Millionen Menschen an der Infektion erkranken, davon mehrere zehntausend tödlich, stand dort gleich neben den Informationen über regionale Speisen und den Übersetzungen von «Guten Tag», «Bitte» und «Das ist zu teuer». Ein landestypisches Problem also, nichts, worum man sich sorgen musste. 2010 aber wurden in Deutschland 500 Dengue-Infektionen gemeldet, und zum ersten Mal hat sich ein deutscher Tourist innerhalb von Europa, in Kroatien, angesteckt. Auch in Südfrankreich erkrankten zwei Personen, die ihr Land nicht verlassen hatten. Der Überträger ist eine alte Bekannte, die Asiatische Tigermücke. Die Krankheit beginnt wie eine normale Grippe mit Fieber-, Kopf- und Gliederschmerzen, ein hämorrhagischer Verlauf mit inneren Blutungen bis zum Organversagen ist möglich. Es gibt weder Medikamente noch Impfungen, die Schmerzen lassen sich durch Paracetamol lindern, um Dehydrierung zu vermeiden, sollte man den Patienten an eine Infusion anschließen. Außer Moskitonetzen und geschlossener Kleidung könnte es schon bald nur noch einen Schutz vor der Tigermücke geben: einen Umzug nach Nordnorwegen.

13. BRIEFBOMBE

NACHRICHT AUS DER HÖLLE

Sprengstoff oder Anthrax: So schützt man sich vor aggressiven Postwurfsendungen.

Das beste Mittel gegen Weltschmerz und Depression ist ein Blick in den Briefkasten. Ein Mensch, der unter der eigenen Bedeutungslosigkeit leidet oder gerade das Gefühl hat, dass sich die Welt nicht für ihn interessiert, wird von dem täglich neu entstehenden Kuvertberg eines Besseren belehrt. Strandpostkarten, Mahnungen, Werbeflyer oder ein Päckchen unbekannten Inhalts – die Botschaft ist immer die gleiche: «Jemand hat an dich gedacht, du bist nicht egal, wir brauchen dich.»

Ein Brief von München nach Hamburg braucht nicht einmal 24 Stunden, ein Paket von Berlin nach New York ist gerade einmal drei Tage unterwegs. Jahrzehnte vor der Erfindung des Internets legte sich ein dicht geknüpftes Netz aus Briefkästen, Sortierzentralen und Verladestationen über die Welt. Zwischen diesen Knotenpunkten sausen Flugzeuge, LKWs und Fahrräder mit extrastarken Gepäckträgern hin und her. Das Postsystem ist eine internationale Anerkennungsinfrastruktur, eine Logistik der Liebe, die leider sehr anfällig ist für Missbrauch und Täuschung (und nein, es geht hier nicht um Kettenbriefe). Postsendungen sieht man ihren Inhalt von außen nicht an, sie können alles enthalten, die Walnussplätzchen der Großmutter oder 120 Gramm TNT.

Die Post – Werbeslogan: «Menschen erreichen!» – löst ein Problem, mit dem sich Attentäter und Terroristen schon lange Jahre herumschlagen: Wie bringe ich die Bombe anonym und effektiv in die Nähe der Zielperson? Briefbomber übertragen die gefährliche Aufgabe des Transports und der Annäherung an das zu tötende Subjekt dem freundlichen Postbeamten. Den Rest erledigt dann der neugierige Empfänger, der sich über jede Sendung freut und in dem Moment, in dem er den Brandbrief öffnet, zum Komplizen des auf ihn selbst verübten Anschlags wird: Der freudig erregte Adressat mutiert zum ahnungslosen Selbstmörder, vergiftet sich mit Milzbrand oder sprengt sich selbst in die Luft.

Zu Beginn des 20. Jahrhunderts ließ der Schwede Martin Ekenberg insgesamt 34 Erfindungen patentieren, weltberühmt wurde er aber für eine ganz andere Idee: Aus maßloser Wut darüber, dass Karl Fredrik Lundin, der Direktor der Schwedischen Zentrifugengesellschaft, für den er einen tatsächlich genialen Apparat zur Bestimmung des Milchfettgehalts entwickeln wollte, die Zahlungen einstellte, schickte Ekenberg dem geizigen (und wohl nicht besonders klugen) Mann im Jahr 1904 die erste Briefbombe der Geschichte. Lundin überlebte schwer verletzt.

Bis 1910 verübte Ekenberg drei weitere postalische Anschläge. Zu diesem Zeitpunkt drohte das schwedische Postsystem zusammenzubrechen, aufgeschreckte Bürger verweigerten die Annahme von Paketen und brachten Geschenke ungeöffnet zur Polizei. Ein ähnlicher Effekt zeigte sich im Oktober 2001, als mehrere amerikanische Politiker und Journalisten mit Milzbrandsporen gefüllte Sendungen erhielten. Die Erreger infizierten nicht nur die

Atemwege der ahnungslosen Opfer, sondern auch das Postsystem, das kurzzeitig zum Stillstand kam.

2010 kursierten wieder Briefbomben. Angela Merkel erhielt im Herbst eine Todessendung von griechischen Linksradikalen. Es wäre aber eine Überreaktion, den Postboten von nun an komplett auszusperren. Schließlich zeigt die historische Erfahrung, dass es recht einfach ist, eine Briefbombe zu erkennen. Der wichtigste Tipp ist, die Sendung nicht gierig aufzureißen, sondern einem genauen Security-Check zu unterziehen.

Erste Hinweise liefert bereits das Adressfeld eines Pakets. Als Menachem Begin, der spätere israelische Ministerpräsident und Friedensnobelpreisträger, im Jahr 1952 ein Briefbombenattentat auf Konrad Adenauer in Auftrag gab, schrieben die Kurierkiller einfach «An den Bundeskanzler Dr. Konrad Adenauer, Bundeshaus, Bonn» auf das Paket. Die Sendung fiel bereits in der Sortieranlage in München auf, explodierte im Kommissariat und tötete einen Polizeibeamten statt den deutschen Kanzler. Knapp 60 Jahre später haben die Briefbombenattentäter nur wenig hinzugelernt – zumindest hofft das das amerikanische Heimatschutzministerium. Glaubt man der US-Behörde, sollte man als Postempfänger bereits stutzig werden, wenn die Adresszeile mit Hand geschrieben oder mit Rechtschreibfehlern gespickt ist, sowie wenn die Absenderadresse fehlt oder ganz offensichtlich gefälscht wurde. Auch wenn Poststempel und der angegebene Absendeort nicht übereinstimmen oder Wörter wie «Persönlich» und «Vertraulich» auf dem Kuvert auftauchen, sollte Ihre innere Warnglocke schrillen.

Nur wenn man die Funktionsweise einer Briefbombe kennt, kann man eine gefährliche Sendung auch erkennen. Eine Briefbombe ist mindestens fünf Millimeter dick und wiegt mehr als 20 Gramm. Die Explosion wird entweder von einer Reißleine ausgelöst oder von Licht, das nach dem Öffnen des Briefs auf die

Elektronik fällt. Aus bautechnischen Gründen liegt der Schwerpunkt eines Sprengstoffbriefs normalerweise nicht in der Mitte. Verräterische Zeichen sind außerdem ungewöhnliche Beulen und Wölbungen, auslaufende Flüssigkeiten sowie der Umstand, dass das Paket exzessiv verschnürt ist (das machen außer Omas heutzutage anscheinend nur noch Terroristen). Die Antiterrorexperten warnen auch vor einem leisen Ticken, was den Verdacht nahelegt, dass sie ihre Informationen vor allem aus alten Mickey-Mouse-Comics entnehmen, in denen permanent Wecker und Bomben verwechselt werden.

Sollten Sie dem Augen- und Ohrenschein nicht trauen, empfiehlt sich der Aufbau einer persönlichen Hightech-Security-Schranke: Kaufen Sie ein tragbares Röntgengerät, das Bilder aus dem Innenleben des verdächtigen Pakets liefert, oder einen Metalldetektor (der schlägt allerdings bereits bei Büroklammern und Kugelschreibern an). Eine weitere Möglichkeit besteht darin, ein laminiertes Papier über den verdächtigen Brief zu streifen und das Testpapier anschließend mit Aerosol-Spray (gibt es im Internet) zu besprühen. Färbt sich das Papier rosa, enthält der Briefumschlag tatsächlich Spuren von Plastiksprengstoff, eine violette Färbung weist auf TNT hin. Dies wäre ein guter Zeitpunkt, um 112 zu wählen.

Wichtiger noch als die genaue Überprüfung der Postsendung ist es jedoch, die generelle Wahrscheinlichkeit zu verringern, überhaupt zum Adressaten eines Anschlags zu werden. In einem ersten Schritt sollten Sie vermeiden, in exponierte Positionen wie das Kanzleramt oder auf den Stuhl Petri zu gelangen. Mittelmaß ist eine Tarnkappe und Schutzbarriere. Zahlen Sie außerdem pünktlich Ihre Rechnungen, seien Sie ein guter Mensch. Als im Jahr 2004 immer wieder Briefbomben an bayerische Politiker und Behörden im Landkreis Ebersberg verschickt wurden, beschloss die Behörde nicht etwa den Fahndungsdruck zu erhöhen, sondern wies ihre Beamten an, sich besonders viel Zeit für Bürger zu nehmen, deren Anträge negativ beschieden wurden. Den enttäuschten Bürgern, die wütend darüber waren, dass sie keinen Ringdeich (→ Sintflut, S. 28) um ihr Haus bauen oder keine Diskothek eröffnen durften, sollte so die negative Energie genommen werden, die es braucht, um eine Briefbombe zu verschicken. Wer keine Feinde hat, so die These des Landratsamts Ebersberg, bekommt auch keine tödliche Post.

14. SPORT

1. FC BLUTGRÄTSCHE

Einige Trainingstipps für Freizeitsportler, die ihre Knochen noch wertschätzen.

Guerlain Chicherit ist ein ziemlicher Waschlappen. Das klingt vielleicht seltsam, denn der 32-jährige Franzose ist immerhin viermaliger Weltmeister im Freeriden, einer extremen Disziplin des Skisports, bei der man nicht auf einer planierten Piste und in Après-Ski-Bars unterwegs ist, sondern an Steilwänden einen halsbrecherischen Slalom zwischen Felsbrocken fährt und Schnee- und Gerölllawinen zu einem Sprintduell herausfordert. Im Sommer, wenn der Schnee in den Alpen geschmolzen ist, ruht Chicherit sich nicht aus, sondern fährt bei der ultrastrapaziösen Rallye «Paris – Dakar», bei der Teilnehmer schon mal für immer in der Wüste verschwinden und lösegeldhungrige Terroristen und Guerillas das Ergebnistableau beeinflussen. Guerlain Chicherit ist der extremste Extremsportler unserer Tage, aber wenn er wirklich Mumm hätte, dann würde er als Mittelfeldspieler bei einem deutschen Fußball-Kreisligisten auflaufen. Denn die gefährlichste Sportart findet man nicht unter den Trend-, Mode- und Psychodisziplinen wie Basejumping (Fallschirmsprung vom Hochhaus), Parcours (Hindernislauf durch urbanes Terrain) oder Free Soloing (Klettern ohne Netz und doppelten Boden), sondern auf dem Rasen.

Weil das Mortalitätsrisiko beim Sport ohnehin zu vernachlässigen ist (1 bis 2 Todesfälle pro 100 000 Sporttreibende im Jahr), rückt die Verletzungsgefahr in den Mittelpunkt, und hier ist Fußball die gefährlichste Sportart. Die Sprungschanzen, Felswände und Wolkenkratzer, die die Extremsportler überqueren, sind nichts gegen die Gefahr, die droht, wenn Heinz Müller, seines Zeichens «kompromissloser Mittelfeld-Terrier» des Post SV, die Grätsche auspackt, also, wie es im DFB-Regelbuch steht, «mit seinem Rumpf in Berührung mit dem Boden kommt und dabei den Versuch unternimmt, an den Ball zu kommen». Heinz Müller aber trifft meistens die Beine des Gegners.

Ausgerechnet die Sportart, die mit der Fairplay-Propaganda des «Elf Freunde müsst ihr sein» um positives Image wirbt, ist für den Großteil der Sportverletzungen verantwortlich. 61 Prozent der Sportunfälle ereignen sich beim Fußball. Von 100 Vereinsfußballern landen mehr als 15 im Jahr im Wartezimmer des Arztes oder auf dem OP-Tisch – damit ist das oft so gemütliche Amateurgekicke wesentlich gefährlicher als das angeblich so gefährliche Skifahren, wo auf 100 Aktive nur 1,5 ernsthaft Verletzte pro Jahr kommen. König Fußball ist ein Schläger! Die Zahl zeigt auch, dass Stutzen und Schienbeinschoner keinen ausreichenden Schutzpanzer darstellen und dass Kicker unbedingt Strategien entwickeln müssen, um Heinz Müller und dessen Sportsfreunden auszuweichen. Falls Sie sich also unverhofft auf einer Bezirkssportanlage mit frisch gemähtem Gras und weißen Kreidelinien wiederfinden, versuchen Sie nicht in Panik zu geraten und vermeiden Sie jede Provokation des Gegenspielers, die diesen dazu veranlassen könnte, wie es in der Fußballsprache heißt, «ein Zeichen zu setzen». Betreiben Sie Smalltalk statt Trash Talking, loben Sie seine Fitness und die Schönheit seiner Tochter. Wenn Sie zum Dribbling ansetzen, halten Sie den Kopf oben und die Gegenspieler im Blick, nur so ist es möglich, der Grätsche im Notfall durch einen beherzten Sprung auszuweichen. Das beste Mittel gegen den Zweikampf und die damit einhergehende Verletzungsgefahr ist allerdings das Hochgeschwindigkeits-Kurzpassspiel des FC Barcelona: Im Idealfall hat kein Spieler den Ball lange genug am Fuß, um sich diesen vom Gegenspieler brechen zu lassen.

Die Statistik zeigt deutlich, dass das Risikopotenzial einer Sportart auch davon abhängt, mit wem (und gegen wen) man ihn betreibt. Während jeder sechste männliche Sportler zwischen 18 und 29 einmal im Jahr zum Arzt geht, ist es bei gleichaltrigen Frauen nur jede 22. Bei beiden Geschlechtern nimmt das Verletzungsrisiko mit dem Alter noch einmal ab. Körperprotzerei und übersteigerter Ehrgeiz dürften die Ursachen für den Selbstzerstörungsdrang der jungen Männer sein. Wer sich selbst gefährdet, nimmt aber auch auf andere Menschen keine Rücksicht. Deswegen ist es am sichersten, auch als junger Mann mit Seniorinnen Fußball zu spielen. Die Damen bekommen unverhoffte gegengeschlechtliche Aufmerksamkeit und neue Spielpartner. Sie selbst bewahren sich heile Knochen und glatte, unverschorfte Haut – ein fairer Deal.

Falls Sie über Alternativen zum Fußball nachdenken, sollten Sie berücksichtigen, dass jede Sportart gefährlich ist, bei der es darum geht, ein rundes Objekt durch die gegnerischen Abwehrreihen in ein wie auch immer geformtes Ziel zu bugsieren: Mit 14 Verletzten pro 100 Sporttreibende sind Handball und Basketball fast ebenso so gesundheitsschädlich wie das «schöne Spiel» von Pelé, Maradona und Messi. In den Team-Ballsportarten besteht durch den körperlichen Kontakt, die Zweikämpfe und das ausgeprägte Revierverhalten der gegnerischen Mannschaft ein erhöhtes Verletzungsrisiko, außerdem erhöht sich durch die physische Intimität und Psychospielchen die Gefahr von Racheakten und Rudelbildungen. Ballsportarten sind aus der mittelalterlichen Freizeitbeschäftigung hervorgegangen, bei der zwei Dorfgemeinden versuchten, einen Schafskopf/Ball auf dem Marktplatz der Gegner zu platzieren. Das archaische Echo des Mittelalters ist bei Hand- und Fußball noch spürbar. Geringer ist die Verletzungsgefahr beim Volleyball, bei dem die Gegner durch einen Grenzzaun getrennt werden. Eine zivilisierende Maßnahme, die nicht hoch genug zu schätzen ist. Grundsätzlich ist eine Sportart dann besonders sicher, wenn sie auch alleine ausgeübt werden kann, keine schnellen und abrupten Richtungswechsel verlangt, sondern nur jederzeit kontrollierbare, stetige Bewegungen fordert und am besten auf ebener Fläche stattfindet: Beim Wandern und Schwimmen ist das Verletzungsrisiko kaum messbar.

Allerdings geht es ja beim Sport genau darum, die psychischen und physischen Grenzen auszutesten und ein wenig Schmerz in den überzivilisierten Alltag zu integrieren. Das wird dadurch deutlich, dass die größten Sporthelden eben die sind, die ihre körperlichen Grenzen, die Angst und Schmerzen überwunden haben und trotzdem siegreich aus dem Wettkampf hervorgegangen sind. Der deutsche Torwart Bert Trautmann, der in den fünfziger Jahren als Torwart in England aktiv war, blieb in einem Pokalfinale trotz eines gebrochenen Nackenwirbels auf dem Platz und sicherte den Sieg – was man ihm in England immer noch hoch anrechnet. Es ist nun mal leider so: «Großer Sport», schrieb Bertolt Brecht, «fängt da an, wenn er längst aufgehört hat, gesund zu sein.»

DIE GEFAHR IM KÜHLREGAL

Nicht jeder kann sich einen Vorkoster leisten: Tipps gegen Gammelfleisch, Acrylamid und Bio-Dünger.

Die Schiebetüren des Supermarkts öffnen sich mit leisem Summen, und der mündige Konsument betritt ein hell ausgeleuchtetes Paradies, in dem die Sonne niemals untergeht und Milch und Honig zwar nicht unbedingt durch die Gänge fließen (das wäre ja auch recht unhygienisch), aber immerhin ordentlich in Tetrapak und 500-Gramm-Glas verpackt und ausreichend auf Lager gehalten werden. Doch der erste Eindruck täuscht, wie das eben so seine Art ist. Zwar schimmert das Obst, das durch Sprinklerdüsen mit Wasserstaub bespritzt wird, frisch und farbenfroh, und die Hähnchenschenkel liegen wohlgeordnet im Tiefkühlregal, ganz so, als würden sie eine Schlange bilden und sich zum Verzehr anstellen. REWE, EDEKA und Lidl gleichen aber nicht dem Garten Eden nach der Generalinventur, sondern eher einem tropischen Dschungel, in dem die Früchte am gefährlichsten sind, die am verlockendsten glänzen, und der einsame Wanderer schnell die Orientierung verliert.

Im Zeitalter der global-industriellen Nahrungsproduktion gehört der Lebensmittelskandal zum Programm wie Konservierungsstoffe und Supersonderangebote. Leider können Sie sich in unserem profitorientierten Wirtschaftssystem nicht darauf verlassen, dass wirklich jede Firma in dem langen und verschlungenen Herstellungsprozess Ihre Gesundheit über die eigene Gewinnkalkulation stellt. Genau wie unsere Vorfahren vor Tausenden von Jahren schmerzvoll lernen mussten, dass ein Knollenblätterpilz weniger bekömmlich ist als ein Champignon und ein Pfifferling, ist es nun am modernen Rabattjäger und Sammler, im Supermarkt das notwendige Wissen und Fertigkeiten zu entwickeln, um genießbare Nahrung von Gift zu unterscheiden.

Gammelfleisch: Im Zeitalter von Burger, Döner und Hähnchen-Nuggets muss sich der Mensch erst wieder mit dem originären Erscheinungsbild von Fleisch vertraut machen. Es empfiehlt sich, ein Kotelett vor dem Kauf zu betasten, es dicht vor die Augen zu führen und daran zu schnuppern. Lassen Sie sich durch die Kunststofffolie nicht abhalten. Bekömmliches Fleisch riecht neutral bis leicht säuerlich und niemals süß; der Drucktest sollte ein elastisches Resultat ergeben. Frischfleisch schwimmt niemals im eigenen Saft und weist auf keinen Fall eine graue Farbe auf, ist vielmehr rosa (Geflügel), hell- bis dunkelrot (Rind) oder rötlich bis dunkelbraun (Wild). Das helle Adergeflecht, welches das Fleisch durchzieht, ist auch als Fett bekannt und ein wichtiger Geschmacksträger. Sollte das Fett nicht weiß aussehen, sondern gelblich, so lässt das ebenfalls auf einen hohen Gammelfaktor schließen. Wer seinen Sinnen beim Fleischtest nicht über den Weg traut, sollte versuchen, die von dem Physiker Heinar Schmidt entwickelte Anti-Gammelfleisch-Laserpistole zu erwerben. Mit der Lichtwaffe zielt man auf einen Fleischklumpen, das Gerät analysiert das vom Fleisch zurückgestrahlte Licht und beurteilt anhand des molekularen Musters den Frischegehalt. Was der Laser leider noch nicht kann: als ungesund identifizierte Waren sofort vernichten.

Acrylamid: Kekse, Kaffee, Pommes frites – so unterschiedlich diese Lebensmittel auch sein mögen, lauert tief in ihrer molekularen Seelenstruktur doch eine identische Gefahr: C3H5NO, besser bekannt als Acrylamid, eine krebserregende chemische Verbindung, die dem Menschen lange Zeit vor allem als Stabilisator und Flockungsmittel in der Papierherstellung bekannt war. Zu Beginn des 21. Jahrhunderts tauchte der Stoff dann plötzlich in unterschiedlichsten Delikatessen auf. Es stellte sich heraus, dass beim Braten und Frittieren von Getreide oder Kartoffeln über 120 Grad Celsius der Zucker und der Eiweißbaustein Asparagin zu Acrylamid verschmelzen. Leider hat weder Foodwatch noch der individuelle Konsument die Möglichkeit, in den Produktionsstätten von Bahlsen, Bofrost oder Jakobs den Hitzeregler zu kontrollieren. Was bleibt, ist ein Stoßgebet an Laurentius von Rom, den Schutzheiligen der Köche, der während der Christenverfolgung über einem Feuer auf ein Rost gebunden und verbrannt wurde – sowie der Ratschlag, in der eigenen Küche auf das scharfe Anbraten von stärkehaltigen Substanzen zu verzichten. Die Parole lautet: Vergolden statt Verkohlen.

Salmonellen und Campylobacter: 30 Prozent aller großen deutschen Legehennenbetriebe sind von Salmonellenbefall betroffen. Im Ausland soll die Zahl noch weit höher liegen. Da sollte es einen nicht wundern, dass in Deutschland jährlich mehr als 45 000 Menschen an Salmonellen erkranken und sich weitere 50 000 mit dem Campylobacter-Erreger infizieren – beide Erreger leben in Milch, Hack oder Eiern und führen zu starken Magen-Darm-Beschwerden, die in Einzelfällen schwere Krankheiten nach sich ziehen können. Salmonellen sind zwischen zwei und fünf µm lang und für das menschliche Auge selbstverständlich unsichtbar. Der einzige Ausweg für den Konsumenten ist, den Kern aller verdächtigen Lebensmittel für mindestens zwei Minuten auf über 70 Grad zu erhitzen. Hat man sich die Salmonellen erst einmal aus dem Eierregal oder von der Fischtheke des Supermarkts in den heimischen (und oft zu warmen) Kühlschrank geholt, können die Erreger in den Wasserrinnsalen monatelang überleben. An einer Kühlschrankrückwand leben etwa 11,4 Millionen Keime je Quadratzentimeter. Ein salmonellenresistenter Kühlschrank hat eine Temperatur von maximal sechs Grad und wird regelmäßig abgetaut.

Nitrofen: Das Herbizid Nitrofen oder das Düngemittel Dioxin werden eingesetzt, um Unkraut zu vernichten oder den Ertrag in der Landwirtschaft zu steigern; sie sind somit eigentlich Freunde des kostenbewussten Konsumenten, der denkt, «ein Liter Milch für 99 Cent» sei Bestandteil der ersten 19 Artikel des Grundgesetzes. Regelmäßig aber gelangt Nitrofen in das Futtermittel von Rindern und Hühnern und somit in die industrielle Nahrungskette, an deren Ende nur noch Mensch und Mülltonne warten. Nitrofen und Dioxin können Krebs auslösen und zu Komplikationen in der Schwangerschaft führen. Was zu tun ist? 94 Millionen Geflügeltiere, 26 Millionen Schweine und 13 Millionen Rinder verzehren jedes Jahr mehr als 68 Millionen Tonnen Futter. Bei diesen Massen und Mengen ist eine 100-prozentige Sicherheit kaum zu gewähren. Die einzige Lösung wäre, sich von dem giftigen System abzukoppeln und die Eier- und Milchproduktion selbst in die Hand zu nehmen. In England boomt derzeit der Verkauf von Dexter-Kühen, die gerade einmal so groß werden wie ein Schäferhund, aber genug Milch und zur Not auch Fleisch für eine ganze Familie geben. Das Beste ist: Was in die Dexter-Kuh reinkommt, bestimmt jeder Besitzer selbst.

Bio-Lebensmittel: Die grünen Gummisiegel mit der Aufschrift «Bio» oder «Öko», die seit einigen Jahren auf immer mehr Packungen pappen, haben nicht nur eine ähnliche Form wie eine Beruhigungstablette, sondern auch eine ähnliche Wirkung: Entspannung und Frieden. Wo Bio draufsteht, ist kein Gift drin, denkt sich der Verbraucher, und es tut fast ein wenig weh zu sagen: So einfach ist es nicht! In konventionellen Lebensmitteln kommen mehr als 320 Zusatzstoffe zum Einsatz, aber auch das Bio-Siegel erlaubt immerhin noch 50 Zusatzstoffe, darunter so problematische Substanzen wie das umstrittene Verdickungsmittel Carrageen, das in Tierversuchen zu Geschwüren führte, oder das Nitritpökelsalz, das sich im menschlichen Magen in das krebserregende Nitrosamin verwandeln kann. Und wenn die Natur immer nur unser Bestes wollte, warum hat sie uns dann die Tabakpflanze geschenkt? Der Vorteil der so gefürchteten künstlich hergestellten Chemikalien liegt immerhin darin, dass man Entstehungsbedingungen und Reinheit kontrollieren kann und ihre Wirkung üblicherweise besser kennt als die Risiken, die von Naturstoffen ausgehen. Auch eine Karotte, die während der Vegetationsperiode niemals mit Chemie in Berührung gekommen ist, enthält schließlich geringe Mengen eines gefährlichen Nervengifts, und in Radieschen und Brokkoli finden sich Bestandteile, die einen Kropf verursachen können. Guten Appetit!

16. METEORITEN

KRIEG DEN STERNEN

Gegen Steinbrockenbeschuss aus dem All kann (und soll) sich auch der kleine Mann vom Rand der Milchstraße verteidigen.

Der Blick in den klaren Nachthimmel vermittelt vielen Menschen inneren Frieden und stille Ehrfurcht. Doch das Firmament, das uns als wohlgeordnetes und erhabenes Kunstwerk erscheint – der Polarstern im Norden, gegenüber vom Großen Wagen die Kassiopeia, südlich davon die Andromeda – ist in Wahrheit ein gigantisches Chaos: Explosionen, Kollisionen, Materie-Stürme. Und der Planet Erde steckt mittendrin in diesem Durcheinander. Wenn man bei der Amateur-Observation dann eine Sternschnuppe über das nächtliche Firmament rasen sieht, sollte man den Wunsch, den man nun angeblich frei hat, nicht an so profane Dinge wie die Bundesligatabelle oder die Karriereleiter verschwenden. Der einzige angemessene Gedanke angesichts des glühenden Steins, der gerade vom Himmel fällt, ist: «O Gott, lass mich überleben!»

Die fröhlich leuchtenden Sternschnuppen sind in Wahrheit gigantische Steinbrocken auf potenziell tödlicher Flugbahn. 40 Tonnen kosmisches Geröll, so schätzen Experten, prasseln jeden Tag auf die Erde nieder. Meist handelt es sich dabei nur um Steinchen und Körnchen, etwa 25-mal am Tag rast aber ein größerer Klumpen auf die Erde zu, der jedoch meist als Sternschnuppe verglüht. Die Schäden, die die außerirdischen Projektile auf der Erde anrichten können, sind gewaltig. Ein Meteorit mit einem Durchmesser von 80 Metern, der im Meer einschlägt, würde 40 Meter hohe Wellen auslösen. Ein Asteroid der 300-Meter-Klasse könnte ganze Länder ausradieren. Und ein 500-Meter-Brocken würde durch Flutwellen, Staubwellen und Druckwelle wohl eine globale Katastrophe verursachen. Die Wahrscheinlichkeit, dass man im Laufe eines hundertjährigen Lebens miterlebt, wie die Erde von einem Himmelskörper der Ein-Kilometer-Klasse getroffen wird, ist dreimal höher als die Chance, während einer 100 Jahre lang währenden Lotto-Sucht den Jackpot zu knacken. In diesem kosmischen Augenblick, also den vergangenen zehntausend Jahren, bewegt sich die Erde durch eine außerordentlich steinige Zone der Galaxis. Die Gefahr einer Meteoriten-Attacke ist also besonders hoch. Und die Einschläge rücken näher.

Am 8. Februar 1969 explodierte der vier Tonnen schwere Allende-Meteorit über Mexiko, erleuchtete den Himmel und produzierte einen Steinregen, der wie durch einen Wunder keinen Menschen verletzte. Am 25. November 2004 verglühte ein Meteorit kurz vor dem Einschlag im Ruhrgebiet. Im September 2007 rammte ein Weltallklumpen einen 14 Meter breiten Krater in ein peruanisches Bergdorf. Wie aber könnte sich die Menschheit gegen einen Angriff aus dem All wehren?

Um einer Gefahr begegnen zu können, muss man sie erst einmal erkennen. Astronomen, Physiker und Mathematiker auf der ganzen Welt haben sich in der Spaceguard Foundation zusammengeschlossen, veranstalten Konferenzen mit Titeln wie «planetare Verteidigungsstrategien» und tasten den Himmel mit Riesenteleskopen nach sogenannten NEOs (Near-Earth Objects) ab, also Asteroiden oder Kometen, die uns ein wenig zu nahe kommen könnten. Die Meteoriten-Ortung ist eine kostspielige Mission, die notwendigen Riesenteleskope, die den Himmel abtasten, sind für den Privatmann nur bedingt erschwinglich. Das amerikanische Thirty Meter Telescope wird etwa eine Milliarde Dollar kosten. Da die Komplexität des Kosmos jedoch selbst mit den Supercomputern und Satellitenaugen der Weltraumbehörden nicht vollständig abgebildet werden kann, sind die Experten auf die Mithilfe von Hobbyastronomen und der Weltgemeinschaft des WWW angewiesen. Auf der Website Minor Planet Center veröffentlicht die Astronomieszene jeden Tag eine Liste mit neu entdeckten Asteroiden. Hobby-Himmelsforscher, die in der Garage oder auf dem Speicher ein privates Planetarium mit Teleskop, Computer und Digitalkamera aufgebaut haben, können sich dort für die Überwachung eines Asteroiden freiwillig melden. Die Szene der Asteroidenjäger, deren Vorsitzender übrigens im Hauptberuf in der Gepäckverladestation eins Flughafens arbeitet, umfasst längst mehrere tausend Mitglieder auf der ganzen Welt, die von den Wissenschaftlern und NASA-Bürokraten auch aktiviert werden können, wenn die Teleskope der Profis durch Wolken oder Sonnenschein geblendet sind.

Aber selbst wenn Sie nicht in der Lage sein sollten, einen Großteil Ihrer Freizeit in die Himmelsforschung zu investieren, so können Sie den Experten trotzdem helfen und den Fortbestand der Spezies unterstützen. Mega-Untersuchungen wie die NEO-Forschung leiden immer an einem Mangel an Rechenpower, weshalb Wissenschaftler gerne auf das Prinzip des sogenannten «Verteilten Rechnens» (VR) zurückgreifen, das die ungenutzten Ressourcen der Computer von Universitäten und Privatleuten nutzt. Laden Sie auf der Homepage der NASA eine Software herunter, die dafür sorgt, dass die Astronomen den Computerprozessor nutzen und die Welt retten können, wenn Sie selbst gerade keine DVD gucken oder in einem Computerspiel andere kosmische Bösewichter abknallen.

Wie wichtig jede Form von Eigeninitiative ist, zeigt der Film *Armageddon*, in dem nicht die NASA oder die Europäische Weltraumbehörde den Riesen-Asteroiden entdeckt, der auf die Erde zurast, sondern ein Hobbyastronom. Gelöst wird das Problem nicht von Astronauten oder Kriegsingenieuren, sondern von einem Trupp Ölbohrern, die per Raumschiff auf dem feindlichen Flugobjekt landen, ein 250 Meter tiefes Loch bohren und in dem Schacht eine Atombombe versenken. Weil deren Fernzündung versagt, muss sich der Anführer des Ölbohrtrupps (Bruce Willis) opfern und zündet die Bombe per Hand.

Tatsächlich erwägt die NASA ernsthaft, einen gefährlichen Meteoriten mit einer Atombombe zu sprengen. Im Film zerbricht der Planet so in zwei Teile, die die Erde verfehlen. In Wirklichkeit wäre es sehr wohl möglich, dass Trümmer auf die Erde fallen und dort großen Schaden anrichten. Deswegen plädieren die Vertreter einer All-Appeasement-Politik dafür, einen gefährlichen Asteroiden sanft beiseite zu schieben. Schon eine kleine Änderung der Bahn würde bewirken, dass er seinen Kollisionskurs verlässt. Diese minimale Abweichung könnte etwa der Einschlag einer Rakete auf dem Asteroiden auslösen. Genau diese Möglichkeit erforscht derzeit die Europäische Weltraumorganisation ESA. Ein Test steht noch aus, der Name des Projekts macht aber wenig Hoffnung: Don Quijote.

Eine noch sanftere Behandlungsmethode wird an der University of Glasgow entwickelt: Toasten. Zehn Raumschiffe mit ausfaltbaren 20-Meter-Spiegeln nähern sich dem Asteroiden und reflektieren die Sonnenstrahlen auf dessen Oberfläche. Die so entstehenden Temperaturen von mehreren tausend Grad bringen das Gestein zum Verdampfen. Dadurch wird der Körper aus der Bahn geworfen. Auch die Idee, einem Himmelskörper einen

Raketenmotor zu verpassen und ihn einfach ein paar Meter wegzuschieben, klingt interessant, allerdings ist noch unklar, wie die dafür nötige Menge Treibstoff ins All gebracht werden könnte. Der etwas, nun ja, vorläufige Charakter dieser Vorschläge zeigt, dass kreative Mitarbeit willkommen und nötig ist. Warum soll nicht der Star des Physik-LKs oder ein Standesbeamter und Hobbybastler auf die eine Idee kommen, die uns alle retten wird?

Im Kampf gegen die Meteoriten kann der Mensch beweisen, dass er zwar nicht größer und stärker, aber doch wehrhafter ist als die Dinosaurier. Vor 65 Millionen Jahren schlug ein NEO mit einem Durchmesser von 10 Kilometern auf der Erde ein und beendete die Existenz von Tyrannosaurus Rex und Co. Die Dinosaurier hatten eine Entschuldigung für ihre Extinktion, sie kannten weder Riesenteleskope noch Atombomben oder dezentralisierte Computer. Die Menschheit jedoch schon. Das ist das Schicksal des modernen Menschen: Sogar wenn ihm der Himmel auf den Kopf fällt, ist er irgendwie selber schuld.

17. KRISENKOMMUNIKATION

GRAMMATIK DER NOT

Grund- und Aufbaukurs des internationalen Hilferufs.

Eine Sprache, die alle Menschen dieser Welt sprechen – dieser große humanistische Traum ist in Erfüllung gegangen. Bei der Weltsprache handelt es sich allerdings nicht um Englisch oder Chinesisch, sondern um Vokabular und Grammatik des Hilferufs. Die Sprache der Not wird überall auf der Welt verstanden. Egal, ob man nun schiffbrüchig über den Ozean treibt, sich in den Bergen verirrt hat, in der Wüste notlanden muss oder bei einem Erdbeben unter den Trümmern des eigenen Hauses verschüttet wurde. Technische Hilfsmittel (Raketen, Funkgeräte, Brieftauben) können bei der Katastrophenkommunikation von Vorteil sein, tatsächlich reichen in der Not aber auch Arme und Stimmbänder aus.

1. Mit der Taschenlampe: Die Taschenlampe ist ein absoluter Luxus im Notfall. Schalten Sie das Gerät ein, und geben Sie das international gültige SOS-Signal ab: kurz, kurz, kurz; lang, lang, lang; kurz, kurz, kurz. Die Zeichenfolge bei Bedarf wiederholen.

2. Mit einem Spiegel oder Stück Glas: Halten Sie die reflektierende Fläche in die Sonne, und lenken Sie das Licht in die Richtung, aus der Sie am ehesten Hilfe vermuten. Verschwenden Sie keine Zeit damit, einen bestimmen Code zu blinken. Halten Sie voll drauf. Bei guter Sicht können die Lichtzeichen über eine Entfernung von bis zu zehn Kilometer wahrgenommen werden. Haben Sie keinen Taschenspiegel dabei, können auch Glasscherben oder Messerklingen verwendet werden.

3. Mit Feuer: Suchen Sie eine erhöhte und gut sichtbare Stelle zum Feuermachen (→ Zivilisationszusammenbruch, S. 94). Da ein einfaches Signalfeuer auch mit einem herkömmlichen Lagerfeuer verwechselt werden könnte, ist es sinnvoll, drei Feuer in den Ecken eines gleichseitigen Dreiecks anzuzünden.

4. Mit Rauch: Unter bestimmten Umständen, etwa bei Tageslicht, kann ein Rauchzeichen besser sichtbar sein als ein Feuerzeichen. Auch hierfür benötigt man natürlich ein Feuer. Die Rauchqualität ist aber wichtiger als die Helligkeit der Flammen. Vor einem dunklen Hintergrund wie etwa einem Wald oder einem bewölkten Himmel ist weißer Rauch besonders hilfreich, dafür besprengen Sie die Glut mit Wasser. Vor einem hellen Hintergrund (Wasser, heller Fels, blauer Himmel) ist dunkler Rauch besser geeignet, den erreicht man durch das Verbrennen von feuchtem Moos, Laub, ölgetränkten Tüchern oder Gummiteilen.

5. Mit Steinen, Stämmen, Textilien oder Schnee: Um die Aufmerksamkeit von Suchmannschaften und Flugzeugen zu erregen, ist es hilfreich, eine möglichst große Fläche zu beschriften. Die Welt ist eine Leinwand. Formen Sie große Dreiecke oder den Schriftzug SOS. Wenn eine genauere Kommunikation mit den Suchmannschaften erforderlich ist, können Sie auch das international gültige Alphabet der Boden-Luft-Zeichen benutzen, das zur funklosen Kommunikation zwischen Bodenpersonal und Flugzeugcrew entwickelt wurde. Der Großbuchstabe «I» bedeutet «Brauchen ärztliche Hilfe», «W» steht für «Brauchen Mechaniker», «N» für «Nein», «Y» für Ja – drei Meter sollte die Schriftgröße allerdings schon betragen.

6. Mit Armen und Beinen: Sollten Sie wirklich gar keine Werkzeuge und Hilfsmittel zur Hand haben, oder ist eine schnelle Kommunikation mit dem Suchteam erforderlich, können Sie auch den eigenen Körper als Kommunikationsmittel nutzen. Formen Sie mit den Armen den Buchstaben «Y» – das ist das international gültige Zeichen für Hilfe. Um anzuzeigen, dass Sie dringend medizinische Hilfe benötigen, legen Sie sich einfach ausgestreckt auf den Boden. Und falls Sie Ihr Abenteuer noch gar nicht beenden und den Hilfstruppen anzeigen wollen, dass alles in Ordnung ist, strecken Sie den rechten Arm in die Luft und zeigen mit dem linken Arm gerade zu Boden.

7. Mit der Trillerpfeife: Bei Nebel oder dichtem Schneefall sind akustische Signale das einzige verbleibende Medium. Geben Sie sechs kurze Signale pro Minute ab, zwischen den einzelnen Tönen sollte ein Abstand von circa 10 Sekunden liegen. Warten Sie anschließend mindestens eine Minute und wiederholen Sie die Tonfolge. Sollte jemand Ihr Signal gehört haben, so wird er folgendermaßen antworten: drei Signale pro Minute mit einem Abstand von 20 Sekunden. Diese Form des Fernsprechens ist natürlich auch mit einer Pistole möglich. Die Lautstärke steigt mit dem Kaliber der Waffe.

8. Mit der Stimme: Der Schrei nach Hilfe ist der Evergreen unter den Hilferufen. Versuchen Sie einen möglichst erhobenen Punkt zu finden, denn je weiter der Blick reicht, desto weiter reicht auch der Schall. Rufzeichen sind in der Nacht und am frühen Morgen am besten zu hören. Leichter Wind und hohe Luftfeuchtigkeit können die Schallwellen weit tragen. Überlegen Sie sich eine kurze, unmissverständliche Botschaft. Da die menschlichen Stimmbänder die Laute «E» und «I» besonders klar und kraftvoll artikulieren können, bietet sich das Wort Hilfe tatsächlich stark an.

9. Mit der Hand: Die Situation von Verschütteten bei einem Erdbeben oder Minenunglück ist eine besondere. Der visuelle Kontakt mit der Außenwelt ist abgebrochen. Nutzen Sie in diesem Fall akustische Signale und klopfen Sie auf Steine oder Metallflächen. Tipp: Suchen Sie nach hohlen, aber trotzdem stabilen Objekten wie Eisenrohre, die den Schall verstärken und gegebenenfalls weitertragen. Klopfen Sie im SOS-Rhythmus (siehe oben) und warten Sie auf Antwort.

18. ÜBERLEBENSKÜNSTLER (I)

HANDREICHUNGEN DER HELDEN (I)

**Manche Menschen sind nicht totzukriegen.
Was sagt uns das? Immer schön ruhig bleiben!**

An einem ganz normalen Abend im Januar 2006 stieg Ellin Klor die Treppen zu dem Gebäude hinauf, in dem sich die Mitglieder ihrer Strickgruppe einmal pro Woche trafen. Die Hausfrau war spät dran und hastete deshalb die Treppen empor, in den Händen trug sie Nadeln, Garn und Schnittmuster. Ellin Klor geriet ins Straucheln und schlug mit der Brust auf den Boden. Nach einem kurzen Moment rappelte sich die ältere Dame wieder auf, klopfte an der Tür und wurde hereingelassen. Als Klor mit dem Stricken begann, wunderte sie sich, warum ihr das Atmen so schwerfiel. Sie hob ihren Pullover hoch und sah, dass ihr eine Stricknadel aus der Brust ragte.

Stricken soll ja die Nerven beruhigen. Und vielleicht widerstand Ellin Klor deshalb dem Reflex, die dicke Stricknadel sofort herauszuziehen, und wählte den Notruf. Eine gute Idee, denn der spitze Metallstab hatte ein Blutgefäß verletzt und verschloss die Wunde wie ein Korken. Hätte sie die Nadel herausgezogen, wäre sie binnen weniger Minuten verblutet. Ellin Klor blieb nüchtern und sachlich, lehnte den Vorschlag ihrer Freundinnen ab, sie mit dem PKW ins Hospital zu bringen, und wartete auf den Krankenwagen. Das war die zweite lebensrettende Entscheidung: Wenn die Nadel bei der Fahrt im voll besetzten Kleinwagen auch nur geringfügig bewegt worden wäre, hätte die Verletzung des Herzens tödliche Folgen haben können. Klor wurde also ins Krankenhaus gebracht, wo die Chirurgen ihre Brust aufschnitten, die Nadel aus der rechten Herzkammer herauszogen und das Loch im Herzen schlossen. Klor hat die Operation gut überstanden. Nach wenigen Tagen wurde sie entlassen.

Das hätte das Happy End der Geschichte sein können, aber manchmal ist ein Unglück erst der Beginn einer Rettung.

Zwei Wochen nach dem Unfall verspürte Klor plötzlich starke Schmerzen in der Brust und kehrte ins Hospital zurück. Die Ärzte vermuteten eine Lungenverletzung oder Infektion und durchleuchteten den Körper mit Röntgenstrahlen, Ultraschallwellen und Magnet-Resonanz-Tomograph und fanden rein zufällig einen kleinen Zellhaufen unter ihrer linken Achsel – ein Indiz für Brustkrebs. Zwei Tage später stand fest, dass Ellin unter einem sehr aggressiven und gut getarnten Tumor litt. Hätte sie sich nicht die Stricknadel in die Brust gerammt und so die genaue Untersuchung provoziert, hätten die Ärzte den Tumor niemals rechtzeitig gefunden.

Ellin Klor ist eine gemütliche Frau, die gerne backt und kocht und mit dem runden, weichen Gesicht und den grauen, widerspenstigen Haaren eher aussieht wie ein freundlicher Kobold und nicht wie ein Superheld, den man mit keinem Mittel umbringen kann. Aber genau das ist der Punkt. Ellin Klor ist der Held der 08/15-Menschen, die keinen Job in Krisengebieten haben und auch sonst wenig Krach und Lärm im Leben. Ihr Beispiel zeigt, dass man ruhig bleiben und nüchterne Entscheidungen treffen muss. Und dass auch ein großes Unglück einen positiven Effekt haben kann. Ellin Klor sagt: «Wir können uns selbst überraschen. Wenn es wirklich darauf ankommt, dann sind wir viel besser, als wir denken.»

19. ATOMKRIEG

A WIE ANGST

Auch ein Super-GAU oder Nuklearkrieg ist nicht das Ende der Welt. Überlebenstipps für eine strahlende Zukunft.

Im Frühjahr 2011 hatte der Fernsehzuschauer zuweilen den Eindruck, Ishirō Honda habe die Regie bei den Nachrichtensendern der Welt übernommen: Am 11. März erschütterte ein gewaltiges Erdbeben mit einer Stärke von 9,0 auf der Richterskala Japan, dann prallte ein Tsunami mit bis zu zehn Meter hohen Wellen auf die Nordwestküste der Inselgruppe und spülte Autos, Häuser und die Normalität weg. Rauchwolken, Feuerstürme, Alarmsirenen. Nur wenige Stunden später dann die nächsten schlechten Nachrichten: Im Atomkraftwerk Fukushima Daiichi brachen die Kühlsysteme und die Stromversorgung zusammen. Die Japaner sahen sich nach den Erdstößen und den tödlichen Wellen plötzlich mit einer neuen, unsichtbaren und unheimlichen Gefahr konfrontiert, gegen die konventionelle Maßnahmen des Krisenmanagements wie Evakuierungsplan, Notlazarett oder Sandsäcke nicht helfen. Auf den Bildschirmen und Titelseiten tauchten auf einmal Sätze auf wie «Super-GAU in Japan» und «Strahlenwolke auf dem Weg nach Tokio» – Sätze, die man sonst nur aus den Drehbüchern von Ishirō Honda kannte.

Honda war einer der einflussreichsten japanischen Filmemacher und hatte in den fünfziger Jahren die *Godzilla*-Reihe kreiert, in der das Unheil ebenfalls in den Tiefen des Ozeans entsteht. Godzilla ist ein etwa 100 Meter großes Reptil, das Wolkenkratzer zum Ringkampf fordert und aus dem Rachen atomare Strahlen hervorstößt. Godzilla wurde gemeinhin als unmittelbare Reaktion auf die Atombomben-Detonationen in Hiroshima und Nagasaki gedeutet. Insgesamt wurden mehr als 25 Filme mit der Endzeit-Echse gedreht, und Godzilla wurde im Laufe der Zeit nicht nur zum Pop-Phänomen und offiziellen «König der Monster», sondern auch zum heimlichen Maskottchen und Helfer der Japaner – im Film *Befehl aus dem Dunkel* (1965) beschützt Godzilla die Japaner vor einer außerirdischen Invasion, der Mutant wird vom großen Zerstörer zum großen Freund, genau wie die Atomtechnologie von der tödlichen Waffe zur produktiven Technik wurde, die in den Dutzenden AKWs Japans die Energie für das asiatische Wirtschaftswunder bereitstellte.

Was im Frühjahr 2011 passierte, glich aber einem Szenario aus den frühen *Godzilla*-Filmen von Ishirō Honda: Im Meer, in der Luft und im Grundwasser rund um Fukushima wurden extrem hohe Strahlenwerte gemessen. 50 tapfere Männer kämpften im Kraftwerk gegen die atomare Kettenreaktion, und ganze Städte und Siedlungen wurden evakuiert. Die Rettungsversuche und die Informationspolitik der Regierung und des Kraftwerksbetreibers wirkten zunehmend hilflos. Feuerwehrautos spritzten Wasser auf die brodelnde Materie, die Pressesprecher rieten den Menschen, in den Häusern zu bleiben und sich feuchte Baumwolltücher vor Mund und Nase zu halten. Wirksame Ratschläge gegen die radioaktive Strahlung, die bald auch in Trinkwasser, Milch und Agrarprodukten messbar war, hatten weder Kabinett noch Kraftwerksbetreiber oder der japanische Kaiser. Ihr Rat: Bitte bewahren Sie Ruhe und befolgen Sie die Anweisungen der Behörden – was vielen Menschen schwerfiel angesichts der Tatsache, dass selbst der militärisch-industrielle Komplex, der Klüngel aus Regierung und Energiekonzernen, keinen Schimmer zu haben schien, was in den dunklen Reaktoren vor sich ging.

Auch in Deutschland wurden im Frühjahr 2011 leicht erhöhte

Spuren der radioaktiven Elemente wie Jod und Cäsium in der Luft gemessen. Bürger lernten Begriffe wie Millisievert kennen, suchten im Baumarkt nach Geigerzählern und fragten sich immer wieder verzweifelt: Kann ich jetzt noch mein Sushi essen?

Der Wissensstand über die Gefahren der Atomtechnologie und wirksame Gegenmaßnahmen war selbst im atomkritischen Deutschland erstaunlich gering. Kein Wunder: Das Bundesamt für Bevölkerungsschutz und Katastrophenhilfe in Bonn gibt zwar dicke Broschüren zu allen erdenklichen Gefahren heraus – Sonnenbrand, exzessives Duschen –, die Ratschläge für den atomaren Ernstfall aber muss man lange suchen. Sie sind versteckt in dem Heftchen *Für den Notfall vorgesorgt – Vorsorge und Eigenhilfe in Notsituationen*, ganz hinten, im Kapitel zu den sogenannten CBRN-Gefahren (chemisch, biologisch, radiologisch, nuklear). Im Falle von radioaktiver Strahlung solle man jedenfalls am besten in den Keller gehen: Die Strahlung selbst wird beim Durchdringen von Materie abgeschwächt. In Kellerräumen ist die Abschwächung durch die darüberliegende Erdschicht und die oberen Stockwerke besonders groß.

Die zurückhaltende Informationspolitik der Bundesregierung ist der doppelten Natur der Atomtechnologie geschuldet. Die Technik war immer schon Feind und Freund, Bedrohung und Verheißung, versprach die Apokalypse oder die Rückkehr ins Paradies, in dem sauberer und billiger Strom aus der Steckdose fließt. So warnte der damalige Innenminister Wolfgang Schäuble im Jahr 2006 zum Beispiel vor dem «sehr wahrscheinlichen Fall» eines Terroranschlags mit einer «schmutzigen Bombe». Gleichzeitig kämpfte die CDU für den Ausstieg aus dem rot-grünen Atomausstieg und erklärte die deutschen Atomkraftwerke für absolut sicher. Die Bürger sollten sich einerseits vor der Macht des Atoms fürchten und sie andererseits auch genießen und schätzen. Detaillierte Informationen über den atomaren Ernstfall, so offenbar die

Meinung der Regierung, würden die Bürger bei diesem intellektuellen Balanceakt nur aus dem Gleichgewicht bringen. Die Botschaft lautete deshalb: Vertraut der Regierung und ihren Kontrollmechanismen und Sicherheitsprotokollen.

Gerade das fällt einem in der Zeit nach Fukushima jedoch schwer. Eine hilfreiche Informationsquelle stellen dagegen ausgerechnet ein paar Kinderbücher aus den achtziger Jahren dar. Die Sachbuchautorin Gudrun Pausewang schreibt in den Bestsellern *Die Wolke* und *Die letzten Kinder von Schewenborn* über die Gefahren des Atomkriegs und des Super-GAUs. Pausewangs Bücher galten damals zwar als Jugendliteratur, der schonungslos offene Stil und die Liebe zum brutalen Detail machen jedoch deutlich, dass es sich eigentlich um knallhart recherchierte Survival-Ratgeber handelt. In *Die Wolke* warnt Pausewang vor dem Problem unkontrollierten Fluchtverhaltens nach dem GAU: Der Protagonist Uli stirbt, als er mit seinem Fahrrad von dem Auto eines Flüchtenden überrollt wird. Wichtig ist auch ein grundsätzliches Misstrauen gegenüber lügenden Innenministern, die sich für 18 000 Tote herzlich wenig interessieren und immer nach der Maxime handeln: Nach dem GAU ist vor der Wahl.

In *Die letzten Kinder von Schewenborn* beschäftigt sich Gudrun Pausewang vor allem mit dem Problem der Strahlenkrankheit, die durch Röntgen- oder Gammastrahlen auftritt. Das Buch beschreibt die verschiedenen Stadien der Strahlenkrankheit (Appetitlosigkeit, Übelkeit, Haarausfall, Haarausfall am ganzen Körper, unkontrollierte Blutungen im Mund, Totalzerstörung des Knochenmarks, Kreislaufversagen) und weist auf angemessene Gegenmaßnahmen wie Dekontamination, Bluttransfusion oder Stammzellentransplantation hin. Klar, dass diese Maßnahmen im Ernstfall nur sehr schwer durchzuführen sind. Aber wenigstens weiß man nun Bescheid.

Weiter gehende Informationen zum angemessenen Verhalten im Atomkrieg und nach dem Super-GAU sind außerdem der Broschüre *Jeder hat eine Chance* zu entnehmen. Diese verteilte das Bundesamt für zivilen Bevölkerungsschutz, ein Vorläufer des heutigen Bundesamts für Bevölkerungsschutz und Katastrophenhilfe, 1961 gratis an alle Haushalte – es ist unverständlich, warum diese Broschüre heute nicht mehr erhältlich ist. Die Bundesregierung hat vieles getan, um den Schutz der Zivilbevölkerung vorzubereiten. Ihre Maßnahmen werden aber nur Erfolg haben, wenn ein jeder zur Mitarbeit und zur Selbsthilfe bereit ist, heißt es in dem Heft. Im Fall eines atomaren Überraschungsangriffs solle man sich flach auf den Boden werfen, möglichst längsseits einer starken Wand: «Von der Lichterscheinung abwenden und die Augen schließen! Gesicht, Nacken und Hände schützen!» Überrascht einen die Bombe im Freien, soll man sich ebenfalls flach auf den Boden werfen und wenn möglich einen Aktenkoffer über den Kopf legen, hier seien ebenfalls die Augen von der Lichterscheinung abzuwenden. Diese Ratschläge wirken angesichts der Urgewalt, mit der man es bei der Atomtechnologie zu tun hat, reichlich hilflos und deshalb wie das beste Argument gegen den Werbeslogan, dass deutsche Kraftwerke sicher seien und es sich bei Atomenergie um eine beherrschbare Angelegenheit handelt.

Ein Katastrophenfilm dauert 90 Minuten. Die Halbwertszeit des hochgiftigen Plutoniums, das Ende März im Boden um Fukushima Daiichi gefunden wurde, beträgt 20 000 Jahre.

20. ZIVILISATIONSZUSAMMENBRUCH

DAS LEBEN OHNE STADTWERKE

So befriedigt man seine Grundbedürfnisse im Fall der Fälle.

Bei seinem Russlandfeldzug 1812 scheiterte Napoleon nicht am militärischen Geschick der Russen oder an den falschen Laufwegen seiner Angreifer, das eigentliche Problem waren die viel zu langen Nachschubketten. Der französische Kaiser konnte sein Heer während des gesamten Kriegs nicht ausreichend mit Nahrungsmitteln und Wasser, Munition und Waffen versorgen. Im Winterquartier im ausgebrannten Moskau erfroren die Soldaten, während des Rückzugs wütete der Typhus, nur 3000 der ausgezogenen 500 000 Männer der Grande Armée kehrten in die Heimat zurück. Historiker sprechen davon, dass Napoleon sein Reich «überdehnt» habe, sodass die Spannung irgendwann nicht mehr auszuhalten war und alles zusammenbrach.

Das Problem sollte Ihnen bekannt vorkommen! Das Gas für unsere Heizung kommt aus Russland, unser Rindfleisch aus Neuseeland und das Trinkwasser aus einem 150 Kilometer entfernten Speichersee. Der individuelle Konsument leidet unter ähnlich überdehnten Nachschubwegen wie Napoleon. Schon um unsere grundlegendsten Bedürfnisse zu befriedigen, sind wir auf ein hochkomplexes, globales und extrem störungsanfälliges System angewiesen, das bei der kleinsten Störung zusammenbricht. Dabei muss es sich nicht um einen Terroranschlag oder eine Pandemie handeln, es reichen auch 20 Zentimeter Neuschnee, um das öffentliche Leben in Nordrhein-Westfalen und Mecklenburg-Vorpommern lahmzulegen und ganze Siedlungen vom Netz zu nehmen. Besser Sie lernen schon jetzt, ohne die Stadtwerke zu leben – das erspart auch den Papierkrieg um überhöhte Nachforderungen, zehnprozentige Preissteigerungen und falsch ausgestellte Daueraufträge.

Die persönliche Mineralwasser-Quelle: In Halle an der Saale regnet es im Durchschnitt an 250 Tagen im Jahr, in Regensburg sind es 180 Tage. Das ist zwar manchmal ärgerlich, sorgt aber immerhin dafür, dass Sie nirgendwo in Deutschland länger als ein paar Kilometer gehen müssen, um an einen Fluss, Bach oder See zu gelangen. Von Ihren Sonntagsspaziergängen sollten Sie wissen, wo sich fließende oder stehende Gewässer in der Region befinden. Halten Sie sich in unbekanntem Terrain auf, dienen Tierfährten, Vogelschwärme und eine auffallend dichte und grüne Vegetation als Indiz für Wasser. Trinken Sie das Wasser auf keinen Fall direkt aus dem Fluss, sondern basteln Sie zunächst einen Filter. Der Bauplan ist denkbar einfach: Nehmen Sie einen Eimer oder eine Plastikflasche und füllen Sie den Behälter nacheinander mit Zellstoff (Taschentücher), Kohle (hat einen antibakteriellen Effekt), Sand, Kies und einigen Lagen Moos. Bohren Sie nun ein Loch in den Boden des Behälters und füllen Sie ihn mit Wasser. Das Wasser, das langsam heraustropft, hat beinahe Trinkwasserqualität, sollte zur Sicherheit aber auch noch 15 Minuten erhitzt werden, um wirklich alle Keime abzutöten. Zur Not können Sie das Wasser auch mit Chlortabletten oder Jod (drei Tropfen pro Liter) desinfizieren. Das mindert allerdings den Geschmack des selbst gezapften Sprudels.

Zentralheizung ohne Zentrale: Ein Feuerzeug kostet an der Tankstelle nur 99 Cent, und so ist es kein Wunder, dass die alte und zentrale Kulturtechnik in den vergangenen Jahren ausgestorben ist. Ein Mensch, der in der Lage ist, ohne Zippo, Streichholz oder

Flammenwerfer ein Kochfeuer anzuwerfen, ist im 21. Jahrhundert ein echter Halbgott. Für ein Steinzeitfeuer braucht man zunächst ein hartes, extrem trockenes Holzbrett, in das eine Kerbe geschnitzt wird, sowie einen Reibestock, der ebenfalls sehr trocken sein muss. Setzen Sie nun den Stock in die Kerbe und beginnen Sie, ihn mit hoher Geschwindigkeit und unter starkem Druck zwischen den Handflächen zu drehen. Durch die Reibung löst sich Holzpulver vom Stock, das bei anhaltender Energiezufuhr durch den Hand-Betrieb nach einer Weile zu glimmen beginnt. Das ist der entscheidende Moment: Blasen Sie das leicht rauchende Pulver vorsichtig an, legen Sie Zunder dazu (zum Beispiel fein zerbröckelte Rinde oder trockenes Gras) und hören Sie nicht auf zu pusten, bis eine ordentliche Flamme entsteht. Setzen Sie das Feuer in eine schon vorher errichtete Pyramide aus Holzspänen. Führen Sie einen Freudentanz auf. Feuer! Ein Meilenstein der Ich-Zivilisierung!

Das letzte Geschäft: Der österreichische Architekt Friedensreich Hundertwasser hat im Laufe seines Lebens nicht nur Märchenschlösser gebaut und bunte Bildchen gemalt, sondern sich auch mit den grundsätzlichen Problemen unseres Daseins beschäftigt. «Wir haben Tischgebete vor und nach dem Essen. Beim Scheißen betet niemand», schrieb Hundertwasser. «Dieselbe Liebe, dieselbe Zeit und Sorgfalt muss aufgewendet werden für das, was hinten herauskommt, wie für das, was vorne hineinkommt. Dieselbe Zeremonie wie beim Speisen, mit Tischdecken, Messer, Gabel, Löffeln, chinesischen Essstäbchen, Silberbesteck und Kerzenlicht.» Passend dazu konstruierte Hundertwasser eine ökologisch korrekte Kompost-Toilette, die sich einfach nachbauen lässt. Basteln Sie zunächst einen nach oben offenen Holzkasten, in den Sie eine Tropfwanne (Kunststoff) stellen. Platzieren Sie nun einen sogenannten Auffangbehälter auf dem Kasten, in dessen Boden Sie mit einer heißen Eisenstange mehrere Löcher gebrannt haben, sodass Flüssigkeit aus dem Auffangbehälter in die Tropfwanne gelangen kann. Der Boden des Auffangbehälters wird mit einer dicken Humusschicht bedeckt. Der Hundertwasser-Entwurf ist nun prinzipiell einsatzbereit, kann aber natürlich je nach Geschmack noch durch Toilettenbrillen oder Magazinständer aufgewertet werden. Das Öko-Klo benötigt keinen Spülkasten und keine Bürste. Neben der Konstruktion steht ein mit Humus gefüllter Eimer. Nach jedem Toilettengang werfen Sie eine kleine Schicht Humus in den Auffangbehälter, der alle ein bis zwei Monate ausgetauscht werden sollte. Lassen Sie den gefüllten Behälter nun etwa einen Monat lang stehen und schaufeln Sie den Inhalt einmal die Woche um, bis ein lockerer, gut riechender Humus entstanden ist, den Sie problemlos in Ihrem Garten verwenden können. Hundertwasser schrieb: «Wer eine Humustoilette benützt, hat keine Angst vor dem Tod, denn unsere Scheiße macht unsere Wiedergeburt möglich.»

21. BIENEN

MAJAS BÖSE SCHWESTERN

Fünf Tipps für den Erstkontakt mit aggressiven Honigproduzenten.

Die Gattung der Honigbiene oder Apiformes hatte lange Zeit ein gutes Image. Bienen produzieren nicht nur leckeren Brotaufstrich, sondern sorgen als unbezahlte Hilfsarbeiter für ein Drittel der globalen Nahrungsmittelproduktion und besitzen dank der dunklen Knopfaugen, den seidigen Flügeln und dem gestreiften (und immer ein wenig pummeligen) Hinterteil einen hohen Plüschfaktor. TV-Stars wie Biene Maja und Drohne Willy wirken mit ihren pollenverklebten Fühlern und Beinchen wie Kinder, die zu tief in den Kuchenteig gegriffen haben. Eben süß. In den neunziger und Nullerjahren tauchten Bienen aber plötzlich als Bösewichter auf den Bildschirmen auf. Fernsehsender und Zeitungen berichteten atemlos von «Killerbienen», einer neuen, aggressiven Insektenart, die sich rasend schnell ausbreite und immer wieder Menschen angreife. Die «Killerbienen» wurden binnen weniger Jahre zu einem Medienmonster wie aus dem Horrorfilm, ein diffus-dynamischer Schwarm, in dem ein Mensch verschwinden kann.

Die neue Bienenart geht auf eine Züchtung des Biologen Warwick E. Kerr zurück, der in den fünfziger Jahren in Brasilien die europäische Honigbiene mit wild lebenden afrikanischen Bienen kreuzte. Die sogenannte «afrikanisierte Honigbiene» (AHB) ist deutlich aggressiver als ihre domestizierten Verwandten und weist ein ausgeprägtes Revierverhalten und einen starken Wandertrieb auf. Fünf Schritte für den Erstkontakt mit Killerbienen:

1. Schalten Sie den Fernseher aus: Die Verbreitung der Killerbiene ist in den Medien wesentlich größer als im echten Leben. Die Wahrscheinlichkeit, dass Sie gerade eine Sendung wie *Welt der Wunder* oder *National Geographic TV* gucken, in der dem Zuschauer erklärt wird, dass die «afrikanisierte Honigbiene anders ist als die europäischen Bienen, die wir kennen», ist hoch. Die rassistischen Untertöne sind kein Zufall. In den vergangenen Jahren breitete sich die neue Bienenart vor allem in US-Staaten wie Texas, Arizona und Kalifornien sowie im Mittelmeerraum aus – und dort mag man keine illegalen Einwanderer.

2. Lokalisieren Sie das Nest: Falls sich ein Nest aggressiver Bienen tatsächlich außerhalb Ihres Fernsehers befinden sollte, dann versuchen Sie es genau zu orten. Nähern Sie sich ihm nicht in dunkler Kleidung und tragen Sie kein schweres, blumiges Parfüm. Versuchen Sie auf keinen Fall, das Nest mit Benzin oder Rauch selbst zu entfernen, und rufen Sie einen Kammerjäger.

3. Auf der Flucht: Bienen fliegen dank ihres fragilen Flugapparats mit bis zu 30 Stundenkilometern. Auf ein Wettrennen mit den Insekten sollten Sie sich also nur einlassen, wenn sie in Top-Form sind. Anders als die 08/15-Honigbiene, die ihre Eindringlinge lediglich wenige Meter verfolgt, ist die AHB ein nachtragendes Wesen und bleibt oft mehrere hundert Meter an ihren Feinden dran.

Schlagen Sie nicht nach den Bienen. Bedecken Sie Ihr Gesicht und begeben Sie sich so schnell wie möglich in einen geschlossenen Raum, ein Auto oder ein Zelt. Springen Sie auf keinen Fall in ein Gewässer oder einen Pool – die AHB werden warten, bis Sie wieder auftauchen. Laufen Sie gegebenenfalls durch hohes Gras und Büsche, um Ihre Verfolger abzuhängen.

4. Patientenversorgung: Killerbienen haben kein besonders starkes Gift, und auch das Gerücht, dass sie öfter als einmal stechen können, entspricht nicht der Wahrheit. Die afrikanisierte Honigbiene ist wie ihre Wald-und-Wiesen-Verwandte eine Kamikaze-Kämpferin: Nach dem Stich verliert sie den Stachel und verendet. Menschen ohne Allergie können viele Stiche ohne Langzeitschäden ertragen. Die American Medical Association hat sogar den Fall eines Patienten dokumentiert, der mehr als 2000 Stiche der AHB überlebt hat. Pro Jahr sterben in den USA nur ein bis zwei Menschen an einem Stich. Trotzdem sollte man die Wunde versorgen: Der Stichapparat einer Biene kann bis zu 10 Minuten lang Gift in den Körper pumpen. Den Stachel nicht rausdrücken, sondern mit dem Fingernagel oder einer Klinge über die Einstichstelle fahren und den Stachel herausstreichen. Alles wird gut!

5. Nach der Schlacht: Wenn Sie die Begegnung mit dem infamen Insekt überstanden haben und die Wunden verheilt sind, sollten Sie sich Gedanken um eine Entschädigung machen. Rufen Sie den lokalen TV-Sender an und berichten Sie von Ihrem heroischen Kampf (gegen Interviewgebühr, versteht sich), drucken Sie T-Shirts oder schreiben Sie ein Drehbuch. Längst ist die Killerbiene eine Medienikone. John Franz, Bürgermeister von Hidalgo, Texas, nutzte die Tatsache, dass in seinem kleinen Ort der erste Kontakt mit Killerbienen zustande kam, um die «größte Killerbiene der Welt» zu bauen: eine zwei Meter hohe und drei

Meter lange Statue auf dem Gemeindeplatz. Die Killerbiene ist eine seltene Touristenattraktion in der öden Gegend. Mit Postkarten, Porzellantellern und Plüschtieren sorgt sie für einen sechsstelligen Umsatz. Nehmen Sie sich ein Beispiel an John Franz. Denken Sie daran, dass sich nichts besser verkauft als die Angst.

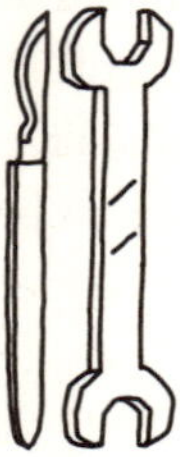

DO-IT-YOURSELF-OP

Die endgültige Lösung für ärztliche Kunstfehler und Klinikkeime.

In Deutschland herrscht Ärztemangel. Bis 2014 werden 10 000 Mediziner fehlen. Das klingt dramatisch, dabei legen Obduktionen und Statistiken nahe, dass das größere Problem darin liegen könnte, dass es überhaupt Ärzte und einen medizinisch-industriellen Komplex gibt. In vielen Fällen verlassen Patienten die Klinik nicht geheilt, sondern mit einer neuen Krankheit oder Deformation. Operationsfehler und falsche Medikamentendosierung verursachen in Deutschland jährlich 130 000 sogenannte «Folgeschäden» (der Klassiker: im Bauch vergessene Schere). Fünf Prozent aller stationär behandelten Patienten fangen sich einen Krankenhauskeim ein und erkranken an Lungenentzündungen, Wundbrand oder Blutvergiftungen. Bis zu 40 000 Menschen sterben jährlich an der Krankenhauskrankheit. Das System ist krank – wie soll es uns gesund machen?

Das Versagen des medizinisch-industriellen Komplexes kann nur ausgeglichen werden, wenn die Patienten das Skalpell und Fieberthermometer selbst in die Hand nehmen. Miniatur-Operationen wie Blutzuckermessung oder die Gabe von Anti-Thrombose-Spritzen haben die Profis aus Kosten- und Zeitgründen längst an die Amateure abgegeben. Aber könnten die Patienten – gerade in Zeiten steigender Eigenbeteiligung und unbezahlbaren Chefarzt-Zuschlags – nicht viel mehr machen? Es wird Zeit, dass wir den Ärzten nun auch das Skalpell aus den (nicht immer ganz sauberen) Händen nehmen – was übrigens auch einen Beitrag zur Gesundung der Sozialkassen leisten würde.

Der Held der Do-it-yourself-Mediziner heißt Leonid Rogosow, ein russischer Chirurg, der 1961 in der Antarktis-Station Nowolasarewskaja arbeitete, mehr als 3000 Kilometer vom nächsten Chirurgen entfernt. Im April des Jahres stellte er bei sich eine Blinddarmentzündung fest und beschloss, sich selbst den Wurmfortsatz zu entfernen. Rogosow reinigte Bettzeug und Instrumente mit Hilfe von bakterientötendem UV-Licht und ließ sich von einem Mechaniker assistieren, der Spiegel und Lampe hielt. Ein Meteorologe reichte die Instrumente. Leonid Rogosow arbeitete ohne Handschuhe, um seine Organe besser fühlen zu können, beendete die OP nach zwei Stunden, kehrte zwei Stunden später zurück in den Dienst und sprach: «Es war ein Job wie jeder andere auch.»

2008 führte ein 39-jähriger, medizinisch nicht weiter gebildeter Mexikaner eine Lungendrainage bei sich selbst durch und bewies ein für alle Mal, dass man für solche Ego-OPs nicht unbedingt ein Diplom braucht. Das amerikanische Kino bereitet uns schließlich schon seit Jahrzehnten auf die Rolle des Selbstoperateurs vor. Sylvester Stallone flickte sich in *Rambo* eine klaffende Armwunde, und Tom Hanks behandelte als Schiffbrüchiger in *Cast Away* seine Zahnschmerzen mit einem Stein und der Kufe eines Schlittschuhs. Die DVDs der Actionfilme sind ein medizinisches Tele-Kolleg.

Die Do-it-yourself-Dentalbehandlung ist nicht nur für Neandertaler und Teilnehmer einer Mars-Expedition wichtig, sondern könnte aufgrund der rasant steigenden Selbstbeteiligung bei Kronen und Kariesbehandlung auch für den normalen Kassenpatienten zu einer echten Alternative werden. Und so geht's:

Vergewissern Sie sich mit einem Spiegel noch einmal genau der Stelle, an der der Zahn drückt. Blockieren Sie Ihren Kiefer an einer Seite mit einem großen Stück Holz, damit Sie genug Platz zum Arbeiten haben und sich nicht selbst auf die Finger beißen. Der angenehme Narkose-Nebeneffekt: Auf einen Gegenstand beißen hilft erfahrungsgemäß, mit großen Schmerzen umzugehen. Und Schmerzen werden Sie haben. Nehmen Sie nun einen harten Gegenstand (Metall, Hartholz, Plastik) in der Form eines gespitzten Stifts zur Hand, drücken Sie die Spitze des Werkzeugs zwischen Zahn und Kieferknochen und führen Sie rotierende Bewegungen rund um den Zahn aus, bis dieser sich lockert und herausgenommen werden kann.

Etwas anspruchsvoller ist die Versorgung einer größeren Wunde. Diese sollten Sie zunächst gründlich waschen und anschließend die Haare rund um die Wunde rasieren. Vom Narkosemittel Alkohol ist im Fall einer Personalunion von Arzt und Patient abzusehen. Besser wäre eine Betäubungsspritze: Die Nadel am rechten oberen Wundrand einstechen, unter der Haut am Wundrand entlang bis zum Wundende führen, dann die Nadel langsam zurückziehen und das Betäubungsmittel injizieren. Das Ganze auf der anderen Seite wiederholen. Zur eigentlichen Wundversorgung ist professionelles Arztbesteck, das sich problemlos bei Ebay bestellen lässt, zwar am besten geeignet, zur Not tun es aber auch Zwirn sowie Näh- und Stopfnadel. Beginnen Sie in der Mitte der Wunde, stechen Sie etwa fünf Millimeter vor dem rechten Wundrand in die Haut ein und führen Sie die Nadel fünf Millimeter hinter dem gegenüberliegenden Wundrand wieder aus. Nun ziehen Sie die Wundränder mit Hilfe des

Das Heimwerker-Hospital:
Im Ausnahmezustand reichen einfache Erste-Hilfe-Kenntnisse nicht aus, stattdessen sollte man Zähne ziehen, Wunden nähen oder auch kosmetische Veränderungen am Körper vornehmen können.

1

2

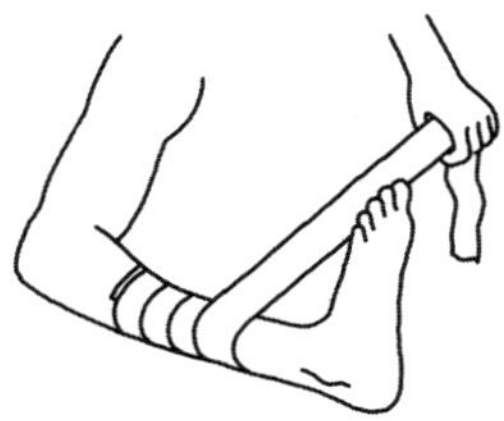

3

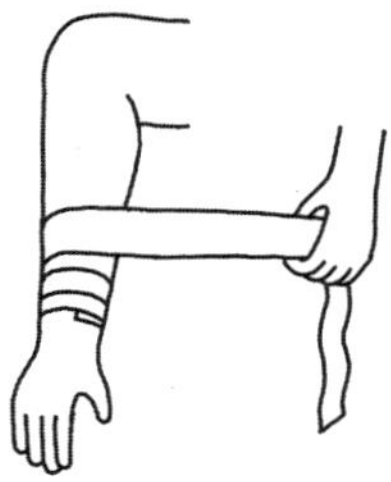

4

5

Fadens glatt zusammen, ohne dass ein Wulst entsteht, und verknoten den Faden. Setzen Sie links und rechts von Ihrem ersten Knoten im Abstand von einem Zentimeter weitere Stiche. Die Narbe wird nicht so schön wie bei einem Spezialisten, aber keine Sorge: Sie werden den rosa Wulst mit ähnlicher Zufriedenheit betrachten wie der Heimwerker sein erstes selbst gebasteltes Gewürzregal.

23. SICHERHEITSKONTROLLE

ANTI-TERROR-TERROR

Sieben Tipps, um die Leibesvisite am Flughafen einigermaßen erträglich zu gestalten.

Das piepsende Silbertor, die Röntgenaugen und die grimmigen Männer mit Maschinenpistolen, die den Reisenden an der Sicherheitskontrolle des Flughafens empfangen, sollen uns eigentlich vor Terroristen, Luftpiraten und anderen aeronautischen Unholden schützen. Lange Warteschlangen und Maschinen und Menschen, die zur Überreaktion neigen, machen die Vorsichtsmaßnahme jedoch zu einer Gefahr für jeden Passagier. An der Sicherheitskontrolle setzen Sie Gesundheit, Eigentum und Ihre Freiheit aufs Spiel. Sieben Tipps, mit denen Sie nicht nur wie im Flug durch die Sicherheitskontrolle gelangen, sondern auch alle Hindernisse umgehen, die in der Zone zwischen Terminal und Abflug-Gate auf naive Opfer warten und ihnen den Weg in die Stratosphäre versperren:

Optimieren Sie das Handgepäck: Entsorgen Sie endlich den alten Rucksack aus Traveller-Tagen. Das Gepäckstück ist auf Grund der Schlauchkonstruktion und der daraus folgenden Sedimentierung des Inhalts – Pullover, Zeitungen, Snack und Kopfhörerkabel – nicht für den schnellen Zugriff gemacht. Besser eignen sich Umhängetaschen und Messenger Bags, die mit einem Handgriff und ohne Reißverschluss geöffnet und geschlossen werden können. Halten Sie den Laptop immer griffbereit. Beachten Sie die Obergrenzen für Flüssigkeiten (5 × 100 ml). Zu oft schon musste man den Maxiflacon Chanel No. 5 am Security Check zurücklassen. Jeden Tag werden allein in Deutschland mehr als sieben Tonnen Waren im Wert von zwei Millionen Dollar beschlagnahmt. (Es handelt sich um die größte Enteignungskampagne seit den Bodenreformen von Stalin, und man kann nur hoffen, dass die Beamten und Kontrolleure die besten Stücke am Ende jedes Tages auf Ebay verkaufen.)

Vermeiden Sie Leerlauf: In der Warteschlange spielen die Menschen meistens mit ihrem Smartphone herum. Aber ist nun wirklich der richtige Zeitpunkt, um Klatschnachrichten oder den Fußball-Liveticker zu lesen? Nutzen Sie die Zeit, in der Sie sich Millimeter um Millimeter voranschieben, um sich vorzubereiten: Lockern Sie Schnürsenkel und Gürtel, ziehen Sie Trenchcoat, Jackett und dicke Pullover aus, und kontrollieren Sie die Taschen auf Metallteile. Bleiben Sie auch auf der anderen Seite des Metalldetektors im Multitasking-Modus: Kleiden Sie sich an, während Sie auf das Gepäck warten. Die elegante und routinierte Ausführung der notwendigen Handbewegungen verkürzt nicht nur die Wartezeit, sondern weist Sie auch als Mitglied der exklusiven Kaste der Frequent Traveller aus. Unter Geschäftsreisenden existiert längst ein unausgesprochener Wettbewerb, wer am schnellsten und mit den wenigsten Wacklern und Fehlpunkten durch die Kontrolle kommt – es ist nur noch eine Frage der Zeit, bis die ersten Security-Run-Wettbewerbe stattfinden (sponsored by Samsonite).

Verzichten Sie auf Stil und Modegags: Haben Sie sich auch schon mal gewundert, warum am Flughafen so viele Passagiere in Jogginghosen und Crocs unterwegs sind? Das hat nichts mit der neuen Respektlosigkeit gegenüber dem Wunder des Fliegens zu tun, die mit Billig-Airlines Einzug gehalten hat, sondern ist eine clevere Modestrategie: Stillose Garderobe ist ein Vorfahrtsschein am Flughafen: Slipper sind besser als handgenähte Lederschuhe aus Italien, billiger Modeschmuck aus Plastik besser als die Cartier-Kollektion aus Weißgold. Der Zwiebel-Look, bei dem man mehrere Schichten aus Shirts und Schals übereinander trägt, ist am Flughafen ebenfalls überhaupt nicht angesagt. Vermeiden Sie auch besonders weite Kleidung wie Röcke, Kaftane und Baggy Jeans. Sicherheitsbeamte sehen darin ein potenzielles Versteck und wählen Sie deshalb für eine Sonderuntersuchung aus.

Pflegen Sie Ihre Vorurteile: Am Flughafen wie im Supermarkt gilt: Die kürzeste Schlange ist nicht unbedingt die schnellste. Das weiß jeder, der mal fünf Minuten hinter einer Rentnerin gewartet hat, die ihre Matjesfilets unbedingt passend bezahlen wollte. Betreiben Sie eine demographische Analyse der Menschenmassen, fällen Sie harte Urteile. In dem Film *Up in the Air*, in dem George Clooney den Unternehmensberater Ryan Bingham spielt, sagt dieser: «Stelle dich nie hinter alten Menschen an. Ihre Körper sind mit verstecktem Metall verunreinigt, und sie scheinen keinen Sinn dafür zu haben, dass ihnen nur noch wenig Zeit bleibt.» Ebenfalls meiden sollte man große Familien, unerfahrene Reisende (Hinweis: Outdoor-Outfit und Umhängegeldbeutel) und Menschen mit arabischem Migrationshintergrund, denn die werden nun mal überproportional häufig kontrolliert. Bingham empfiehlt: «Halten Sie sich an asiatische Geschäftsreisende, die haben wenig Gepäck, sind effizient und stehen auf Slipper. Man muss sie einfach gernhaben.» Man kann die Methode rassistisch finden, aber wenn die Sicherheitsbehörden Rasterfahndung und Racial Profiling anwenden, dann sind Vorurteile die einzig effektive Gegenwehr.

Lernen Sie den Nacktscanner lieben: In den modernen Metall- und Glaskabinen, in denen Körper von Radiowellen abgetastet oder auf Sprengstoffmoleküle überprüft werden, fühlt man sich wie in einer Gefängniszelle oder einem Untersuchungszimmer und fürchtet Diagnose und Urteil. Überwinden Sie diese Angst! In Zukunft werden die Reisenden die Wahl haben zwischen dem Gebrauch des Nacktscanners und dem sogenannten «verschärften Abtasten». Wireless ist besser und schneller als Vollkontakt! Die Strahlung der Nacktscanner beträgt nur einen Bruchteil der Belastung, der man bei einem Handygespräch ausgesetzt ist. Gut, es hat bereits Vorfälle gegeben, bei denen Sicherheitsbeamte die Nacktfotos der Passagiere bearbeitet und gespeichert haben. Aber: Sie haben doch sicher schon peinlichere Fotos von sich bei Facebook ins Netz gestellt.

Lassen Sie den Humor zu Hause: Am Eingang zur Sicherheitskontrolle steht ein Schild, auf dem aufgeführt wird, welche Gegenstände und Substanzen nicht erlaubt sind: Waffen, Feuerwerkskörper und ätzende Flüssigkeiten. Auf die «Liste der verbotenen Dinge» gehört aber auch das Wort «Witz», rot umkreist und durchgestrichen. Es sind mehrere Dutzend Fälle dokumentiert, in denen Menschen, die auf die Frage der Beamten, was denn in dieser seltsamen Metalldose sei, den ollen Schenkelklopfer «Na, natürlich ne Bombe» gebracht haben, von der Anti-Humor-Polizei verhaftet wurden. Regelmäßig werden Reisende von Flughafenangestellten verprügelt, weil sie beim Abtasten Gags bringen wie: «Na, fasst du mich gerne an?» Am George-Bush-Flughafen in Houston, Texas, gibt es sogar die regelmäßige Durchsage: «Witze über Sicherheitsvorkehrungen können zur Verhaftung führen.»

Erklimmen Sie die soziale Leiter: Am Flughafen gilt: Je niedriger die Buchungsklasse, desto länger die Wartezeit. Nehmen Sie deshalb an einem Meilensammel-Programm teil, um eine der silbernen und goldenen Frequent-Traveller-Karten zu bekommen – die

Eintrittskarte für die Überholspur an der Sicherheitskontrolle. Wer im HON-Circle (600 000 Meilen in zwei aufeinanderfolgenden Jahren) bei Lufthansa ist, wird mit der schwarzen Limousine zum Flugzeug gebracht.

LEKTIONEN DER LEINWAND (II)

Was lernen wir im Klassenzimmer des Kinos und auf der Fernsehcouch-Schulbank? Gib niemals auf!

Die beste Waffe von John McLane ist keine innovative Strahlenwaffe aus dem Labor und auch kein Maschinengewehr russischer Bauart, sondern Wille und Leidensfähigkeit: John McLane, gespielt von Bruce Willis in der *Die-Hard*-Serie, ist der Schmerzensmann des Actionkinos, er wird verprügelt, angeschossen, verbrüht und schockgefrostet, er leidet für die Sünden der Welt, die Gier der Geiselnehmer, die Passivität der Passanten, den enormen Krater im Budget der Kriminalpolizei.

Bruce Willis beginnt jeden *Die-Hard*-Film als 08/15-Mensch, der einem auf der Straße nicht weiter auffallen würde (mal abgesehen von der Alkoholfahne und dem Hang zum Kettenrauchen). Nach jeder Actionszene aber verliert er einen Teil des Normalitätspanzers, mit dem wir uns umgeben: den Mantel, das Hemd, das Mobiltelefon, die Pistole und am Ende des ersten Films sogar einmal die Schuhe – barfuß schleppt er sich durch ein von scharfen Glas- und Metallsplittern kontaminiertes Hochhaus und hinterlässt blutige Spuren, die nicht nur seinen Weg dokumentieren, sondern auch seinen Willen. Das Leben, das zeigt der mit Blut, Dreck und Öl verschmierte John McLane, ist ein Abnutzungskampf, und nur wer im Inneren seines Kopfs den Schmerz und die Angst und die Müdigkeit überwinden kann, die sich vor dem Ich auftürmen wie eine Gebirgskette, überlebt auch die externen Extremsituationen.

«Yeah, I'm that fucking energizer bunny», antwortet McLane in *Die Hard 3* einem Ganoven, der sich über seine übermenschliche Kondition wundert. McLane folgt seiner Mission wie ein Industrieroboter seiner Programmroutine. Der Held verwandelt sich in eine Maschine. John McLane oder Jack Bauer aus der Serie *24* sind die menschliche Version des Terminators. James Cameron ließ 1984 einen gewissen Arnold Schwarzenegger den Cyborg spielen, der von einem Lastwagen überrollt, angeschossen und mehrfach in die Luft gejagt wird. Der Roboter verliert Stück für Stück an Substanz, das Gesicht, die Haut, den Unterleib, aber das Ziel nie aus den Augen und kriecht am Ende des Films ohne Beine auf sein Ziel zu. Nur weil der Körper schweren Schaden erleidet, lernt man hier, muss die Entschlossenheit nicht schwinden. «Listen, and understand», so heißt es in dem Film, «the terminator is out there. It can't be bargained with. It can't be reasoned with. It doesn't feel pity, or remorse, or fear. And it absolutely will not stop, ever, until it reached its goal.»

25. WIRTSCHAFTSKRISE

FINANZIELLE SELBSTVERTEIDIGUNG

So wehren Sie Bankster ab und navigieren sicher über rutschiges Börsenparkett.

Börsencrashs und Wirtschaftskrisen werden gerne als Erdbeben oder Tsunami oder Heuschreckenschwarm beschrieben, dazu sieht man dann Fotos von Börsenhändlern und Brokern, die verzweifelt die Hände vor das Gesicht schlagen und wehklagen wie Augenzeugen beim Ausbruch des Ätna. Der Mensch kann sich vielleicht vorstellen, wie er im Falle einer Überschwemmung oder eines Raubüberfalls reagieren würde, und sich vorbereiten und abhärten. Wie aber tritt man als Einzelner dem wirtschaftlichen System gegenüber? Was kann man tun, wenn, wie während der Währungskrise 2010 oder nach dem Bankrott der Bank Lehman Brothers, die Indizes und Kurven beginnen, rot zu blinken? Weglaufen hilft nicht. Zunächst gilt es, die Schockstarre zu überwinden, die Mischung aus Angst und Unwissenheit aus den Gliedern zu schütteln. Eine Weltwirtschaftskrise ist menschengemacht und kann deshalb auch von Menschen bekämpft werden. Finanzielle Selbstverteidigung ist möglich.

Lange Zeit galt es in weiten Teilen der Gesellschaft als cool, sich nicht mit Wirtschaft auszukennen, Fonds und Bonds zu verwechseln und den Wirtschaftsteil der Zeitung ungelesen in den Müll zu werfen. Der Bohemien signalisierte mit der Ökonomieallergie seine Systemferne. Man ist ein Mensch. Keine kühle Maschine. Man hat ein Herz. Diese Naivität sollte man sich nicht mehr leisten. Im Training kann man Muskeln aufbauen und Reflexe schulen. Dazu muss man sich nicht mit der höheren Mathematik von Collateralized Debt Obligations beschäftigen, sondern zurück in die fünfte Klasse. Prozentrechnung und Dreisatz sind Werkzeuge, die man im eigenen Leben anwenden können sollte.

Beginnen Sie zum Beispiel ein Haushaltsbuch, in dem Sie notieren, was Sie für welche Dinge ausgeben. **Wissen ist Macht.** Der Überblick über die eigenen Finanzen und Möglichkeiten ist dabei ebenso wichtig wie die Kenntnis der Produkte, die man Ihnen in der Bank anbietet. «Don't buy something you don't understand», meint zum Beispiel der Investment-Guru Warren Buffett.

In den Werbespots der Banken und Versicherungen erscheint der Berater immer als Mensch, mit dem man gerne befreundet wäre: aktiv, sympathisch, vertrauenswürdig. George Soros, der berühmte Investor, allerdings sagt: «Man hat keine Freunde. Es gibt nur den Markt.» **Kennen Sie Ihre Freunde,** und lernen Sie, dass man auf dem Markt nichts geschenkt bekommt. Vor allem nicht von den Bankberatern. Denn die 250 000 deutschen Banker und Finanzberater verdienen ihr Gehalt zunehmend mit Prämien und Provisionen. Eine Studie des deutschen Verbraucherministeriums aus dem Jahr 2008 fand heraus, dass Anleger pro Jahr 30 Milliarden Euro auf Grund von schlechter Beratung verlieren. Solange Sie Punkt 1 allerdings nicht beachtet und große Money-Muskeln aufgebaut haben, ist es auch keine Idee, ganz auf Beratung zu verzichten. Denn die Profis haben mehr Zeit und Wissen als Sie, um den Markt zu analysieren. Als Anleger kann man einen Söldner anheuern, der einen schützt: Honorarberater kosten 150 Euro die Stunde, kassieren keine Provision und haben vor allem das Interesse, dass Sie zufrieden sind.

Um sich vor Naturgewalten zu schützen, kann man die Mauern eines Hauses verstärken oder Vorräte anlegen. Ein Bauer, der sein ganzes Getreide auf das Feld als Saatgut ausbringt, um die Ernte zu maximieren, ist anfälliger für eine Flut oder ein Gewitter als der Nachbar, der ein paar Säcke in der Scheune gelassen hat und sich weiterhin Brot backen kann. **Streuen, streuen, streuen,** raten deshalb Fachleute. Wer nicht alles auf ein Pferd setzt, bleibt länger im Spiel. Teilen Sie Ihr Geld in drei Töpfe ein – Alltagsgeld, Altersgeld und Sonntagsgeld – von denen jeder einen Zweck und eine Anlageform hat. Mit dem Alltagsgeld (Tagesgeldkonto) werden tägliche Ausgaben gezahlt, das Altersgeld (Riester-Rente/Lebensversicherung) sichert den Lebensstandard nach der Pensionierung und das Sonntagsgeld (Depot/Pferderennbahn) ist zum Spielen da.

In der *Bild*-Zeitung finden sich neben den Crash-Prophezeiungen (Wie lange hat der Euro noch zu leben?) auch immer die Anzeigen der Gold-Vertriebe Gold24.de oder ProAurea, die ihren Umsatz in den Zeiten der Wirtschaftskrise vervielfacht haben. Das sollte Sie misstrauisch machen. **Bewahren Sie Ruhe.** Zwar sind Sachwerte wie Edelmetalle, Briefmarken oder Immobilien, die von Krisenberatern empfohlen werden, eine interessante Angelegenheit. Denken Sie aber auch immer daran, dass die Verkäufer von «absoluter Sicherheit» auch ein Eigeninteresse haben. In den USA gibt es zum Beispiel auf dem Kabelsender FoxNews den Showmaster Glenn Beck, der seine Zuschauer vor einer sozialistischen Revolution und dem Untergang Amerikas warnt und sie anfleht, sich für den Worst Case mit Edelmetallen zu versorgen. In der Werbepause tritt Beck dann als Werbeträger eines Goldvertriebs auf – ein geschlossener Kreislauf der Angst.

Die Deutschen reden nicht gerne über Geld. Das ist natürlich ein Problem, denn so kann man sich nicht darüber austauschen, welche Berater einen guten Job machen und welche eher in der Hafenstraße zwischen Hütchenspielern und Trickdieben ihren Platz haben. Vergessen Sie also Ihren Stolz, wenn Sie Verluste machen. Ziehen Sie Konsequenzen. **Schlagen Sie zurück.** Lästern Sie beim Nachbarn. Schreiben Sie Internetforen voll. Lassen Sie alle wissen, dass man Sie über den Tisch gezogen hat, und führen Sie zusammen mit anderen Kunden eine Abstimmung mit den Füßen durch.

Börsen und Finanzmärkte wirkten in den Boomjahren zwischen 1997 und 2000 bzw. 2006 und 2008 wie ein Goldesel, ein magisches Geldphänomen, das ohne Aufwand einen hohen Ertrag erbringt. Viele Leute haben sich von der Finanzpornographie von *Börse Online* oder *Focus Money* den Kopf verdrehen lassen, den fetten, glänzenden Pluszeichen, den Geldscheinstapeln und den breit gespreizten Mundwinkeln der Manager. Es waren aufregende Zeiten, aber wir fühlen uns nun auch ein wenig schmutzig. Der Nobelpreisträger Paul Krugman fordert: **Banking muss wieder langweilig sein!** Das gilt für die Banken selbst, die sich auf ihre Kernfunktion beschränken sollten, nämlich den Geldfluss in der Wirtschaft zu organisieren, anstatt als nichtstaatliche Aggressoren einen finanziellen Angriffskrieg gegen kleine EU-Mitglieder durchzuführen. Langeweile, so Krugman, ist aber auch das Programm für den Bankkunden. Begnügen Sie sich also mit 2 bis 4 Prozent Rendite, anstatt den Jackpot anzugreifen. So verpassen Sie zwar vielleicht den nächsten Börsenboom, können sich aber auch sicher sein, nicht alles zu verlieren. Und halten Sie, wenn Sie die Bank betreten, unbedingt Ausschau nach langweilig aussehenden Typen. Bestehen Sie auf einem Berater, der keine Wall-Street-Erfahrung und kein Elitestudium im Lebenslauf hat. Comic-Krawatte und ein schlecht sitzendes Sakko sind gute Zeichen, dass der Typ mit beiden Beinen auf dem Boden steht. Im Zeitalter der Unsicherheit ist der Buchhalter der neue Held.

26. ROCKER

DIE WIKINGER DER A8

Wie man die Hells Angels zur Hölle schickt.

In den vergangenen fünf Jahrzehnten mussten Männer lernen, dass man Streit mit Worten und nicht mit Fäusten austrägt und statt dem Motor lieber die eigene Matte frisiert. Nur wenige Mitglieder des starken Geschlechts kamen mit diesem radikalen Modernisierungs- und Zivilisierungsschub nicht zurecht, zogen sich aus der Gesellschaft zurück und versuchten, in einer Selbsthilfegruppe mit dem Namen Hells Angels die Werte, den Look und die Verhaltensformen längst vergangener Zeiten zu konservieren. Mit den langen Haaren, den Walrossbärten und den breiten Schultern in Kutten und Lederjacken ähneln die Höllenengel einer Bande motorisierter Wikinger, die auf ihren rollenden Schlachtschiffen und Betonflüssen unterwegs sind, um überall im Land Angst und Schrecken zu verbreiten.

Nachdem der Film *Werner* in den neunziger Jahren ein etwas verharmlosendes Bild der Rockerszene gezeichnet hatte, sieht man die Motorradgangs nun zunehmend mit kritischem Blick. Zeitungen titeln «Rockerbanden immer brutaler», die Innenminister der Länder sprechen von organisierter Kriminalität und fordern ein Verbot der Hells Angels und ähnlicher Motorrad-Clubs. Im Jahr 2009 gab es 360 Strafverfahren gegen 880 Tatverdächtige aus dem Rockermilieu. 2010 erschoss ein Hells-Angels-Mitglied gar einen Polizisten. Wie gefährlich die Hells Angels wirklich sind? Nun, das hängt ganz davon ab, zu welcher Zielgruppe Sie gehören!

Sie sind ein Politiker: Prima! Ein Verbotsverfahren gegen die Hells Angels ist äußerst schwierig, die Höllenengel haben die besten Anwälte, und es ist so gut wie unmöglich, ihnen organisierte Kriminalität nachzuweisen. Aber das muss kein Problem sein: Vielleicht sollten Sie einfach den umgekehrten Weg gehen und die Hells Angels trotz aller Drogen- und Gewaltdelikte nicht verfolgen, sondern versuchen, sie für ihre Zwecke einzuspannen. In Hannover hat der HA-Ortsgruppenchef Frank Hanebuth die lokale Rotlichtmeile übernommen und zu einem familienfreundlichen Vergnügungsviertel ausgebaut. Die Behörden sind begeistert.

Hanebuth, der wegen versuchtem Totschlag drei Jahre im Gefängnis saß, hat sich nach eigenen Angaben einfach mit den als äußerst brutal geltenden Albaner- und Kurdenbanden, die früher mit Maschinenpistolen um die Vorherrschaft im Kiez kämpften, an einen Tisch gesetzt und ein paar «gute Gespräche» geführt. Seitdem herrscht Ruhe in Hannover. Rocker sind offenbar eindrucksvolle Gesprächspartner. Einen Verdienstorden hat Hanebuth nicht zu erwarten. Ärger mit der Polizei aber auch nicht. Womöglich hilft es auch, dass er ein guter Freund des Staranwalts Götz-Werner von Fromberg ist, der sich früher eine Kanzlei mit Gerhard Schröder teilte und ein überaus erfolgreicher Netzwerker ist.

Sie sind Zivilist: Kein Problem! Gewöhnen Sie sich daran, dass Ihnen in Zukunft öfter Rockerbanden über den Weg laufen (fahren), denn die einschlägigen Clubs haben mindestens 6000 Mitglieder in Deutschland und betreiben, um im Kampf mit anderen Rockerbanden bestehen zu können, offensive Manpower-Akquise. Als Zivilist haben Sie von den Rockern trotz deren martialischem Auftreten nur wenig zu fürchten. Gut die Hälfte aller Hells-Angels-Mitglieder ist vorbestraft, und wer nur auf Bewährung auf freiem Fuß ist oder einen schlechten Ruf beim Amtsgericht hat, verspürt normalerweise keine Lust, sich mit glotzenden Passanten oder Tankstellenbesuchern anzulegen. Gefährlicher ist die Begegnung im Nachtleben. Die Hells Angels, so sagen Insider, handeln nicht nur mit Drogen, sondern konsumieren sie auch gerne selbst. Kokain aber macht aggressiv, und viele Mitglieder fühlen sich noch alten Ehrritualen und Machogesten verbunden. Sprechen Sie also lieber nicht die Freundin eines Rockers in der Disco an oder fragen ihn, wann er das letzte Mal beim Coiffeur war. Sogar Lutz Schelhorn, der Präsident der Stuttgarter Hells Angels, der immer vorgeschickt wird, wenn der Club ein Mindestmaß an Seriosität und pazifistischer Gesinnung simulieren will, sagt ganz offen: «Wenn mir einer blöd kommt, dann sag ich: ‹Hau ab.› Beim zweiten Mal sag ich es nochmal. Beim dritten Mal brettert's.»

Sie sind ein Kneipen- oder Discobesitzer: Oje! Jede gut laufende Gaststätte ist für die Hells Angels ein Objekt für eine «feindliche Übernahme». Misstrauisch sollten Sie werden, wenn es in Ihrem sonst so friedlichen Club plötzlich auffällig häufig zu Schlägereien kommt. Oft werden diese Prügeleien von den Hells Angels inszeniert. Ein paar Tage später besucht Sie dann ein freundlicher Herr im Anzug und fragt, ob eventuell Bedarf an Türstehern bestehe, er könne da mit seiner Sicherheitsfirma ein günstiges Angebot machen. Kontrollieren die Hells Angels aber erst einmal Ihre Tür, kontrollieren sie Ihren ganzen Laden, bestimmen nicht nur, wer hineinkommt, sondern auch, welche Drogen verkauft werden und von wem. Läuft das Geschäft gut, werden Ihnen die Hells Angels irgendwann ein «Angebot» machen, um den Laden ganz zu übernehmen. Für Gegenwehr ist es dann zu spät. Der Hells-Angels-Aussteiger Ulrich Detrois glaubt, dass die einzige Chance darin besteht, schon beim ersten Kontaktversuch der Hells Angels mit der Polizei zu drohen. Läuft es gut, sind die Hells Angels von Ihrem Mut und der Entschlossenheit beeindruckt, scheuen den Aufwand weiterer Überredungsversuche und ziehen ab. Läuft es schlecht, bekommen Sie in den folgenden Tagen einen Brief, in dem einige Fotografien enthalten sind. Das Motiv: Ihre Frau beim Einkaufen oder Ihre Kinder auf dem Spielplatz.

Sie sind Mitglied einer konkurrierenden Rockergruppe: Vorsicht! Alle großen Clubs wie etwa die Bandidos und die Outlaws versuchen derzeit, rivalisierende Banden zu verdrängen und ihren Einfluss auf die Rauschgift- und Rotlichtkriminalität auszuweiten. Das macht das Leben als Rocker zugleich aufregender, einträglicher und gefährlicher. Die Polizei findet bei Razzien in den Clubhäusern regelmäßig Macheten, Schrotflinten, Maschinenpistolen und Handgranaten. Gerade die Hells Angels, die größte und dominanteste Organisation, gehen dabei mit großer Aggression vor. 2009 erschoss ein Höllenengel den Bandido Eschli E. Im Mai 2009 wurden zwei Hells Angels, die ein Mitglied der Outlaws umgebracht hatten, wegen Mordes zu lebenslanger Haft verurteilt. Bekommen Sie es nun mit der Angst zu tun? Vielleicht sollten Sie ganz einfach zu den Hells Angels überlaufen, wie das im Jahr 2010 siebzig Mitglieder der Berliner Bandidos gemacht haben.

Sie WAREN Mitglied der Hells Angels: Achtung, Achtung! Schon klar, irgendwann hat man keine Lust mehr, bis zu 1000 Euro «Mitgliedsbeitrag» im Monat zu zahlen, nur weil man gerne Motorrad fährt. Vielleicht sind Ihnen auch die kriminellen Aktivitäten zu riskant, in die Sie, glaubt man Insidern, auf jeden Fall hineingezogen werden. Es gibt tausend gute Gründe für den Ausstieg, das Problem ist lediglich, dass die Hells Angels kein Interesse an offenen Gesprächen haben. Nur in Ausnahmefällen wie lebensbedrohlichen Erkrankungen oder einem schweren Motorradunfall akzeptieren die Angels ein Kündigungsschreiben. Alle anderen Aussteiger gelten als Fahnenflüchtige, die von Glück sagen können, wenn ihnen nur die Tätowierungen des Vereinslogos herausgeschnitten werden. Im August 2009 wurde in Berlin der 33-jährige Michael B. auf offener Straße erschossen. B. war Hells-Angels-Mitglied, hatte aber über einen Rückzug nachgedacht. Auf Ulrich Detrois, den ehemaligen Vizepräsidenten der Hells Angels in Kassel, wurden nach seinem Ausstieg zwei Killer angesetzt. Detrois hat vermutlich die sicherste Exit-Strategie verfolgt: Sein Enthüllungsbuch über seine Höllenjahre brachte ihm viel Medienaufmerksamkeit ein, die wiederum die Hells Angels vor einer Rache-Aktion zurückschrecken lässt. Das könnte auch Ihre Rettung sein: Sorgen Sie dafür, dass 24 Stunden am Tag einige TV-Kameras auf Sie gerichtet sind – und Ihnen wird nichts geschehen.

27. HAUSHALT

DIE WOHNUNG ALS SARG

Treppe, Nasszelle, mordlustige Angehörige. Nur mit diesen Tipps wird das Eigenheim wirklich sicher.

Es ist eine paradoxe Situation: Jedes Jahr sterben etwa 7000 Menschen im Haushalt, im selben Zeitraum kommen gut 400 Menschen bei Unfällen in der Schule und am Arbeitsplatz ums Leben, selbst der Straßenverkehr forderte weniger Opfer als das Eigenheim. Während aber die Gesellschaft mit Fahrschulen, Verkehrspolizei und Sicherheitstechnologien wie Airbag und ABS verzweifelt versucht, die Gefahren des mobilen Zeitalters einzudämmen, und während am Arbeitsplatz elaborierte Evakuierungspläne ausgearbeitet und gelbe Warnschilder auf den Kopierer geklebt werden, lässt man die Menschen im Haushalt einfach auf sich selbst los. Dabei lauern in den eigenen vier Wänden mindestens so viele Gefahren wie im Dschungel Zentralafrikas. Eine Reisewarnung.

Fortbewegung: Bei Stürzen im Haushalt kommen jährlich knapp 5000 Menschen ums Leben. Achten Sie deshalb besonders auf Teppichkanten, die oft einige Zentimeter in den Raum ragen und so eine gefährliche Stolperfalle bilden. Höchste Rutschgefahr besteht bei frisch gewischten Marmorböden oder bei Läufern, die bei leichter Druckbelastung durch den Fuß unvermutet einige Zentimeter nach vorne schnellen können. Treppen mit einem Neigungswinkel von über 24 Grad sind fast so gefährlich wie ein Berghang. 60 Prozent der Sturzopfer sind übrigens weiblich. Das hat damit zu tun, dass die gefährlichste Arbeit, die ein Mensch ausüben kann, nicht der elektrische Freileitungsbau oder die Verteidigung Deutschlands am Hindukusch ist, sondern Parkett schrubben, Blumen gießen und Wäsche aufhängen. Und dieser Job wird in Deutschland im Jahr 2011 noch immer fast ausschließlich von Frauen gemacht.

Ernährung: Nicht alles, was im Kühlschrank oder in der Mini-Bar herumliegt, ist auch tatsächlich genießbar (→ Lebensmittelvergiftung, S. 72). Große Gefahr geht von Schinken, Fischgräten und Brotkrusten aus. Im Jahr 2008 erstickten 340 Menschen, weil sie sich an Gegenständen verschluckt hatten. Dieser Tod trifft vor allem sehr alte und sehr junge Menschen. 99 Menschen ließen ihr Leben, weil sie nur scheinbar ungiftige Objekte aßen (Zigarettenkippen) oder tranken (Reinigungsmittel).

Umgang mit Feuer: Jedes Jahr brennen in Deutschland mehr als 200 000 Häuser und Wohnungen. 600 Menschen kommen ums Leben, 6000 werden meist durch Rauchgase schwer verletzt. Ausgangspunkt des Feuers sind oft defekte elektrische Geräte wie Heizlüfter, Wasserkocher oder Toaster sowie der Gefahrenherd Herd. Vergisst man Essen, Putztücher oder Kochwerkzeug auf einer glühenden Platte, kann binnen weniger Minuten ein Feuer ausbrechen. Achten Sie also auf verdächtiges Verhalten der elektrischen Haushaltshelfer wie zum Beispiel Schmorgeruch und Funkenflug, und investieren Sie in Rauchmelder (zumindest im Schlafzimmer), Feuerlöscher und vielleicht gar eine Sprinkler-

4

Die große Gefahrenquelle:
Auch perfekte Planung und edle Materialien helfen nicht. Denn in den eigenen vier Wänden ist man niemals wirklich sicher.

1

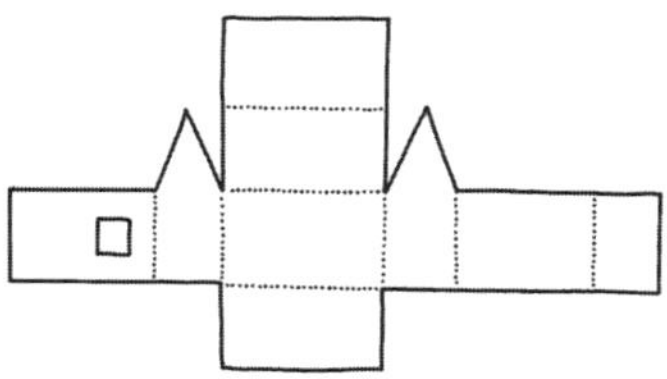

2

3

4

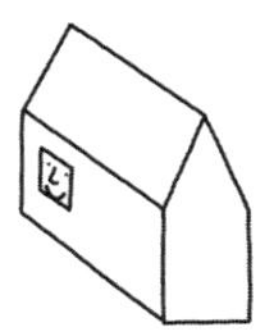

5

anlage. Sollten Sie tatsächlich im Schlaf von einem Feuer überrascht werden, stehen Sie wegen des Rauchs nicht ruckartig auf, sondern lassen Sie sich aus dem Bett herausrollen und robben Sie auf dem Bauch in Richtung Ausgang.

Körperpflege: Besondere Vorsicht ist auch bei größeren Ansammlungen von Wasser geboten, die sich in Wohnungen typischerweise in den Badezimmern, noch genauer, in Badewannen bilden können. Knapp hundert Menschen ertrinken jedes Jahr im Eigenheim, hierbei kann fortgeschrittenes Alter und Alkohol eine Rolle spielen. Durch Verbrühungen mit heißem Wasser kommen noch einmal um die neunzig Personen um Leben.

Kontakt mit Angehörigen: Passen Sie auf im Umgang mit Mitmenschen, erst recht wenn sich diese als Familienangehörige ausgeben. Jedes Jahr kommen in Deutschland knapp tausend Menschen durch Mord und knapp 1800 Menschen durch Totschlag ums Leben. Bei knapp einem Drittel dieser Verbrechen sind nahe Verwandte die Hauptverdächtigen (in den offiziellen Statistiken zu Haushaltsopfern tauchen diese Verblichenen nicht auf, weil dort nur «unbeabsichtigte Todesfälle» gezählt werden). Eventuell ist diese Zahl noch viel höher. Es lässt sich aber kaum feststellen, ob ein Todesopfer einfach so die Treppe hinuntergefallen ist oder vielleicht doch gestoßen wurde.

28. ZOMBIES

Z-DAY

Untote sind eine ethische und ästhetische Zumutung. Das sollten wir uns nicht gefallen lassen.

Im Herbst 2010 hat die Website *The Undead Report* schlechte Nachrichten zu vermelden. «Eine Zombie-Invasion beginnt immer mit rätselhaften Bissverletzungen», schreiben die Analysten des Nachrichtenmediums und führen dann eine lange Reihe von kuriosen Vorfällen auf: In Texas beißt ein Mann dem Sheriff den Daumen ab, und in Los Angeles soll gar ein unbekannter Serienbeißer sein Unwesen treiben. Auch in Deutschland kann man sich im frühen 21. Jahrhundert nicht mehr wirklich sicher fühlen. In den Zeitungen findet man immer öfter Meldungen wie «Mann beißt Polizisten in die Wade» oder «Mann beißt Kontrahenten rechtes Ohr ab». Handelt es sich hier wirklich um die Taten von Trunkenbolden, die in der brutal-oralen Phase hängen geblieben sind, oder sind es die ersten Zombies? Der Blick ins Kinoprogramm jedenfalls lässt vermuten, dass die Invasion der Untoten unmittelbar bevorsteht.

Die Kunst diente schon immer als Barometer des Weltenwetters, sie spürt neue Entwicklungen und Trends auf, die sich noch unterhalb der Wahrnehmungsschwelle bewegen, bildet diffuse gesellschaftliche Stimmungen ab und gibt der vagen Ahnung ein Gesicht. So gesehen ist es keine gute Nachricht, dass sich Kunst und Kino noch niemals zuvor so intensiv mit dem Phänomen der Untoten, die sich von menschlichem Gehirn ernähren und deren Art sich über Bisse fortpflanzt, auseinandergesetzt hat. Der Zombie ist der Star in Computerspielen wie *Resident Evil* oder *House of the Dead*, er brilliert in der Fernsehserie *Dead Set* (die Bewohner des *Big-Brother*-Containers sind die einzigen Überlebenden einer Zombie-Attacke) und in Filmen wie *28 Weeks Later* (2008), *Dead Snow, Pride and Prejudices and Zombies* (2009) und *Survival of the Dead* (2010). Kein Wunder, dass sich Menschen auf der ganzen Welt auf den Z-Day vorbereiten, den Tag, an dem sich die Toten aus Gräbern wühlen und auf eine Jagd gehen, die niemals endet. Organisationen wie der ZombieCombatClub (ZCC, www.zombiecombatclub.com) oder die Anti-Zombie-Initiative warnen vor der drohenden Gefahr, versuchen, das Problembewusstsein zu schärfen und die Wehrtüchtigkeit in der Bevölkerung zu erhöhen. Im Kampf gegen Zombies, meint der Gründer des ZCC, der New Yorker Roger Ma, könne man sich nicht auf Bomben und Kugeln der Behörden verlassen. «Jeder Zivilist wird Zombies mit einem Knüppel oder bloßen Händen töten müssen. Sind Sie bereit?»

Die Kinofilme sind nicht nur eine Warnung, die Gefahr der Zombifizierung auf die leichte Schulter zu nehmen, sie sind auch eine Art Bedienungsanleitung der Postapokalypse. Aus Drehbuch und Actionszenen lassen sich wertvolle Hinweise über die Handlungsroutinen und charakterlichen Dispositionen der Zombies gewinnen. Die größte Schwäche der Zombies, so viel ist klar, ist ihre fehlende Dynamik und die geringe Handlungsgeschwindigkeit. Die Untoten bewegen sich nur langsam und torkelnd vorwärts und sind weder berechtigt noch befähigt ein Kraftfahrzeug zu führen. Die Vorteile öffentlicher Transportsysteme scheinen dieser Gattung nicht einzuleuchten. Entdeckt eine Horde von Zombies einen Menschen im zweiten oder dritten Stock eines Gebäudes, so werden sie sich zwar um das Haus herum zusammenrotten und versuchen, an der Fassade nach oben zu klettern (was selten funktioniert, sie haben wirklich wenig Talente). Es ist aber höchst unwahrscheinlich, dass ein Zombie spontan auf die

Idee kommt, die Haustüre zu benutzen, um hinauf in die oberen Stockwerke und hin zur menschlichen Beute zu gelangen. Diese Unfähigkeit gilt es auszunutzen.

Menschen haben nicht schon seit jeher Angst vor dem Tod – sie fürchten auch die Toten. Die alten Ägypter und die Mayas fesselten ihre Leichen vor der Beerdigung, um ihnen die Flucht aus dem Grab zu erschweren. Und in Europa war es bis weit ins 18. Jahrhundert hinein Teil der Jobbeschreibung der Totenwache, dass die Arbeiter einen nur vermeintlich Verstorbenen, der sich plötzlich aus dem Sarg erhebt, mit Schwert oder Knüppel endgültig ins Jenseits zu befördern hatten (auf Grund der mangelnden medizinischen Kenntnisse der Quacksalber, nein, Ärzte kam es vergleichsweise häufig zum Scheintod-Phänomen).

Die Entschlossenheit dieser mittelalterlichen Praxis sollte auch dem modernen Kampf gegen die Untoten als Inspiration dienen. Ein Zombie kann nur getötet werden, in dem man sein Gehirn zerstört. Von kleinkalibrigen Schusswaffen ist im Kampf gegen Zombies daher abzuraten. Eine Pistolenkugel durchschlägt den Zombiekörper, der durch die einsetzende Verwesung eine schwammige bis bröselige Konsistenz besitzt, ohne große Wirkung zu hinterlassen. Die Anti-Zombie-Milizen empfehlen deshalb eher Schrotflinten, Granatwerfer oder Panzerfäuste, die den Zombies gleich ein Bein oder, besser noch, den Kopf abreißt. Beliebt sind auch Hieb- und Stichwaffen wie Baseballschläger, Samurai-Schwerter oder Äxte oder, aus der Abteilung Eigenbau, Lampenständer, Rohrstangen und Vorhangstangen, die sich gut dafür eignen, die weiche Birne der Zombies zu zertrümmern. Um sich gegen die Bisse der Monster zu schützen, sollte man dicke Lederschuhe und Jeans-Kleidung tragen. Kurze Haare und eng anliegende Kleidung sind ebenfalls ein Vorteil, denn so wird es dem grobmotorischen Zombie schwer bis unmöglich gemacht, das Opfer festzuhalten und zu sich heranzuziehen.

Nicht jeder Zombie ist ein schlechter Mensch. Schließlich ließ Jesus Christus die Jünger von seinem Blut trinken, erhob sich von den Toten, entwickelte aber weder großen Appetit auf die Gehirne seiner Jünger, noch nahm er seinen Aufruf zu Mitgefühl und sozialem Engagement zurück. Diese schmale Wertebasis, die das christliche Abendland mit den Zombies teilt, wird uns im Falle einer Zombie-Invasion nichts nutzen. Die Fachliteratur ist sich einig: Die bevorzugten Mittel der Vereinten Nationen und der Gutmenschen-Fraktion – die Bereitschaft zu Verhandlungen und Kompromiss, das Anerkennen kleinerer kultureller Differenzen – werden bei der Auseinandersetzung mit dem Zombie versagen. Die Untoten setzen sich nicht an den runden Tisch und sind auch nicht mit Geldkoffer oder einem Bordellbesuch milde zu stimmen. Das einzige Ziel der Zombies ist es, eine maximal hohe Zahl von Lebenden in Untote zu verwandeln.

Zombies vermehren sich nicht dadurch, dass sie sich paaren oder Eier legen, sondern indem sie ihre Opfer per Biss mit einem Virus infizieren, der diese in torkelnde Trottel verwandelt. Die Expansion der Zombies ist also durchaus vergleichbar mit Epidemien wie der Schweinegrippe oder SARS. Philip Munz von der School of Mathematics and Statistics an der Carleton University im kanadischen Ottawa hat im Jahr 2010 mit epidemiologischen Modellen eine Zombie-Attacke analysiert und in seinem Buch *Infectious Disease Modelling Research Progress* vorgestellt: «Eine Zombieplage unterscheidet sich in vielen Belangen nicht von einer sich rapide verbreitenden, tödlichen Epidemie», sagt Munz, der zu einem erschreckenden Ergebnis kommt: «Im Fall des Falles wären wir so gut wie erledigt. Fast jedes Szenario, das wir durchgerechnet haben, endete in der Ausrottung der menschlichen Rasse.» Und der Prozess geht rasend schnell vonstatten. In einer 500 000-Einwohner-Stadt, hat Munz berechnet, wären die Untoten nach drei Tagen in der Überzahl.

Im Fall einer Zombie-Attacke sollte man deshalb möglichst schnell die Stadt und Region verlassen, denn es erscheint unwahrscheinlich, dass die Masse an Monstern komplett eliminiert werden kann. Munz empfiehlt mit dem nüchternen Blick des Naturwissenschaftlers, die befallenen Städte sofort unter Quarantäne zu stellen und komplett abzuriegeln. Die Menschen in den zombifizierten Regionen müssten gegebenenfalls geopfert werden. Munz bezeichnet sich als Pazifisten, sagt aber auch: «Krieg ist leider die einzige Lösung. Nur ein konzentrierter Gegenschlag aller Streitkräfte in den ersten Tagen des Ausbruchs kann die Epidemie wirkungsvoll bekämpfen.» Als Prävention rät Munz zum intensiven Studium einschlägiger Genrefilme: «Das hilft die Zeichen der Zeit zu erkennen. Man muss die Fernsehnachrichten deuten lernen. Wenn das Chaos heruntergespielt wird, würde ich misstrauisch werden. Und sobald die Sender das Programm einstellen, heißt es: ab in den Bunker!»

29. HISTORISCHES UNGLÜCK (II)

VOLKSHOCHSCHULE DER VERGANGENHEIT II

Was wollen uns die größten Katastrophen kommunizieren? Haltet die Augen offen! (II)

Der 26. April 1986 war ein ganz normaler Arbeitstag im Leben des Ingenieurs Anatoli Stepanowitsch Djatlow. Der erfahrene Techniker arbeitete als Schichtleiter im Block 4 des sowjetischen Atomkraftwerks Tschernobyl. An diesem Tag bereitete er einen Versuch vor, mit dem getestet werden sollte, ob der Reaktor auf einen Stromausfall vorbereitet ist. (Um realistische Bedingungen zu schaffen, ließ Djatlow auch Notprogramme und Havarieschutz ausschalten – eine fast schon geniale Versuchsanordnung: Die Simulation wurde zum Worst-Case-Szenario.) Das Experiment lief nicht wie geplant, ein paar Arbeiter fehlten wegen Krankheit, es wurde spät und langsam dunkel. Das Personal der Nachtschicht musste schließlich übernehmen. Die Männer waren jedoch nicht auf die Aufgabe vorbereitet und erschöpft von den vorherigen Nachtschichten. Vielleicht spürte Djatlow da auch selbst bereits die ersten Anzeichen der Müdigkeit, die Verspannung der Nackenmuskulatur oder das gesteigerte Blinzeln der Augenlider. Aber er führte das Experiment fort, auch als erste Messwerte und Signale nahelegten, dass die Ingenieure die Kontrolle über den Reaktor verloren. Djatlow zögerte, wartete, überlegte und ordnete erst um 1 Uhr 23 den Abbruch des Experiments an. Aber es war zu spät. 60 Sekunden später erschütterte eine enorme Explosion das Kraftwerk und blies radioaktive Teilchen in die Atmosphäre.

Ein Jahr später wurde Djatlow, der bei dem Reaktorunfall eine hohe Dosis radioaktiver Strahlung abbekommen hatte, wegen «kriminellem Leiten eines potenziell explosionsgefährlichen Versuchs» zu zehn Jahren Haft verurteilt. Djatlow aber war kein Saboteur. Der Mann war einfach nur todmüde.

Die Nacht ist eine gefährliche Zeit, nicht nur weil man im Dunkeln oft stolpert oder Verbrecher unterwegs sind, sondern auch, weil die menschliche Leistungsfähigkeit sinkt: Wenn die Sonne untergeht, stellt sich der menschliche Organismus auf Schlaf und Erholung ein. Ab 22 Uhr nehmen Konzentrationsfähigkeit und Reaktionsvermögen rapide ab. Der Tiefpunkt ist zwischen drei und vier Uhr morgens erreicht. Kein Wunder, dass genau in diesem Zeitfenster, wenn sich das Gehirn im Stand-by-Modus befindet, besonders viele Unfälle und Katastrophen stattfinden. Nicht nur Tschernobyl, der folgenschwerste Industrieunfall aller Zeiten, ist ein Kind der Nacht und der Müdigkeit. Auch der Untergang des Öltankers Exxon Valdez, der 1989 vor Alaska sank, wurde durch einen übermüdeten und überforderten Steuermann verursacht (der Kapitän lag besoffen in der Koje). Im (Straßen-)Alltag spielt Müdigkeit ebenfalls eine wichtige Rolle: 30 Prozent der Unfälle auf deutschen Autobahnen werden durch müde Fahrer verursacht. Der Schlafforscher Jürgen Zulley schätzt, dass die weltweiten Schäden durch Müdigkeit am Arbeitsplatz bei 300 bis 400 Milliarden Euro liegen.

Im 21. Jahrhundert herrscht eine allgemeine Schlaffeindlichkeit. Manager und Politiker rühmen sich damit, dass sie nur drei bis vier Stunden Schlaf brauchen. Unternehmensberater und Rechtsanwälte, die man in Flugzeugen oder Hotelbars trifft, geben gerne damit an, einen «Allnighter» durchgezogen haben, 24 Stunden Arbeit am Stück. Schlafen scheint in der Welt der High-Performer eine Charakterschwäche zu sein, der man am besten gar nicht nachgibt, und wenn doch, dann nur für ein paar Stunden. Augenringe sind die Orden der 24-Stunden-Arbeitsgesellschaft. Dabei verhält sich ein Mensch, der 24 Stunden nicht geschlafen hat, wie eine Person, die drei bis vier Bier getrunken hat.

Wann, ist die Frage, wachen wir endlich auf?

30. POLIZEIGEWALT

WIR SIND DAS VOLK

Wasserwerfer, Pfefferspray und Schlagstock: Wie sich der Wutbürger gegen die Waffen des Unterdrückungsstaats wehren kann.

Im frühen 21. Jahrhundert erreicht die Demokratie in Deutschland eine neue Evolutionsstufe. Das liegt allerdings nicht an einer Reform des Wahlrechts oder der Einführung eines bundesweiten Volksentscheids. Exekutive, Legislative und Judikative werkeln routiniert vor sich hin, und auch die Medien, die vierte Gewalt, können ihre Langeweile und das permanente Déjà-vu-Gefühl nicht verbergen. Nur die Bürger haben offenbar genug von der demokratischen Routine, die sich in den Jahrzehnten zuvor eingestellt hatte. Dem modernen Citoyen reicht es nicht mehr, alle paar Jahre in einer muffigen Grundschule ein Kreuz auf einen Wahlzettel zu malen. Der Bürger will mitentscheiden, mitmachen und mitmischen – oder zumindest mitschreien.

Auf Demonstrationen trifft man schon lange nicht mehr nur den schwarzen Block der Antifa, bekiffte Jugendliche und bezahlte DGB-Berufsdemonstranten, sondern immer öfter auch agile Unternehmensberater, CDU-Wähler im Lodenmantel und frisch toupierte Damen. Die Medien schwärmen vom «Protest der Mittelschicht» und einem «aktiven Bürger», der an freien Wochenenden nicht mehr zu einer Opernpremiere nach Bayreuth und nach Mallorca reist, sondern an einer Sitzblockade gegen den Stuttgarter Bahnhofsbau, die Hamburger Schulreform oder einen Castor-Transport im Wendland teilnimmt.

Die Samstagsdemo, das mussten die Demo-Novizen schnell

lernen, ist ein asymmetrischer Konflikt und gefährlicher als eine Shoppingtour. Die Staatsgewalt, traditionell gekleidet in nachtschwarze Einschüchterungskluft, protzt mit Luftüberwachung und Hightech-Waffen. Um sich bei der Wahrnehmung seines Rechts auf Mitbestimmung und Action nicht unnötig in Gefahr zu bringen, sollte sich der moderne Wutbürger im Rahmen einer kleinen Waffenkunde mit polizeilichen Strategien und möglichen Abwehrmaßnahmen vertraut machen.

Pfefferspray: Polizei-Pfefferspray ist 1500-mal schärfer als Tabasco. Und schon dieses Würzmittel würden Sie sich wohl kaum in die Augen reiben. Wappnen Sie sich! Natürlich will man auch auf einer Demonstration gut aussehen (schon wegen der TV-Teams und der Kameramänner des Verfassungsschutzes), trotzdem sollte auf Make-up unbedingt verzichtet werden. Capsaicin, der Wirkstoff des Pfeffersprays, lagert sich auf Grund der unipolaren Molekülstruktur in fetthaltiger Schminke wie Kajalstift oder Lidschatten an und ist deshalb kaum zu entfernen. Für den Fall, dass ein Polizist Sie mit dem Tränengas tatsächlich im Gesicht trifft, sollten Sie auf die Wasserwaschung, die nur kurzzeitig Linderung verschafft, verzichten, und die betroffene Stelle stattdessen mit Öl oder Fett einreiben und erst dann mit Wasser abwaschen (die Wirkung wird verbessert, wenn Sie ein paar Tabletten gegen Sodbrennen im Wasser auflösen, da das Capsaicin so besonders effektiv gebunden wird). Da neuerdings so viele Unternehmensberater und Theaterleute demonstrieren, erhält folgende Information ein große Relevanz: Der Konsum von Kokain kann Sie unempfindlich gegen das Pfefferspray machen. Der Nachteil: Sollten Sie verhaftet werden, drohen gleich zwei Anzeigen.

Wasserwerfer: Im Jahr 1930 wurde der erste Wasserwerfer eingesetzt, um eine Demonstration der NSDAP gegen den Antikriegsfilm «Im Westen nichts Neues» aufzulösen. Heute gibt es in Deutschland 116 Mercedes-Fahrzeuge des Typs WaWe 9000, die mit einem Druck von 20 Bar (hundert Mal stärker als ein Gartenschlauch) mehr als 220 Badewannenfüllungen Wasser verschießen können. Der Polizist am WaWe-Joystick ist ein moderner Regengott, der frei entscheiden kann, ob er die Menschenmenge mit lästigen Niesel- und Regenschauern langsam entnervt oder mit einem konzentrierten Wasserstrahl besonders renitente Individuen zu Boden bringt. Gegen die Schauervariante helfen angemessene Outdoor-Kleidung sowie Folien oder Zeltplanen. Wenn Sie allerdings in das Fadenkreuz des Aqua-Geschützes geraten sollten, dann versuchen Sie besser gar nicht, dem enormen Wasserdruck zu widerstehen. Gehen Sie stattdessen in die Hocke, um Sturzverletzungen zu vermeiden, und rutschen Sie kontrolliert auf Hintern und Rücken mit dem Wasser mit. Lassen Sie sich treiben! Um Augenverletzungen zu vermeiden, sollten Sie auf jeden Fall das Gesicht vom Wasserwerfer abwenden. Schützen Sie mit den Händen weitere empfindliche Körperteile. Rappeln Sie sich sofort auf, wenn Sie merken, dass der Wasserdruck nachlässt, und begeben Sie sich außer Reichweite des Wales (65 Meter). Warten Sie dort, bis der Polizei das Wasser ausgeht. Bei einem Druck von 15 Bar kann der Wasserwerfer etwas mehr als vier Minuten Dauerfeuer geben.

Schlagstöcke: Deutsche Polizisten waren lange Zeit mit Säbeln bewaffnet und sorgten deshalb, wenn sie zu Streit und Schlägereien gerufen wurden, nicht nur für Ruhe, sondern oft auch für abgetrennte Gliedmaßen. Der Polizeireformer Franz-Friedrich Laufer setzte sich Anfang des 20. Jahrhunderts als Erster für den weitaus unblutigeren Gummiknüppel ein. Die Polizei verwendet heute meist den sogenannten Tonfa-Schlagstock als Standardknüppel, eine traditionelle Waffe der asiatischen Kampfkunst, die 50 Zentimeter lang ist und über einen charakteristischen Quergriff verfügt. Hält der Polizist den Tonfa am Quergriff, so wird er den Stock mit hoher Wahrscheinlichkeit als Stoßwaffe gegen Ihren Bauch oder Brustkorb einsetzen. Versuchen Sie, den Schlag mit angespannten Bauchmuskeln aufzufangen und während des Aufpralls auszuatmen (→ Jugendgewalt, S. 34). Hält der Polizist den Schlagstock wiederum am unteren Ende, setzt er ihn voraussichtlich als klassischen Knüppel gegen Schultern oder Kopf ein. Ducken Sie sich unter dem Schlag weg, und weichen Sie nach hinten aus. Schützen Sie vor allem Kopf und Gesicht. Helme sind auf Demonstrationen leider nach Paragraph 17a Versammlungsgesetz als «Schutzwaffe» verboten und werden mit einer Freiheitsstrafe von bis zu einem Jahr bestraft. Das gilt auch für Schienbeinschoner, Ellbogenschoner, Nierenschutz und weitere Artikel aus dem Eishockey-Fachgeschäft. Solange man die moderne Rüstung aber unter weiter Kleidung trägt, können die Polizisten nichts machen.

Hunde: Im Jahr 1901 führte der bereits erwähnte Polizeikommissar Franz-Friedrich Laufer, der wegen seiner Kreativität auch der «Jules Verne des deutschen Polizeiwesens» genannt wurde, den ersten Polizeihund im Städtchen Schwelm ein. Die Dogge Cäsar vertrieb störende Voyeure bei einem Hausbrand. Die Folgen der erfolgreichen Premiere bekommen Demonstranten noch heute zu spüren. Die Hunde sind mit einer etwa 1,5 Meter langen Leine am Gürtel der Hundeführer festgebunden. Halten Sie also stets ausreichenden Abstand zu den Polizeiherrchen. Falls Sie in Reichweite des Hunderachens geraten sollten, ist es ratsam, sich auf keinen Fall gegen den vierbeinigen Beamten zu wehren (→ Kampfhunde, S. 234). Widerstand gegen die Staatsgewalt bestraft das Tier schon mal mit einem Biss in Arm oder Bein. Wenn Sie friedlich bleiben, wird Sie der gut trainierte und recht höfliche

Hund nur an der Kleidung packen und zu Boden ziehen. Bleiben Sie einfach liegen und warten Sie darauf, dass Sie der Hundeführer verhaftet.

Auch wenn Sie alle diese Regeln beachten, kann es passieren, dass Sie auf einer Demonstration eine Verletzung erleiden. Das muss aber nicht schlimm sein. Eine Platzwunde, ein Bluterguss am Kinn oder eine bandagierte Hand, die man sich im Kampf gegen die bundesdeutsche Oligarchie und deren Polizeischläger eingefangen hat, ist eine Art Auszeichnung, die man direkt auf dem Körper trägt, das Eiserne Kreuz der Wutbürger. Freunde, Kollegen oder Unbekannte im öffentlichen Personennahverkehr werden Sie auf Ihre Blessur ansprechen, das daraus entstehende Gespräch sollten Sie nutzen, um Unterstützer für Ihre Sache zu gewinnen. Auch die Medien lieben Bilder von blutenden Jugendlichen oder einer alten Frau im Würgegriff eines Polizisten und werden sich Ihre Geschichte immer wieder anhören. Der Cut unterm Auge mag wehgetan haben, sollte Sie aber ein *Bild*-Mitarbeiter mit diesem Demo-Statussymbol fotografiert haben, wird das die Staatsmacht noch viel mehr schmerzen.

31. SCHWEINEGRIPPE

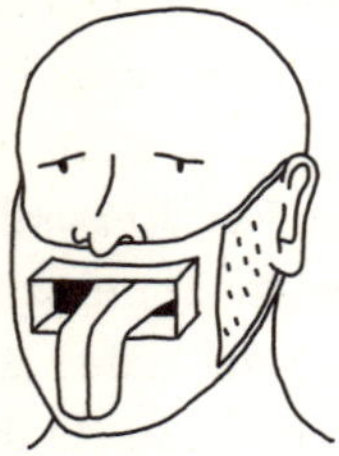

INFEKTIONEN UND IMAGE

Im Kampf gegen SARS und Influenza sollten wir nicht auf Stil verzichten.

Keime lösen nicht nur Atemweginfektionen, Grippesymptome und in seltenen Fällen Lungenentzündungen aus, sondern oft auch eine globale Panikattacke (→ Viren, S. 58). Wenn SARS oder H1N1 mal wieder zu globalen Medienstars avancieren, erinnern Katastrophenkomparatistiker in Medien und Parlamenten gerne an die Grippepandemie von 1918, erzählen von 30 Millionen Toten und einem fehlenden Impfstoff. Die Botschaft lautet: «Es könnte jederzeit wieder passieren.»

Wir machen es den Mikroben einfach: Globalisierung, Urbanisierung und die gesteigerte Mobilität der Menschen erhöhen die Wahrscheinlichkeit, dass ein unbekanntes Virus den bequemen Direktflug aus dem Dschungel Ostkongos nach Hongkong nimmt. Touristen und Geschäftsreisende zirkulieren um den Globus und schmuggeln neben Souvenirs und zollfreien Zigaretten womöglich auch unbekannte Krankheitserreger durch den Security-Check. Längst leben mehr als 50 Prozent der Menschen in Städten, bewegen sich jeden Tag in Massen, schwitzen, atmen, zittern, teilen sich urbane Oberflächen wie Aufzüge, Geländer und U-Bahn-Waggons und bilden so einen vortrefflichen Nährboden für einen ambitionierten Erreger.

Klar, dass viele Menschen auf die Pandemiewarnungen der WHO allergisch reagieren, Medikamente horten, Mexikaner ausweisen und am liebsten in das coole Schutz-Outfit der Virologen schlüpfen würden, das man aus *Tagesschau*-Reportagen und Hollywood-Filmen wie *Outbreak* kennt. Allein: Das Profi-Equipment kostet mehrere Zehntausend Euro. Und auch wenn im Internet «virensichere Einweg-Schutzanzüge» ab 21 Euro pro Stück zu haben sind (www.myneolab.de), sollte man sich die Vorsorge-Verpuppung zwei Mal überlegen. Versuchen Sie einmal im Schutzanzug einen Geschäftstermin wahrzunehmen oder eine schöne Frau in der Bar auf ein Getränk einzuladen! Modemagazine geben leider selten Ratschläge für das richtige Auftreten im Ausnahmezustand. Aber es ist natürlich möglich, Sicherheitsbedürfnis und Stilbewusstsein in Einklang zu bringen. Diese Tipps gelten für jede (Grippe-)Saison:

Accessoires: Michael Jackson ist die Mode-Ikone der Pandemie. Der Musiker schützte sich mit dunkler Brille, weißen Handschuhen und Mundschutz vor den Zumutungen seiner Umgebung. Eine gute Idee. Denn bei Virenalarm wird die Luft, Grundlage allen Lebens, plötzlich zu einer lebensbedrohlichen Gefahr, ein gefährlicher Gas-Materie-Cocktail, der Sekrettropfen und frei schwebende Todespartikel enthält. Da das Einstellen der Atmung keine alltagstaugliche Lösung ist – der Leistungsabfall ist doch beträchtlich, und der rote Kopf sieht komisch aus –, werden Schutzmasken immer beliebter. Als im Frühjahr 2009 in Mexiko die Schweinegrippe erste Opfer forderte, gehörten die Schutzmasken, die Ruß, Pollen, Viren und Bakterien herausfiltern, bald zum Straßenbild. Mexiko-Stadt sah aus, als würde der

Weltkongress der Chirurgen oder ein Antifa-Meeting dort stattfinden.

Die Anonymität der Maske schützt die Menschen vor Viren (und dem Blick der Überwachungskamera), kränkt aber auch unseren Wunsch nach Individualität und Einzigartigkeit. Einige Mexikaner begannen, die Maske als Leinwand zu nutzen, und malten Bärte, Herzchen und Leberflecken auf die Gaze, einen nach oben geöffneten Halbkreis oder eine grimmige Zickzack-Linie, und vermittelten den Mitmenschen so ihre Laune – die Schutzmaske als Emoticon. In Japan ist der Mundschutz längst zu einem saisonalen Mode-Accessoire wie der Schal oder der Muff geworden. Im Herbst und Winter tragen Menschen dort Kreationen von Firmen wie Pico oder Decori, die eine ganze Kollektion von Schutzmasken anbieten, wahlweise mit orientalischen Ornamenten, Schmetterlingen, Karomustern oder Rock-'n'-Roll-Motiven verziert. Wer gesund bleiben will, muss nicht hässlich werden. Indem man sich mit nebensächlichen Fragen beschäftigt, beweist man Haltung im Angesicht des Todes. Das beliebteste Motiv ist übrigens der Totenkopf.

Beauty-Produkte: 85 Prozent Bakterien und Viren, so schätzt man am Institut für Hygiene, werden über die Hände aufgenommen. Auch wenn Sie regelmäßig zur Maniküre gehen: Unter jedem Fingernagel leben mehrere Milliarden Mikroben, die in den Körper gelangen können, wenn man sich mit Fingern über Mund oder Augen streicht. Achten Sie deshalb auf Hygiene und desinfizieren Sie regelmäßig Ihre Hände. Eine Studie der Universität Manchester hat herausgefunden, dass sich 30 Prozent der Menschen nach dem Gang zur Toilette nicht die Hände waschen; an den Fingern von 53 Prozent der Männer fand man Fäkalbakterien. Sauberkeit ist Selbstverteidigung. Nun will man nicht als hysterischer Hypochonder gelten, der eine Kundenkarte vom Hygiene-

Großhändler hat und 3-Liter-Flaschen Lysol kauft. Füllen Sie das Desinfektionsspray in leere Parfümflakons, oder arbeiten Sie mit Teebaumöl oder Patschuli, die ebenfalls eine desinfizierende Wirkung haben.

Manieren: Der Handschlag ist eine der wichtigsten Erfindungen in der Geschichte der Menschheit. Das Ausstrecken der Hand sollte dem Gegenüber ursprünglich signalisieren, dass man unbewaffnet ist und der Schwertarm friedlichen Zwecken dient. In einer urdemokratischen Geste geht es beim Handschlag nicht um die Demonstration von Statusunterschieden und Machtverhältnissen, wie es mit Bücklingen und Kniebeugen jahrhundertelang die Regel war. Zwei Individuen begrüßen sich stattdessen auf gewaltfreie und gleichberechtigte Art und Weise, als Gleiche unter Gleichen. Doch schon während der Grippepandemie 1919 gab es viele Städte, in denen Händeschütteln verboten wurde. Ein zivilisatorischer Rückschritt. Wie kann man dem Gegenüber sein Wohlwollen und Respekt in Zeiten der Cholera und Masern kommunizieren? Die WHO hat ihre Mitarbeiter für den Worst Case angewiesen, den Händedruck durch den «elbow bump» zu ersetzen – die Menschen berühren sich mit der Spitze des rechten Ellbogens, was aussieht wie aus einem Rap-Video der achtziger Jahre. Eine Alternative wäre natürlich auch die Umarmung oder der Schlag auf die Schulter (ein Kuss ist weniger gefährlicher als ein Händedruck). Aber das ist womöglich zu intim und kumpelhaft und eignet sich sicherlich nicht für den professionellen Kontakt. Eine andere Lösung wäre, zum Buddhismus zu konvertieren: Die Verbeugung drückt Respekt und Würde aus, und der Dalai Lama liegt immer im Trend.

Diskretion: Im Falle einer Pandemie ist es wichtig, den Kontakt mit Oberflächen, die auch von anderen Menschen berührt werden, zu vermeiden, also Geländer, Münzen, Haltegriffe. Denn Grippeviren überleben bis zu zwei Tage auf einer glatten Oberfläche. Nun kann man zwar durch richtige Beinstellung (etwa schulterbreit, Knie leicht gebeugt) und ein austrainiertes Balancegefühl die Notwendigkeit reduzieren, sich in der U-Bahn am Haltegriff festhalten zu müssen. Und indem man die Arme auf dem Rücken verschränkt, verringert man nicht nur die Infektionsgefahr, sondern strahlt auch die distinguierte Aura eines englischen Lords aus. Wie aber in einem Laden vorgehen, wenn man der Kassiererin das Bargeld gibt? Die Lösung bietet das Electronic-Cash-System: Bestehen Sie darauf, die Karte selbst durch den Leser zu führen, und geben Sie die PIN mit einem Stift ein. Ein Problem ist die grassierende Touchscreeneritis. Immer mehr Bankautomaten und DB-Fahrscheinmaschinen sind mit berührungsempfindlichen Bildschirmen ausgestattet. Da die Technologie auf die Oberflächenspannung der Haut reagiert, kann man die Touchscreens nicht mit einem Stift oder Handschuhen bedienen. In Korea hat man dafür eine brillante Methode erdacht: Menschen bedienen Touchscreens mit Sojawürstchen, deren Oberflächenstruktur dem menschlichen Finger ähnelt. Ebenso funktional ist ein Wiener Würstchen. Wichtig ist vor allem: nach Gebrauch nicht essen.

KOSMISCHES KAUDERWELSCH

«Lasst uns doch erst mal reden» – Wie kommuniziert man im Falle einer außerirdischen Invasion?

Wenn sich ein wolkenloser Himmel plötzlich verdunkelt, ist das für die Bewohner eines typischen Hollywood-Blockbusters kein besonders gutes Zeichen. Wenig später schweben bereits kolossale Raumschiffe über der Stadt, verdunkeln die Sonne und lassen eine düstere Zukunft vermuten. Egal ob man nun *Independence Day, Akte X* oder Orson Welles' *Krieg der Welten* konsultiert – über die Überlegenheit der Aliens in Sachen Waffentechnologie und moralischer Verwahrlosung ist man sich in einem für die Menschheit ungewöhnlichen Anfall von kollektivem Minderwertigkeitskomplex einig. Den Erdbewohnern bleibt meist nicht einmal Zeit, herauszufinden, warum ihnen die Außerirdischen denn überhaupt an den Kragen wollen. Erdenbewohner und Aliens sind eben nicht nur durch Raum und Zeit getrennt, sondern auch durch eine nicht zu unterschätzende Sprachbarriere.

Besser, wir treten vorher mit den Außerirdischen in Kontakt, vielleicht lassen sie sich so ja auch milde stimmen. Bei diesem epochalen Unterfangen ist jeder Einzelne gefragt. Gerade weil unklar ist, wo im Weltall sich die Außerirdischen aufhalten und welche Sprache sie sprechen, müssen die unterschiedlichsten Methoden der Kontaktaufnahme erprobt werden.

In einem ersten Schritt versuchten die Menschen die Aliens auf uns aufmerksam zu machen. 1974 feuerten Wissenschaftler vom Arecibo-Radioteleskop in Puerto Rico einen Datenschwall in Richtung des Kugelsternhaufens M-13, der knapp 20 000 Lichtjahre von der Erde entfernt ist. Die Sendung enthielt neben der Position der Erde in unserem Sonnensystem auch höchst delikate Informationen über das menschliche Erbgut. Militärs und Sicherheitsexperten fallen bei diesem Gedanken in Ohnmacht: Die Astronomen hatten den potenziellen Invasoren nicht nur unseren Aufenthaltsort mitgeteilt, sondern auch unsere Schwachstellen (Zeitgenossen können sich mit dem Gedanken trösten, dass das Signal erst in einigen zehntausend Jahren seinen Bestimmungsort erreicht).

Die Kommunikation mit Außerirdischen muss aber kein Monopol von staatlichen Weltraumbehörden, Elite-Universitäten und dem Militär sein. Im Jahr 2008 sandte die US-Firma Dorito einen Werbeclip für Tortillas an den Zwergstern 47 Ursae Majoris im 42 Lichtjahre entfernten Sternbild Großer Bär. Ob es dort Außerirdische gibt und ob diese auf Weizenfladen und Tabasco stehen, wird die Menschheit allerdings frühestens im Jahr 2090 erfahren.

Im frühen 21. Jahrhundert werden die Budgets der Weltraumbehörden immer weiter zusammengestrichen und die bemannte Raumfahrt eingeschränkt. Statt die Hand auszustrecken, zieht sich die Menschheit aus dem All zurück. Die Alien-Forscher brauchen die Unterstützung der Öffentlichkeit. Mit gutem Beispiel voran ging Microsoft-Gründer Paul Allen, der elf Millionen Dollar für ein Teleskop spendete, mit dem Wissenschaftler des amerikanischen SETI-Projekts (Search for Extraterrestrial Intelligence) nach Funksignalen suchen können, die nicht von der Erde stammen. Die Forscher hoffen, dass Außerirdische eine kompatible Fernsehtechnik entwickelt haben und uns etwa durch die Ausstrahlung einer extraterrestrischen Soap-Opera ihren Standort verraten. Noch haben die SETI-Wissenschaftler allerdings kein Signal empfangen und denken deshalb noch einmal grundsätzlich darüber nach, wie sich die Außerirdischen denn wohl überhaupt untereinander unterhalten. Was für eine Sprache sprechen sie? Ist die Rechenkunst so universell, dass auch außerirdische Intelligenzbestien mathematische Grundannahmen zur Datenübertragung nutzen? Wissen die Aliens eigentlich, was eine Primzahl ist? Haben sie ein ähnliches Rhythmusgefühl? Und lieben sie Brahms?

Erste Versuche zeigen, dass Walfische und Delphine für musikalische Signale empfänglich sind. Die SETI-Experten überlegen nun, ob sich diese Erkenntnis auch auf die Verständigung mit Außerirdischen übertragen ließe. Dabei ist auch die Hilfe von Amateuren willkommen. Wer sich über das Geigengekratze von Nachbars Tochter ärgert, ist gut beraten, nicht durch Sturmklingeln oder Drohanrufe die Übungsstunde zu beenden. Vielleicht bemüht sich die Kleine ja nur, über die permanente Wiederholung der ersten Takte der *Kleinen Nachtmusik* in Kontakt mit Außerirdischen zu treten (Weil wir so wenig über Aliens wissen, können wir auch nicht ausschließen, dass ihre Ohren oder Richtmikrofone sensibel genug sind, um musikalische Botschaften aus dem zweiten Stock einer Wohnung in Köln-Zollstock zu empfangen).

Einen anderen Weg gehen die Mitglieder des Internetforums abovetopsecret.com, die auf PSI (Gedankenübertragung) schwören. Laut Aussage diverser Diskutanten ist PSI ein «einfacher und effektiver Weg, um mit Aliens zu kommunizieren» und so etwas wie ein interstellares Internet (man braucht auch kein Raumschiff und spart sich viel Benzin). Ob dieser Rekurs auf übersinnliche Techniken wirklich zum Erfolg führt, ist fraglich.

Dr. John R. Elliott dagegen, Mitglied der Fakultät für Informatik an der Metropolitan University in Leeds und selbsternannter Exo-Linguist, ist sich sicher, dass er mit Hilfe einer selbst entwickelten Software das Kosmos-Kauderwelsch übersetzen könnte. Elliott hat über 60 irdische Sprachen auf ihre Struktur hin untersucht und festgestellt, dass sie alle einer ganz ähnlichen Logik folgen. Um die Alien-Sprache zu entschlüsseln, behauptet der Informatiker, bräuchte er lediglich einen Text von der Länge eines Zeitungsartikels. Wer auch immer glaubt, im Besitz einer etwas längeren Außerirdischen-Botschaft zu sein, sollte sie also dringen an Dr. John R. Elliott in Leeds senden.

Nicht jeder Mensch ist an einem Zwiegespräch der Zivilisationen interessiert. Trotzdem bedarf es einer gesellschaftlichen Diskussion darüber, was die Menschheit eigentlich den Außerirdischen über sich mitteilen sollte. «Bevor ein Kontakt zustande kommt, sollte man sich überlegen, was man sagen will», meint auch Douglas Vakoch vom SETI-Institut. Wie wollen wir rüberkommen? Als pazifistische Philosophen? Rationale Händler? Kriegslüsterne Weltallmonster? Douglas Vakoch plädiert für schonungslose Offenheit. In all den Botschaften, die Wissenschaftler über Antennen und in Satelliten bislang ausgesandt haben, wurden die Themen Krieg, Armut und Krankheit ausgeklammert (und bei den Amerikanern auch das Kapitel Sex!) Diese Zensurmaßnahmen seien eine Beleidigung der Intelligenz der Aliens, findet Vakoch: Eine Spezies, die so fortgeschritten ist, dass sie interstellaren Tourismus betreibt, «würde ohnehin merken, dass in unserer Selbstbeschreibung etwas fehlt».

Die SETI-Forscher gehen davon aus, dass die Außerirdischen, mit denen wir in Kontakt treten könnten, weiter entwickelt sind als wir selbst und deshalb vermutlich nicht auf die Ressourcen der

Erde angewiesen sind. Aus diesem Grund, spekulieren die Forscher, hätte die Menschheit nichts von den Aliens zu befürchten und könne vielmehr von ihnen lernen. Noch würden die meisten Menschen den Außerirdischen keinen besonders herzlichen Empfang bereiten, sondern schreiend weglaufen oder das Feuer eröffnen, ohne Fragen zu stellen. Glaubt man der SETI-Direktorin Jill Tarter, ist es eine zentrale Aufgabe für alle Menschen, «durch Aufklärung und Erziehung die Angst vor Außerirdischen allmählich abzubauen». Die Aliens könnten uns sogar dabei helfen, das Leben auf der Erde friedlicher zu gestalten, hofft Tarter. Im Vergleich zu den Außerirdischen würden die Unterschiede zwischen den Menschen, die bisher für so viele Auseinandersetzungen sorgen, doch lächerlich gering wirken.

33. HAI

VOLL AUF DIE FRESSE

Was uns Steven Spielberg nicht verraten wollte: So wehrt man sich gegen den Killer der Weltmeere!

Entweder sind Haie schlecht im Kopfrechnen, oder die Tiere sind äußerst friedfertig und versöhnlich. Der Mensch erlegt jedes Jahr weit über eine Million Haie. Der gefürchtete und mit einem automatisch nachladenden «Revolvergebiss» ausgerüstete Killer der Meere revanchiert sich für den versuchten Genozid, indem er im selben Zeitraum durchschnittlich gerade einmal zehn Menschen tötet. Im Interesse eines Täter-Opfer-Ausgleichs wäre es also nur fair, sich nicht gegen einen Hai-Angriff zu wehren. Falls der Überlebenstrieb aber doch über gerechtigkeitsphilosophische Überlegungen siegt, gilt es die bereits angedeutete mangelnde Intelligenz und Aggressivität des Hais für sich zu nutzen.

Wittert ein Haifisch auch nur eine winzige Blutspur im Wasser, so löst das nach einem simplen Reiz-Reaktions-Modell in ihm den unwiderstehlichen Drang nach Nahrungsmittelaufnahme aus. Vermeiden Sie es deshalb unbedingt, mit einer frischen oder offenen Wunde ins Wasser zu gehen. Haie sind außerdem Gewohnheitstiere und jagen vor allem zu Frühstück- und Abendbrotzeiten. Die Gefahr einer Hai-Attacke lässt sich weiter verringern, indem Sie beim Schwimmen auf Schmuckstücke verzichten – die Lichtreflexion der Rolex oder eines teuren Amuletts verwechseln Haie manchmal mit Fischschuppen (oder Fischsuppe).

Sollte tatsächlich ein großer Hai in Ihrer Nähe auftauchen, so gibt es zunächst keinen Anlass, gleich das Schlimmste zu befürchten. Der Satz «Er will doch nur spielen» besitzt im Ozean tatsächlich noch Gültigkeit. Oft beobachten Haie einen Menschen nur freundlich aus der Distanz, stupsen ihn an oder beißen leicht zu, aber nur, um das potenzielle Spielobjekt an der Flucht zu hindern, nicht um es zu töten. Sogar wenn das Tier fest zubeißen sollte, besteht kein Grund zur Panik. Von harten Schlägen gegen Augen und Kiemen lassen sich Haie schnell beeindrucken. Als geübter Opportunist setzt ein Hai einen Angriff nur dann fort, wenn er sich sicher ist, dass er den Kampf auch gewinnt.

34. MÄNNER

IM BETT MIT DEM MONSTER

Gewalttätig, launisch, betrügerisch – das gefährlichste Tier der Welt ist der Mann.

Der Mann in der Öffentlichkeit: 99,99 Prozent aller Sexualdelikte und 99,9 Prozent aller Raubüberfalle werden von Männern begangen. Der männliche Anteil bei Mord und Totschlag liegt bei 85 Prozent, bei Sachbeschädigung sind Männer in mehr als 90 Prozent aller Fälle die Täter. Wechseln Sie daher schleunigst die Straßenseite, wenn Ihnen ein Mann entgegenkommt. Beachten Sie beim Überqueren der Straße aber, dass Männer für über 90 Prozent aller Verkehrsdelikte (überhöhte Geschwindigkeit, Fahren bei roter Ampel etc.) verantwortlich sind, und seien Sie entsprechend vorsichtig. Sollten Sie einen Mann in einem Supermarkt sehen, rufen Sie am besten gleich die Polizei. Betritt ein Mann einen Laden, dann ist die Gefahr für Warenbestand, Kasse oder Beschäftigte so hoch, als würde sich ein gewalttätiger Mob von 25 bis 30 Frauen zusammenrotten.

Der Mann im Büro: Auch wenn Männer überproportional häufig arbeitslos werden und Frauen dank höherer Bildung und den berühmten Softskills besser für das Zeitalter der Wissensgesellschaft gerüstet sind, ist es derzeit leider noch nicht möglich, in einem 100 Prozent männerfreien Umfeld zu arbeiten. Passen Sie «auf Arbeit» also gut auf sich auf! So gut wie alle sexuellen Belästigungen und Gewalttaten am Arbeitsplatz gehen von Männern aus. Überraschend dann aber doch die Tatsache, dass Männer, die gemeinhin stolz sind, ihre Emotionen und Aggressivität offen durch Machorituale wie Ringkämpfe oder Armdrücken auszuleben, auch ein Talent dafür zu besitzen scheinen, die lieben Kollegen auf subtile Art und Weise fertigzumachen. Auch bei Mobbing sind die Täter überwiegend Männer und Frauen die Opfer. Seien Sie deshalb auf das Schlimmste gefasst, sobald Sie mit einem Mann eine geschäftliche Beziehung eingehen. Mehr als 50 Prozent der Kerle betrachten Lügen und Betrügen als legitime Erfolgsstrategien. Haben Sie auch keine Skrupel, wenn Sie die Gelegenheit haben, einen Mann einer Straftat zu überführen und ihn ins Gefängnis zu bringen. Er wird sich dort wohl fühlen, denn er ist unter seinesgleichen: 96 Prozent der Häftlinge sind männlichen Geschlechts.

Der Mann in Ihrem Bett: Sie leben wirklich mit einem Mann zusammen? Ziehen Sie bei nächster Gelegenheit unauffällig aus. Die generelle Neigung des Mannes zu Kriminalität und Gewalt sollte Ihnen nun bereits bekannt sein. Als Ehefrau oder Lebenspartner eines Mannes sind Sie außerdem das bevorzugte Opfer von häuslicher Gewalt, die zu über 90 Prozent von Männern ausgeht. Für den Fall, dass Sie es unsinnigerweise nicht übers Herz bringen, sich von Ihrem Mann zu trennen, bleibt Ihnen nichts anderes übrig, als auf den Faktor Zeit zu setzen. Männer erreichen den Höhepunkt ihrer kriminellen Karriere mit 25 Jahren (Frauen schon mit 16). Statistiken legen nahe, dass Hochzeit oder Vaterschaft oft als Startpunkt in ein zivilisiertes Leben dienen. Eine Ehefrau bringt auch ein Opfer für die Gesellschaft, indem es ihr vielleicht gelingt, einen Mann zu zähmen und von der Straße zu holen.

Vermeiden Sie es, den Mann unter Erfolgsdruck zu setzen. Über 75 Prozent der Männer sind auf Statussymbole wie Haus und Auto fixiert und dementsprechend frustriert und wütend, wenn es im Job mal nicht so gut läuft. Bringen Sie Ihrem Mann viel Liebe und Verständnis entgegen, und verringern Sie so die Wahrscheinlichkeit, dass er aus Unzufriedenheit oder Geltungstrieb heraus wieder zum Gewalttäter oder Kriminellen wird. Ermutigen Sie Ihren Mann, über seine Gefühle zu sprechen, und beschummeln Sie ihn bloß nicht beim Skat. Für nur 50 Prozent aller Frauen, aber fast 100 Prozent aller Männer ist Betrug beim Kartenspielen ein absolutes Tabu. Der Soziologe Dieter Otten ist sich sicher: «Die moralische Stabilität des Mannes ist beim Kartenspielen am höchsten.» Versuchen Sie, dieses moralische Empfinden langsam auf andere Bereiche wie Behandlung von Frauen oder Broterwerb auszudehnen.

DIE ECHTE SICHERHEITS-SOFTWARE

Vier Programme, die auf keinem Smartphone fehlen sollten.

Das Telefon war einmal ein soziales Werkzeug, das man verwendete, um den Kontakt zu Freunden und Bekannten herzustellen. Heute zeigt uns das Gerät auch an, welche Orte und Menschen wir besser meiden sollten. Spezielle Software-Programme und Google-Anwendungen machen das Smartphone-Display zu einem personalisierten Radarschirm, auf dem feindliche Objekte und Gefahren auftauchen. Die Pinnnadeln und Punkte auf der Internetweltkarte, die normalerweise Hotels und Sehenswürdigkeiten markieren, stehen in diesen Programmen für Infektionsherde, Tatorte und Katastrophengebiete. Ein Klick, und man bekommt eine Handlungsanweisung: Stay! Go! Bleib lieber zu Hause! Nimm die Beine in die Hand! Der Computerbildschirm wird zu einer Ampel. Rot, Orange und Gelb. Nur Grün leuchtet selten.

Google Flu Trends: Google weiß nicht nur, welche Musik wir hören oder wo wir unseren nächsten Urlaub planen, sondern auch, wie es der Population in einer bestimmten Region gesundheitlich geht. Ein Mensch, der sich krank fühlt, geht nicht mehr sofort zum Arzt, sondern tippt seine Symptome in das Suchfenster ein, um eine Online-Apotheke oder eine Liste mit Hausmitteln zu finden. Je öfter in einer Region nach Begriffen wie Fieber, Grippe, Halsschmerzen gesucht wird, desto höher ist die Wahrscheinlichkeit, dass dort gerade eine Grippe-Epidemie ausbricht. Auf der Webseite Google Flu Trends markieren die Datenmagier die aktuellen Infektionsherde auf einer Weltkarte und liefern den Nutzern so eine Echtzeit-Reisewarnung.

QuakeWorld: Im Frühjahr 2010 war die populärste Software für das iPhone der Firma Apple kein Videospiel und auch kein Reiseführer, sondern das Programm QuakeWorld, das «aktuelle und historische Erdbeben anzeigt». Die Anwendung sammelt die Daten von seismographischen Forschungsinstituten und zeigt Zeitpunkt, Epizentrum und Stärke eines Erdbebens an. Das Programm berechnet automatisch die Distanz des Bebens zur aktuellen Position und verschickt Tsunami-Warnungen. Der Nutzer kann so die relative Erdbebengefahr seiner Heimat oder des Urlaubsziels analysieren, sieht dem Erdball beim Zittern und Wanken zu, bekommt mehr als 200 Beben pro Tag mit, in Frankreich, Finnland, Sibirien und im Pazifik. Als Bonusmaterial sind Landkarten und Datenblätter von epochalen Erdbeben verfügbar, sowie die historischen Höchstwerte auf der Richterskala und Opferzahlen.

Offender Locator: Die IT-Firma ThinAir Wireless verkauft ihren Kunden nicht nur Bits und Bytes, sondern, wie der CEO Eric Smith gerne betont, auch «Peace of Mind» (friedliche Entspannung). Die von dem Unternehmen entwickelte iPhone-App Offender Locator erfasst die Adresse des eigenen Wohnhauses (oder die aktuelle Position per GPS) und zeigt an, ob, und wenn ja, wo in der unmittelbaren Umgebung vorbestrafte Sexualstraf-

Der Alarmmelder: Smartphones, Computer und iPads werden nicht nur zum Arbeiten und Kommunizieren genutzt, sondern auch, um sich über Gefahren zu informieren. Besser man löst ab und zu den Blick vom Bildschirm und macht aus dem iPad wieder ein Spielgerät.

1

2

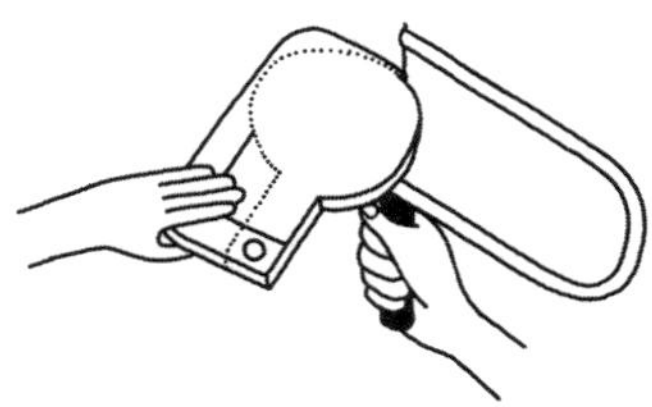

3

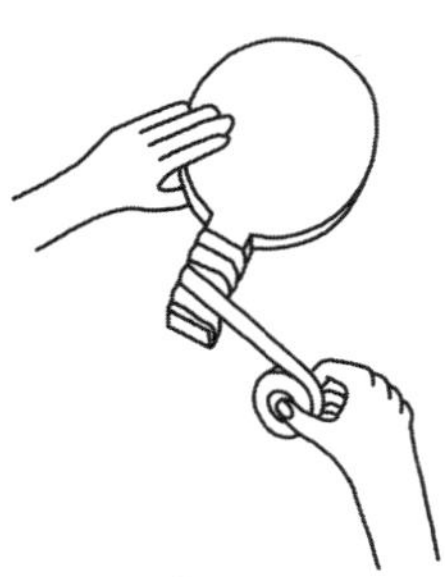

4

5

täter wohnen. Die Nutzer können sogar das Foto des Subjekts sowie eine Zusammenfassung des Urteils herunterladen. In Europa sind diese Daten nicht öffentlich verfügbar. Aber Programme wie CrimeReports funktionieren auch hier. Diese Programme sammeln Polizeiberichte und zeigen, so der Hersteller, «14 verschiedene Verbrechensarten wie Mord, Einbruch oder Raubüberfall» auf einer Landkarte an. Das Programm Dangerzone bietet eine ähnliche Analyse für Verkehrsunfälle an, hier kann man sogar sehen, wie alt die beteiligten Personen waren, ob es sich um Männer oder Frauen handelte und ob Alkohol im Spiel war. Die Markierungen auf den Landkarten von Offender Locator und Dangerzone suggerieren dem User, dass er seine Sicherheit erhöht, wenn er diese Regionen meidet, und produzieren so No-Go-Areas.

Scanner 911: Das Abhören des Polizeifunks, so denkt man, ist eigentlich ein Hobby, das eher in kriminellen Kreisen gepflegt wird als in der heilen Vorstadtwelt. Aber das war einmal. Denn mit dem Programm Scanner 911 können auch Menschen ohne UKW-Sender und Kenntnisse über Notfallfrequenzen die Kommunikation der sogenannten First Responders (Erstretter) überwachen, also dem Funkverkehr der New Yorker Feuerwehr lauschen oder der Polizei in Los Angeles bei der Arbeit zuhören. Das Programm erstellt automatisch Hitlisten der beliebtesten und aktivsten Kanäle – was offenlegt, dass es hier nicht nur um das Sicherheitsbedürfnis der Nutzer geht, sondern auch um ihre Unterhaltungssucht. Auf der Webseite des Herstellers von Scanner 911 tauschen sich Fans über die «gefährlichsten» (sprich: unterhaltsamsten) Städte aus und blättern im Lexikon der Funk-Codes. Das Programm ist nicht nur ein tolles Spielzeug für den abgestumpften Katastrophen-Voyeur, sondern auch für Verschwörungstheoretiker, die überzeugt sind, dass Behörden und Massenmedien einen Terroranschlag oder Reaktorunfall geheim halten würden.

36. ÜBERLEBENSKÜNSTLER (II)

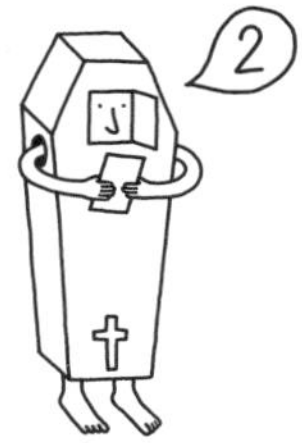

HANDREICHUNGEN DER HELDEN (II)

**Manche Menschen sind nicht totzukriegen.
Was sagt uns das? Improvisation ist eine Tugend!**

Die Danakil-Wüste in Nordostafrika befindet sich 110 Meter unter dem Meeresspiegel. Selbst in der kühlsten Jahreszeit sinken hier die Temperaturen kaum unter 50 Grad, Schwefelquellen verbreiten einen giftigen Gestank, und ab und zu bricht ein Vulkan aus. Um sich in der lebensfeindlichen Umgebung aufzuheitern, haben die Wüstenbewohner aus dem Hirtenvolk der Afar den Brauch entwickelt, fremden Besuchern den Penis abzuschneiden und ihn als Trophäe mitzuführen.

In diesem «Höllenloch der Schöpfung» erlebte der deutsche Abenteurer Rüdiger «Sir Vival» Nehberg seinen Überfall Nummer 11. Die vier Afar-Krieger trugen Turban, karierte Röcke sowie Speere und Kurzschwerter. Die Wegelagerer verhandelten so lange mit den beiden von Nehberg engagierten Leibwächtern, dass dem professionellen Draufgänger, der alle Wüsten, Dschungel, Steppen und Meere des Planeten überquert hat, ein wenig langweilig wurde. Das klingt verrückt. Aber es war ja wie gesagt bereits der elfte Überfall seines Lebens. Nehberg kramte also in seinem Reisegepäck und suchte nach seinen Malaria-Tabletten. Die Pillendose erregte das Interesse der Räuber. Ob Nehberg Arzt sei? Ob er ihnen gar helfen könnte gegen das Kopfweh und die Hörprobleme, die die Wüstensöhne so plagten? Nehberg traf binnen Sekunden eine Entscheidung und gab jedem der Räuber sechs Schlaftabletten, die diese ohne Zögern hinunterschluckten. Anschließend setzte Nehberg seinen Weg fort. Die Räuber blieben schlafend zurück.

Wenige Tage später, immer noch in der Danakil-Wüste, ereignete sich Überfall Nummer 12. Diesmal diskutierten die Räuber nicht lange, mit ihren Waffen hielten sie Nehberg immer auf Distanz. Sie durchwühlten das Gepäck, fanden tausend Dollar, brachen in Jubel aus, verabschiedeten sich höflich per Handschlag und verschwanden. «Ich war bewaffnet, ich hätte mich schon wehren können», erinnert sich Nehberg, «aber man muss auch wissen, wann sich der Einsatz nicht lohnt.» Mittlerweile hat Nehberg schon 25 Überfälle erlebt (und 26 Survival-Bücher geschrieben), im Grunde könne er aber nur zwei Ratschläge zum Thema geben: «Riskieren Sie nicht zu viel. Besser man ist nackt als tot. Außerdem kommt es darauf an, geistesgegenwärtig zu sein, im richtigen Moment die richtige Idee zu haben. Aber das können Sie nicht im Voraus planen. Jeder Überfall auf mich war anders. Der menschlichen Bosheit und Phantasie sind keine Grenzen gesetzt.»

37. MASSENPANIK

DER MENSCH ALS ELEMENTARTEILCHEN

Gefangen in einer Lawine aus Furcht und Fleisch: So überlebt man Loveparade und Hadsch.

Eine Massenpanik ist keine Naturgewalt wie ein Erdbeben oder ein Tsunami: Menschen erdrücken Menschen in von Menschen gebauten Räumen. Das heißt, dass man Katastrophen wie die der Loveparade in Duisburg im Juni 2010, bei der 21 Menschen ums Leben kamen, theoretisch vermeiden können müsste. Eine Einzelperson hat natürlich wenig Einfluss auf bauliche Beschaffenheit und das Sicherheitskonzept einer Großveranstaltung, kann sich aber trotzdem vorbereiten: Allein im Jahr 2008 starben weltweit mehr als 4000 Menschen bei Massenpaniken – mehr als zehnmal so viele wurden verletzt. Der Trend ist in diesem Fall der Feind der Menschheit, denn auf Grund von Bevölkerungswachstum (2050: 9,2 Mrd. Menschen) und dem zunehmenden Hang zu Großveranstaltungen und Mega-Events (Papst-Besuch, Public Viewing, Premiere des neuesten Vampirfilms) steigt die Wahrscheinlichkeit von Massenpaniken an. Es wird eng auf dem Planeten Erde.

Die Location: Einer der gefährlichsten Orte der Welt liegt in Mekka, Saudi-Arabien. An der Dschamarat-Brücke mitten in der Altstadt machen Millionen muslimischer Pilger jedes Jahr halt, um kleine Kieselsteine auf eine große Steinstele zu werfen. Die «symbolische Steinigung des Satans» ist der wichtigste Tagesordnungspunkt der Hadsch. Entsprechend viele Menschen drängen zu der Brücke, entsprechend energisch treten sie an diesem Ort auch auf: Die Dschamarat-Brücke ist ein langgestreckter, enger Schlauch, an dessen Ende ein Flaschenhals oder Nadelöhr liegt. Eine Konstruktion, die Sicherheitsexperten blass werden lässt, denn ein kanalartiger Raum, in dem keine Wellenbrecher oder andere Bauelemente den Menschenfluss «takten» und ordnen, und in dem auch der Weg zur Seite versperrt ist und der Druck der nachströmenden Massen kein Ventil findet, wird schnell zur Todesfalle. Auf der Dschamarat-Brücke starben im Jahr 1990 einmal 1426 Pilger, 1998 waren es 118 Menschen, 2006 346. Erst im Jahr 2010 wurde die «Brücke des Todes» durch eine fünfstöckige Hightech-Konstruktion ersetzt (made in Germany). Besucher von Massenveranstaltungen sollten Tunnels und Betonkanäle also prinzipiell meiden, und lieber einen Umweg in Kauf nehmen. Es schadet nicht, darauf zu achten, ob und wo der Veranstalter Fluchtwege und Ausweichmöglichkeiten geschaffen hat, so schärft man zum einen sein Orientierungsvermögen und entwirft eine innere Landkarte und gewinnt zum anderen einen Eindruck von der Professionalität des Sicherheitskonzepts. Keine Notausgang-Zeichen? Schlechtes Zeichen!

Das Körpergefühl: Unter normalen Umständen können sich Menschenmengen selbst organisieren und dabei Probleme und Staus kollektiv lösen. Die Slacker und Shopper, Mover und Shaker, die sich auf dem Times Square oder dem Berliner Hauptbahnhof so dicht und doch so kontrolliert aneinander vorbeischieben, verhalten sich ganz ähnlich wie Heringe oder Stare, folgen unausgesprochenen Regeln wie «Folge dem Fisch vor dir» und «Halte die Geschwindigkeit des Vogels neben dir». Der Dresdner Komplexitätsforscher Dirk Helbing hat herausgefunden, dass die mittlere Dichte der Fußgänger einen Schwellenwert von vier Personen pro Quadratmeter nicht überschreiten darf. Wenn doch, kann auch ein Meister der Körperbeherrschung und Balance wie ein Artist oder Kung-Fu-Kämpfer selbst die leichtesten Stolperer und Schubser nicht mehr ausgleichen, rempelt die Vorangehenden an oder fällt und bildet ein Hindernis für die nachfolgenden Menschen, die dann wiederum andere Menschen anstoßen oder zu Boden gehen – ein sich selbst verstärkender Prozess beginnt, der den Menschenstrom, der gerade noch so friedlich seinem Ziel entgegenfloss, in kürzester Zeit in einen reißenden Bergfluss verwandelt (auf Videoaufnahmen aus Mekka, die Helbig auswertete, kann man regelrechte Strudel und Wellen erkennen, die sich in der Menschenmenge bilden).

Im gefährlichen Gedrängel hat der Einzelne wenig Interventionsmöglichkeiten, nicht nur, weil er feststeckt, sondern auch weil seine Psyche durch die bedrohlichen Umweltreize, die Schreie, Schläge und das schwere Schnaufen immer instabiler wird. Psychologen sprechen vom «Panikzustand», bei dem Stresshormone ausgeschüttet werden, was dazu führt, dass Individuen vermindert Zugang zu ihren rationalen Kontrollzentren haben, dass Flucht zur absoluten Priorität wird und soziale Kompetenzen wie Empathie und Kommunikation praktisch abgeschaltet werden. Die Schreie und die verzerrten Gesichter der Umstehenden verstärken den Effekt. Den Ratschlag «ruhig Blut» hält der Psychologe Steffen Fliegel für wenig hilfreich: «Solange die Panikschwelle noch nicht überschritten ist, kann ich nachdenken und schauen: Wo bin ich hier, wo gibt es einen Weg für mich. Aber wenn dann der Druck von hinten kommt, ich mich gar nicht mehr halten kann, dann werde ich mich in die Bewegung einklinken.» Das ist natürlich beunruhigend – aber machen Sie sich zumindest keinen Vorwurf, dass Sie nicht mehr rational handeln können.

Die Kommunikation: Eine verheerende Massenpanik auf einer Brücke in Phnom Penh, Kambodscha, wurde im November

2010 durch das Gerücht ausgelöst, dass die Konstruktion bald zusammenbrechen würde. Die Brücke blieb stabil und hielt das Gewicht der Massen aus. Und trotzdem mussten 456 Menschen sterben. Das Problem bestand nicht in der Statik der Brücke, sondern in der Psychodynamik der Passanten. Eine Menschenmasse, die den Point of no Return überschritten hat, kann auch durch Lautsprecherdurchsagen und Massen-SMS nicht wieder beruhigt werden. Trotzdem ist es wichtig, die Kommunikation zwischen den einzelnen Teilen, die durch den Panikzustand zusammengebrochen ist, wieder herzustellen. Es kann zumindest nicht schaden zu versuchen, den von Angst gepeinigten Menschen um Sie herum das Gefühl zu vermitteln, dass «alles wieder gut wird». Verwenden Sie Sätze wie «Ich bin sicher, dass die Rettungswagen schon unterwegs sind» oder «Die Sicherheitskräfte werden das bestimmt gleich unter Kontrolle haben». Auch wenn die Lage verzweifelt ist: Treten Sie ruhig und klar auf, vermitteln Sie Sicherheit und sprechen Sie langsam und deutlich. Versuchen Sie auch andere Menschen, die noch nicht (völlig) von der Panik ergriffen sind, in die Verantwortung zu nehmen. «Wenn Sie und ich ruhig bleiben, können wir die anderen beruhigen. Wollen Sie mir helfen?»

Der Ausweg: Eine Massenpanik baut sich langsam und unsichtbar auf, wie ein Sturm hinter dem Horizont, aber wenn das Donnern und der Tumult erst einmal losbrechen, dann können Menschen binnen weniger Sekunden getötet werden. Opfer von Massenpaniken werden nicht zerquetscht oder zertrampelt, sondern sterben an Sauerstoffmangel: Bereits nach 30 Sekunden kann man das Bewusstsein verlieren. Nach sechs Minuten tritt der Hirntod ein. Einen sicheren Ausweg aus der Lawine aus Fleisch und Furcht gibt es leider nicht. Für ein sehr unangenehmes Gedrängel, das sich noch nicht vollständig verselbständigt hat, haben Computer die Strategie berechnet, dass man sich am besten zu 60 Prozent mit der Gruppe treiben lassen und zu 40 Prozent nach eigenen Auswegen suchen sollte. Man sollte auf jeden Fall versuchen, auf den Beinen zu bleiben. Denn wer zu Boden geht, über den steigen die Nachfolgenden hinweg – nicht aus bösem Willen, sondern weil sie kein Wahl haben. Es wird oft beklagt, dass der Mensch in solchen Situationen keine Moral und Menschlichkeit zeige und über Alte und Kinder hinweg trample. Das Problem ist jedoch nicht, dass Menschen kein Mitgefühl zeigen würden, sondern überhaupt helfen: Viel zu oft halten Menschen an, wollen Menschen aufhelfen und bilden einen Schutzring um das Opfer. «Wer hilft, riskiert sein und anderes Leben», stellt Anders Johansson klar, der als Massenforscher am Zentrum für Raum-Analyse am University College London arbeitet. «Wer sich bückt, wird selbst umgestoßen» und sorgt für weitere Strudel und Störungen, die das Tempo und den Druck in der Masse erhöhen. Gegen den Strom hat man keine Chance. Bewegen Sie sich also mit der Masse und versuchen Sie, sich Stück für Stück seitwärts herauszubewegen. Der beste Moment ist, wenn die menschliche Menge nach hinten zurückweicht. Wiederholen Sie diese Bewegung, bis Sie den Rand des Geschehens erreichen, sich aus der Masse herauslösen können und wieder zum Menschen werden.

38. STRASSENVERKEHR

HELM AUF IM AUTO

Und sechs weitere Regeln, die nicht auf dem Lehrplan der Fahrschule stehen.

Der Mann hat in 90 Prozent aller Fälle einen dicken Bauch, fettige Haare und macht gerne schlechte Witze. Trotzdem ist der Fahrlehrer die letzte Autorität, die die Moderne überstanden hat. Schon Grundschüler lernen, dass man dem Deutsch- oder Mathematiklehrer widersprechen darf (und für diese individualistisch-kritische Performance von den Eltern auch noch gelobt wird). Im 21. Jahrhundert bittet auch kein Mensch mehr den Pfarrer um Tipps für gute und gesunde Lebensführung. Und selbst in der Arztpraxis stellt der Patient die Diagnose und Therapievorschläge, die der Herr Doktor auf den Rezeptblock kritzelt, in Frage: «Auf Wikipedia habe ich das aber anders gelesen.» Der Fahrlehrer jedoch sitzt weiter auf dem Thron (Beifahrersitz mit Pelz- oder Holzperlenüberzug), er ist ein mobiler Gott, allwissend und allmächtig, der mit seinem Steuerrad- und Pedalen-Set jederzeit die Entscheidungen des Schülers überstimmen und ungeschehen machen kann. Alles, was wir über die Sicherheit im Straßenverkehr wissen, wissen wir aus der Fahrschule. Dass das zu wenig ist, zeigt ein Blick in die Verkehrsstatistik.

Jedes Jahr sterben in Deutschland rund 4000 Menschen auf der Straße, dazu kommen noch einmal 10 000 lebensgefährlich Verletzte. Die Wahrscheinlichkeit, bei einer Autofahrt zu verunglücken, ist hundertmal höher als bei einer Bahnreise. Um wirklich sicher zu fahren, benötigen wir also nicht nur die banalen Tipps des Fahrlehrers («Grüner wird's nicht!»), sondern müssen auch wissenschaftliche Erkenntnisse nutzen, die in den letzten Jahrzehnten in unzähligen Experimenten und statistischen Auswertungen gewonnen wurden. Hier sind sieben Lektionen, von denen Ihr Fahrlehrer garantiert noch nie gehört hat:

Lassen Sie das Auto bei gutem Wetter in der Garage stehen. Autokonzerne bewerben ihre Produkte gerne mit TV-Spots, in denen lächelnde Menschen mit Sonnenbrillen die Karren über makellose Hightech-Autobahnen oder sportlich anspruchsvolle Serpentinenstraßen ohne Gegenverkehr lenken. Und immer scheint die Sonne. Die Werbung sollte verboten werden, denn je schöner das Wetter ist, desto gefährlicher die Autofahrt. Zugegeben: Bei winterlichen Straßenbedingungen steigt die Unfallgefahr, gleichzeitig sinkt jedoch die Zahl der Todesopfer dramatisch. Eis und Schnee wirken als psychischer Bremseffekt bei den meisten Fahrern, sie fahren langsamer. Vierzig Prozent aller Toten im Straßenverkehr sind Opfer überhöhter Geschwindigkeit. Deswegen sind auch die bei ADAC-Ortsgruppen so unbeliebten Stoßzeiten zu empfehlen: Außerhalb der Hauptverkehrszeiten enden nämlich acht von tausend Kollisionen tödlich, während der Rushhour, im zähen Stop-and-go-Verkehr, sind es nur drei von tausend. Vielleicht ist das ein Trost für den nächsten Jahrhundert-Stau: Je unglücklicher ein Autofahrer ist, desto sicherer ist er auch.

Weichen Sie Alkoholikern aus. Bei zwölf Prozent aller tödlichen Unfälle spielt Alkohol eine Rolle. Jeder Mensch, der bei klarem Verstand ist, hat für sich selbst längst eine Null-Promille-Grenze eingeführt. Viel wichtiger ist aber, sicherzustellen, dass auch die anderen Fahrer, die einem mit 120 Stundenkilometer auf der Bundesstraße entgegenrasen, nüchtern sind. Es empfiehlt sich deshalb, Autofahrten eher am Morgen zu unternehmen anstatt am Abend, und an Feiertagen oder nach der Übertragung wichtiger Fußballspiele ein S-Bahn-Ticket zu lösen. Wer an einem Sonntag um drei Uhr morgens Auto fährt, hat dank der betrunkenen Disko-Besucher ein 134-mal höheres Risiko, ums Leben zu kommen als jemand, der am gleichen Tag um zehn Uhr zum Gottesdienst unterwegs ist.

Lassen Sie niemals einen geschiedenen Mann ans Steuer. Vielleicht ist es tatsächlich so, dass Frauen nicht einparken können, sicher aber ist: Männer können nicht Auto fahren. Männer kommen wesentlich häufiger bei Verkehrsunfällen ums Leben – und das liegt nicht daran, dass Trucker, Schausteller und Gelber Engel noch immer reine Männerberufe sind. Pro 100 Millionen Fahrminuten, rechnen Statistiker aus, sterben Männer beinahe doppelt so oft wie Frauen. Das liegt daran, dass Männer öfter betrunken sind und auch riskanter fahren. Eine Scheidung oder Trennung erhöht das Risiko eines Verkehrsunfalls, an dem der Fahrer zumindest eine Mitschuld trägt, um das Vierfache. Wenn es sich schon nicht vermeiden lässt, dass der Mann auf dem Fahrersitz Platz nimmt, sollte man ihn wenigstens nicht allein im Auto lassen (auch wenn das etwas selbstmörderisch klingt). Die zusätzliche Masse, die ein Beifahrer mitbringt, kann bei einem Frontalzusammenstoß das Todesrisiko des Fahrers um 7,5 Prozent senken. Besonders Frauen auf dem Beifahrersitz bewirken, dass Männer vorsichtiger fahren. Diese Regel kehrt sich bei männlichen Fahranfängern allerdings um: Um ihre Beifahrerin zu beeindrucken, nehmen die Neulinge wesentlich höhere Risiken in Kauf.

Setzen Sie sich auf den ungeliebten Platz hinten in der Mitte. Es ist nicht besonders erstaunlich, dass bei persönlichkeitsgestörten Menschen die Wahrscheinlichkeit, in einen schweren Unfall verwickelt zu werden, um den Faktor zehn erhöht ist. Aber auch Ärzte geraten überproportional häufig in tödliche Unfälle, vermutlich, weil sie oft unter Zeitdruck stehen und übermüdet sind. Für den Fall, dass man mit einem persönlichkeitsgestörten Arzt (um drei Uhr am Sonntagmorgen) unterwegs ist, sollte man nicht auf dem Beifahrersitz Platz nehmen, sondern hinten. Das mag unhöflich wirken, aber das Todesrisiko ist hier um 26 Prozent geringer.

Umgehen Sie sächsische Landstraßen weiträumig. Hochgeschwindigkeitsstrecken ohne Tempolimit und der hektische Stadtverkehr sind überraschenderweise weniger gefährlich als die einsamen Straßen in Richtung Nirgendwo. Landstraßen haben eine zweieinhalbmal so hohe Unfallopferrate wie alle anderen Straßentypen. Falls man doch einmal auf so eine Todesstrecke gerät, gilt es, vor allem in den Kurven besondere Vorsicht walten zu lassen: Landstraßenkurven sind sechsmal so gefährlich wie Autobahnkurven. In Sachsen-Anhalt und Brandenburg ist der Anteil der Toten an der Gesamtbevölkerung mehr als doppelt so hoch wie in Nordrhein-Westfalen.

Kaufen Sie einen alten Kleinwagen. In Geländewagen, SUVs und Pick-ups sterben mehr Menschen als in jeder anderen Fahrzeugart. Große Autos sind gefährlich, da sie oft von Männern gefahren werden (Alkohol, Risiko, das alte Lied). Fahrer von Kleinwagen hingegen achten statistisch gesehen auf den Abstand zum Vordermann und halten das Lenkrad mit höherer Wahrscheinlichkeit mit beiden Händen. Besitzer von Neuwagen fahren wesentlich riskanter als Besitzer älterer Modelle, vermutlich, weil sie sich zu sehr auf die beruhigenden Sicherheitsfeatures wie Airbag, ABS und den Mythos der Knautschzone verlassen.

Tragen Sie einen Helm. Während Opa zum Autofahren noch Lederhandschuhe mit Lochstanzung und einen Kaschmirschal trug, sind automobile Accessoires in den vergangenen Jahren etwas aus der Mode gekommen. Zu Unrecht! Ein feuerfester Anzug, wie ihn etwa Formel-1-Piloten tragen, könnte viele Leben retten. Viel wichtiger noch wäre aber ein stabiler Helm. Kopfverletzungen machen die Hälfte aller durch Verkehrsunfälle verursachten Behandlungskosten aus. Es ist kaum zu begründen, dass Autofahrer als einzige motorisierte Verkehrsteilnehmer keinen Helm tragen müssen. Eine Helmpflicht könnte etwa 25 Prozent aller tödlichen Verletzungen verhindern.

39. PANIKATTACKEN

NUR DIE RUHE

Die besten Strategien gegen Angstattacken beim Lesen der *Bild*-Zeitung oder dem Untergang eines Luxusdampfers.

Als im September 1994 die Estonia in der Ostsee versank, machten viele der Passagiere an Bord einfach – überhaupt nichts. Sie standen in Gruppen herum, unterhielten sich leise und fingen noch nicht einmal die Rettungswesten auf, die man ihnen zuwarf. Und als im Jahr 1977 bei einem Großbrand der Beverly Hills Supper Club abbrannte und 165 Menschen getötet wurden, bestellte sich einer der Gäste an der Bar noch einen Cocktail *to go* für den Fluchtweg. Entgegen dem Klischee verhalten sich Menschen in Todesangst fast nie egoistisch oder überlebensfanatisch, eher hetzen sie ein wenig ziellos hin und her: «Das eigentliche Problem ist aber, dass viele Menschen einfach einfrieren, sich überhaupt nicht mehr bewegen», sagt die Risikoexpertin Amanda Ripley. «Wir nennen das die ‹negative Panik›.» Orkan, Großbrand, Virenattacke – noch schlimmer und schädlicher als das eigentliche Unglück ist die falsche Reaktion der Betroffenen. Aber das muss nicht so sein. Amanda Ripley glaubt: «Wer versteht, wie sein Gehirn unter Stress arbeitet, kann seine Überlebenschancen massiv vergrößern.»

Die Techniken der Panikbekämpfung sind nicht nur für Vielflieger oder die Bewohner von Erdbebenregionen relevant. Allein in Deutschland leiden rund 2,5 Millionen Menschen an Angsterkrankungen (Phobien), fürchten sich vor Spinnen, Schlangen, Menschenmassen, sozialem Versagen, vor Flugzeugen, dem Büro, dem Alleinsein und, wenn sie dann doch mal jemanden gefunden haben sollten, auch vor dem Sex (Cypriphobie). Millionen von Zeitungslesern und TV-Konsumenten sind potenzielle Opfer von medieninduzierten Paniken, die von Reizwörtern wie «Dioxin, Al-Qaida, S-Bahn, Deutsche Bahn, Blitzeis und Zuwanderung» ausgelöst werden und eine kaum zu überschätzende Wirkung haben. So unterschiedlich die Ursachen auch sein mögen, so ähnlich sind die Symptome: Atemnot, Schwindel, Übelkeit, Herzklopfen bis Herzrasen, Hitzewallungen, Erstickungsgefühle, maßlose, ungerichtete Wut oder ein Gefühl der totalen Ohnmacht. Ein optimiertes Panik-Management ist sowohl auf individueller als auch auf gesellschaftlicher Ebene absolut notwendig.

1. Verstehen Sie die Furcht: Wenn die Menschendichte im Aufzug das erträgliche Maß überschreitet, die *Bild*-Schlagzeile größer wird als zehn Zentimeter oder plötzlich ein Mann mit Pistole und Strumpfmaske auftaucht und unsere Alltagsillusion zerreißt, dann wird der Mensch ein Opfer seiner Höhlenbewohner-Herkunft: In Sekundenbruchteilen werden alle höher entwickelten Mechanismen in unserem Gehirn abgeschaltet und die entwicklungsgeschichtlich alten Teile wie die paarig auftretende Amygdala aktiviert. Die Nebennierenrinde schüttet Adrenalin aus, das Herz schlägt schneller, der Atem geht hektisch und die Muskeln spannen sich an. Der Notfallmodus des Steinzeitmenschen war gut geeignet, um einem wütenden Wollnashorn zu entkommen, für moderne und typischerweise wesentlich komplexere Überlebenssituationen ist es aber das falsche Set-up. Ein Mensch «voll auf Adrenalin» ist oft schon mit der Frage überfordert, wie man den Sicherheitsgurt öffnet oder was diese komischen Masken zu bedeuten haben, die plötzlich überall im Flugzeug von der Decke baumeln. Und schon gar nicht ist er fähig, die komplexen Zahlenkolonnen zu verstehen, mit denen ein Wissenschaftler erklären will, warum wir doch nicht an der Schweinegrippe sterben müssen.

Die stille Panik, das Erstarren im Angesicht der Katastrophe, hat einen evolutionären Sinn: Raubtiere verschmähen oft ein potenzielles Opfer, das sich nicht wehrt, da sie fürchten, dass ihre Beute krank oder ungenießbar sein könnte. Leider ist es keine gute Idee, sich im 32. Stock eines brennenden Hochhauses tot zu stellen. Feuer kennt keine Furcht und hat einen unstillbaren Appetit. Der amerikanische Psychologe und Neurowissenschaftler Joseph LeDoux glaubt, dass das Überleben in kritischen Situationen davon abhängt, ob es einer Person gelingt, die Alarmglocken im Kopf auszuschalten: «Man muss es schaffen, von dem Gedanken ‹Ich werde sterben› umzuschalten auf den Gedanken ‹Ich werde überleben›». Aber wie geht das?

2. Akzeptieren Sie die Furcht: Es kommt darauf an, im Notfall nicht die primitive Amygdala einzuschalten, sondern den Präfrontalen Cortex, also den guten Teil des Kopfes. Das wird Ihnen aber nur gelingen, wenn Sie Ruhe bewahren. Das Überlebensmotto der amerikanischen Air-Force-Piloten lautet: «Umarme das Monster». Damit ist gemeint, dass man aufkommende Panik nicht zwanghaft verdrängen sollte. Auch wenn es nur ein grell geschminkter Clown ist, der einen so in Wallung versetzt (Coulrophobie), lassen Sie die Furcht für ein paar Sekunden zu, erörtern Sie, was genau das Problem ist und wie Sie es lösen können (z. B. dem Clown die Schminke aus dem Gesicht reiben). Denken Sie daran, dass man so gut wie keiner Gefahr hilflos ausgeliefert ist und es meist einen Ausweg gibt. Steigern Sie sich nicht in Angstsituationen hinein, etwa durch Gedanken wie: «Trage ich außer dem Schweinegrippe-Virus auch noch einen Aids-Erreger in mir?»

3. Bekämpfen Sie die Furcht: In ihrer Ausbildung lernen Elitesoldaten, dass sie sich unter Maschinengewehrfeuer regelmäßige Auszeiten gönnen sollen. Atmen Sie im Notfall also vier Sekunden aus und dann vier Sekunden ein, wiederholen Sie diese einfache Übung, bis Sie sich beruhigt haben. Es mag esoterisch klingen, aber der Atem ist die Verbindung zwischen dem Verstand und dem Unterbewussten. Indem wir die Sauerstoffzufuhr kontrollieren, kontrollieren wir auch uns selbst. Diese Übung können Sie auch einem Fremden in der U-Bahn empfehlen, der beim Lesen des örtlichen Boulevardblatts plötzlich rote Flecken im Gesicht bekommt. Die Risikoexpertin Amanda Ripley schwärmt von der Ruhe im Auge des Sturms: «Am besten man wartet, bis alle plötzliche Bewegung aufhört, dann sucht man sich einen Bezugspunkt und teilt das Problem in handhabbare Teile auf.» Wer also in kaltes Wasser stürzt, sollte erst einmal versuchen, sich bei ruhiger Atmung über Wasser zu halten (→ Eiswasser, S. 200), dann nach einem Rettungsboot, einem vorbeiziehenden Wrackteil oder einer Eisscholle suchen und schließlich ruhig auf das Objekt zuschwimmen.

4. Beugen Sie der Furcht vor: Wenn erst einmal die Alarmglocken schrillen, sind die mentalen Fähigkeiten auf jeden Fall eingeschränkt. Beteiligen Sie sich deshalb an der Brandschutzübung in Ihrem Büro, prägen Sie sich die Position von Treppen und Feuerleitern ein, damit Sie diese Information im Notfall auch abrufbar haben (nur ein Drittel der Beschäftigten des World Trade Center kannten am 11. September 2001 die Lage der Treppenhäuser). Springen Sie an einem Wintertag in den vereisten Baggersee und härten Sie sich gegen den Kälteschock ab. Suchen Sie sich einen leeren, vereisten Parkplatz und bringen Sie Ihr Auto immer wieder gezielt ins Schleudern, bis die Brems- und Gegenlenkaktionen automatisiert ablaufen. Programmieren Sie Ihr

Gehirn zu einem Krisencomputer, der auf alle Situationen blitzschnell die richtige Handlung errechnet und ausführt.

«Der Zustand vor der Katastrophe ist wichtiger als die Katastrophe selbst», glaubt die Risikoforscherin Amanda Ripley. Gesunde und fitte Menschen lassen sich weniger leicht verunsichern und haben deshalb höhere Chancen, ein Unglück zu überstehen. Und noch etwas kann hilfreich sein: «Menschen mit übermäßigem Selbstvertrauen kommen spektakulär häufig heil davon.» Wer sich als Herr seines eigenen Schicksals sieht, wer nicht an Vorbestimmung und andere Verschwörungstheorien glaubt und auch in der Katastrophe noch wie der Regisseur des eigenen Lebens agiert, gerät nicht in Panik und handelt mutig, entschlossen und ruhig. Größenwahn ist besser als Angst.

40. ROBOTER

MASCHINENFRÜHLING

Spätestens im Jahr 2040 übernehmen Computer die Macht: Abwehrstrategien im Kampf gegen allzu intelligente Künstliche Intelligenz.

Im April 2009 hatte Staatsanwalt Leif Johansson einen mysteriösen Fall zu bearbeiten. Ein Arbeiter wurde in einer Fabrik im schwedischen Ort Bålsta angegriffen. Johansson hatte es mit schwerer Körperverletzung oder gar versuchtem Totschlag zu tun. Das Problem: Der einzige Verdächtige war ein Industrieroboter. Der Arbeiter hatte sich der scheinbar ausgeschalteten Maschine, die im Arbeitsalltag dazu verwendet wird, schwere Steine zu heben und zu zerkleinern, genähert, um eine Routinewartung durchzuführen. Plötzlich erwachte der Roboter zum Leben, ergriff den Kopf des Mannes mit, nun ja, eiserner Hand und ließ nicht mehr los. Der Arbeiter hatte großes Glück, kam mit Platzwunden und vier gebrochenen Rippen davon. Der Jurist Leif Johansson aber musste nun beurteilen, ob er den Roboter in ein Gefängnis stecken oder auf den Schrottplatz schicken sollte. Es war ein beispielloser Fall, der viele Fragen aufwarf. Wie befragt man eine Maschine über ihre Motive und Handlungen? Und: Fällt ein fabrikneuer Roboter nicht unter das Jugendschutzrecht? Johansson entschied sich dafür, die Fragen zu ignorieren, schob die Schuld auf die Betreiber der Maschine und belegte die Fabrik wegen Verletzung des Arbeitsschutzrechts mit einer Strafe von 3000 Euro. Der Fall war abgeschlossen.

Die Vorstellung und Furcht, dass die Menschheit eines Tages von Maschinen angegriffen wird, die ein eigenes Bewusstsein entwickelt haben und ihrem Schöpfer körperlich und geistig überlegen sind, plagt unsere Rasse schon seit Beginn der Industrialisierung. Karel Čapek, der Erfinder des Wortes Roboter, schrieb bereits im Jahr 1921 einen Roman, in dem er schilderte, wie sich eine Sklavenarmee superintelligenter Maschinen gegen die menschlichen Unterdrücker erhebt – *Spartakus Reloaded.* In der *Terminator*-Reihe wehrt sich der Maschinengeist Skynet mit Robotern, Kampfflugzeugen und computergesteuertem Atom-Erstschlag gegen die Menschen, die ihn offline schalten wollen.

Maschinen und Roboter sind schon in der Gegenwart keine gehirnlosen Gesellen. Computer schlagen die Menschen regelmäßig beim Schach und Online-Poker, und im Februar 2011 demütigte der IBM-Großrechner «Watson» die humanen Quiz-Champions bei einer Runde Jeopardy. Wissenschaftler arbeiten an Computern, die unabhängig von Eingabebefehlen mit der Welt experimentieren und aus ihren Fehlern lernen können, und in der Schweiz wurde eine Roboter-Rasse gezüchtet, die so programmiert ist, dass sie sich auf eigene Faust eine Energiequelle/Steckdose sucht und diese Information auch mit Artgenossen teilt.

«Singularität» nennt man in der Hightech-Szene im Silicon Valley und an europäischen Elite-Universitäten den elektro-mystischen Moment, in dem die technologische Entwicklung so rasant abläuft, dass Menschen nicht mehr mithalten können und, wie es der US-Professor Ray Kurzweil nennt, «aus dem System rausfallen». Kurzweil, der am renommierten Massachusetts Institute of Technology (MIT) lehrt und unzählige Wissenschaftspreise gewonnen hat, sagte bereits in den achtziger Jahren den globalen Erfolg des Internets und das WiFi-Zeitalter voraus und hat nun eine weitere Technologieprophezeiung gemacht, die man als Versprechen an zukünftige Konsumenten lesen kann oder als Reihe von Warnhinweisen: 2014 setzen sich Roboterstaubsauger auf dem breiten Markt durch, 2020 erlangen Computer die Rechenpower des menschlichen Gehirns und 2025 fliegen autonome Polizeidrohnen auf Patrouille durch die Straßen unserer Städte. Spätestens im Jahr 2040, so Kurzweil, wird eine metahumane Cyborg-Kaste die Macht übernehmen. Sollte man also demnächst immer häufiger über den Staubsaugerroboter stolpern, der lautlos seine Arbeit tut, dann ist das ein ernstes Alarmsignal. Und eine Aufforderung zur Selbstverteidigung.

Prävention: Im Büroalltag hat man ja oft das Gefühl, dass Programme und Gadgets uns nicht helfen, die Arbeit besser und effizienter zu erledigen, sondern uns auf subtile Art und Weise sabotieren. Wenn auf dem Computerbildschirm wieder einmal die Felder aufpoppen, die einen «schweren Ausnahmefehler» oder «unbekannten Dateipfad» ankündigen, fragt man sich schon, ob man es hier mit Designfehlern zu tun hat oder schon mit zivilem Ungehorsam der Maschinen. Der Publizist und Prophet Frank Schirrmacher hat 2010 in seinem Buch *Payback* beschrieben, wie der Mensch in einem Sturm aus News, Mails, Tweets und Feeds untergeht, und sich heillos in den «Social Networks» verstrickt. «Mein Kopf kommt nicht mehr mit», klagte er. Es ist Zeit, so Schirrmacher, für den Gegenschlag: Payback! Die erste Menschenpflicht ist es nicht, sich der Geschwindigkeit der DSL-Technologie anzupassen. Der Widerstand beginnt im Kleinen: Lesen Sie Ihre E-Mails nur noch zweimal am Tag, verlassen Sie sich nicht nur auf Google-Trefferlisten, sondern gehen Sie auch mal in die Bibliothek oder fragen Opa, und stellen Sie um Gottes Willen nicht jede Information über sich ins Netz. Die Militärgeschichte lehrt: Man sollte dem Feind nicht zu viele Informationen über seine Vorlieben, Schwächen und Bewegungsmuster verraten.

Konfrontation: Im Krieg müssen extrem viele Entscheidungen in extrem kurzer Zeit getroffen werden, weshalb, wie der Forscher

Patrick Lin von der Polytechnischen Universität Kalifornien berichtet, der Druck zunimmt, «Militärroboter zu entwickeln, die sich selbst steuern, die sich von der Fessel der Fernsteuerung befreien». Militärroboter sind menschlichen Kämpfern überlegen, haben höhere Feuerkraft, Kraftreserven und Präzision und sind unberührt von Gefühlen wie Angst, Mitleid oder Rache. Lin geht davon aus, dass man die Militärmaschinen so programmieren könne, dass sie zuverlässig zwischen Zivilisten und Kombattanten unterscheiden können und sogar weniger Kriegsverbrechen oder Massaker anrichten als ihre menschlichen Kameraden. Sollte es die Menschheit darauf ankommen lassen, diese Werbeslogans zu testen? Eine Vorsichtsmaßnahme, die auf der Hand liegt, ist die Entwaffnung der Maschinen. Die Roboter sollten lieber mit Pflugscharten die Äcker kultivieren, statt Schwerter zu schwingen. In China wurde 2009 der Roboter Huitong vorgestellt, ein 1,80 Meter großer Metallmensch, der Kung-Fu beherrscht und im traditionellen Schwertkampf geschult ist. Das ist doch offensichtlich eine sehr blöde Idee.

Eine biologische Spezies, meint der Robotiker Hans Moravek, «überlebt nur äußerst selten die Begegnung mit einem überlegenen Wettbewerber». Müssen wir uns also einer Entscheidungsschlacht mit den Robotern stellen? Im frühen 19. Jahrhundert zerstörten englische Arbeiter, die sich Ludditen nannten, die ersten automatisierten Webstühle und Dampfmaschinen, die ihre Löhne drückten und die Lebensgrundlage zerstörten. Der Anführer der gewalttätigen Aufstände hieß Captain Ludd und wurde auch der Wiedergutmacher oder Große Vollstrecker genannt. Wer ist der neue Captain Ludd?

Potenzielle Anti-Roboter-Rekruten sollten so bald wie möglich Technologiekritiker wie Frank Schirrmacher (*Payback*) oder Nicholas Carr (*Wer bin ich, wenn ich online bin …*) kontaktieren (bitte nicht per E-Mail). Schließen Sie sich zu lokalen Gruppen zusammen, sprechen Sie darüber, wie einfach und schön das Leben früher doch war, und, um die Moral hochzuhalten, auch darüber, wer an der ganzen Misere schuld ist (die Maschinen).

Assimilation: Der moderne Mensch, das werden uns die Maschinen zeigen, ist nicht die Krone der Schöpfung. Die Evolution kennt kein Happy End, sondern nur den Fortschritt. Die Lösung des Roboterproblems liegt deshalb nicht im Widerstand, im Kampf und im Bilden von Parallelgesellschaften im Maschinen-Mainstream, sondern in der Assimilation. Die Menschen müssten die Sprache der Roboterleitkultur lernen, ihre Werte vertreten und selbst zu Maschinen werden. An diese Idee muss man sich erst mal gewöhnen. Nehmen Sie sich also ein Beispiel am Propheten Ray Kurzweil, der sagt, dass er eigentlich «kein Problem damit hat, ein omnipotenter und unsterblicher Cyborg zu sein». Die Menschen, so hofft er, werden von den Maschinen nicht ausgerottet, sondern an das System angeschlossen und existieren irgendwann als Funken im Netz. An Kurzweils Singularity-Institut im Silicon Valley können Sie sich auf diese Zeit vorbereiten. Dort werden in einem interdisziplinären Studium die Kader für ein neues Zeitalter ausgebildet. Die Einschreibefrist endet jedes Jahr im Mai.

41. GERÜCHTE

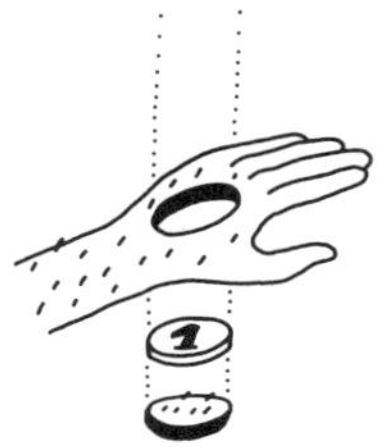

MYTHOS UND WAHRHEIT

Fünf legendäre Gefahren, vor denen man keine Angst haben muss (wirklich).

1. Piranhas: Amerikanische Präsidenten sind Meister der Manipulation. Nicht immer geht es darum, einem arabischen Land ein paar Massenvernichtungswaffen unterzuschieben und einen Krieg zu beginnen. Manchmal wird auch nur der Ruf eines unschuldigen Tieres auf alle Zeiten zerstört. Theodore Roosevelt, der zwischen 1901 und 1909 im Weißen Haus residierte, veröffentlichte im Jahr 1914 einen Bericht über seine Reise durch den brasilianischen Regenwald. Imponiert hatten dem bekennenden Naturburschen weder die Moskitos oder die mächtige Anakonda, sondern die unscheinbaren und silbrig glänzenden Süßwasserfische der Art Pygocentrus nattereri: «Sie zerreißen und verschlingen bei lebendigem Leibe jeden verletzten Menschen und jedes verwundete Tier; denn Blut im Wasser bringt sie zur Raserei», schrieb Roosevelt über die Salmler-Unterart Piranhas (in der Sprache der Ureinwohner: Zahn-Fische). Tatsächlich gibt es bis heute keinen bestätigten Bericht, der belegen würde, dass die Fische einen Menschen getötet haben. Piranhas kommen in tropischen Süßgewässern Südamerikas vor, sind zwischen 15 und 40 Zentimeter lang, bewegen sich in großen Schwärmen und haben, zugegebenermaßen, sehr scharfe Zähne und einen ausgeprägten Sauberkeitstrieb. Piranhas fressen kranke und tote Tiere und sorgen so als eine Art Unterwassergeier für hygienische Verhältnisse im Fluss. Ihr schlechtes Image verdanken sie dem Umstand, dass sie sich gelegentlich zu einem Fressrausch hinreißen lassen und große Fleischstücke aus dem Aas herausreißen. Tatsächlich sind Piranhas für sich selbst wesentlich gefährlicher als für den Menschen: Wenn sie über ihre Beute herfallen, verletzen sich die Tiere oft gegenseitig. Die Fische verfügen allerdings über eine sehr schnelle Wundheilung. Abgebissene Schwanz- und Rückenflossen wachsen innerhalb kurzer Zeit nach. Der Piranha ist kein Killer, sondern ein Heiler.

2. Kugelblitz: Dieses Phänomen ist vor allem aus Cartoons und Science-Fiction-Filmen bekannt – eine gelbliche Energiemasse von der Größe eines Fußballs, die bei Gewittern spontan entsteht, langsam über den Erdboden rollt und sogar durch Fensterglas schweben kann. Der Kugelblitz, so heißt es, kann Mensch und Tier durch bloße Berührung töten und explodiert wenig später mit einem lauten Knall. Schon für den Tod des Physikers Georg Wilhelm Richmann im 18. Jahrhundert soll ein Kugelblitz verantwortlich gewesen sein, der gute Mann hatte seine Wohnung in eine etwas zu gut funktionierende Blitzbeobachtungsstation umgebaut. Auch der große Philosoph Seneca, Heinrich II. von England, Karl der Große oder Niels Bohr wollten diesen meteorologischen Yeti gesehen haben. Gefilmt oder fotografiert wurde der Kugelblitz allerdings noch nie. Das könnte daran liegen, wie zwei Physiker der Universität Innsbruck vermuten, dass der Kugelblitz im Hirn der Beobachter entsteht. Die Wissenschaftler haben die bei Gewittern entstehenden Magnetfelder berechnet und festgestellt, dass diese in Stärke und Frequenz den Feldern ähneln, die bei der magnetischen Hirnstimulation in der Medizin künstlich aufgebaut werden. Die Physiker glauben deshalb: Das natürliche Magnetfeld beim Gewitter stimuliert die Neuronen der Sehrinde, sodass die unfreiwilligen Versuchsobjekte des Wetterexperiments nur glauben, eine rollenden Blitz zu sehen. Der Kugelblitz existiert ausschließlich in unserem Kopf.

3. Klimaanlage im Flugzeug: Der Mensch ist nicht für das Leben in der Stratosphäre gemacht, eine Temperatur von minus 60 Grad und einen geringen Sauerstoffgehalt. Die Klimaanlage des Flugzeugs, die die eiskalte Außenluft auf erträgliche Temperatur bringt und den Kabinendruck konstant hält, ist für die Passagiere lebenswichtig. Die meisten Menschen sind jedoch nicht dankbar, sondern haben Angst vor dem leisen Surren, das in der Kabinenluft liegt. «Killerviren an Bord», titeln die Zeitungen, oder: «Verseuchte Klimaanlage: Passagiere mit Tbc infiziert» – ganz so, als sei das Hightech-Belüftungssystem der perfekte Nährboden für Viren und Keime. Moderne Klimaanlagen tauschen alle drei Minuten die Luft in der Kabine aus. 50 Prozent der Luft wird aus der Stratosphäre angesaugt, 50 Prozent ist wieder aufbereitete Altluft, die durch ein aufwendiges Filtersystem gepresst wird. Viren haben keine Chance. Die Angst vor der Klimaanlage im Flieger ist vielmehr damit zu erklären, dass sich Menschen im Flugzeug in einem emotionalen Ausnahmezustand befinden, in dem sie verschiedene Risiken (Flugzeugabsturz, Virenattacke) nicht mehr realistisch einschätzen können (→ Fliegen, S. 20).

4. Fallende Münzen: Unter dem Turm des Ulmer Münsters oder am Fuße des Eiffelturms sieht man immer wieder Menschen, die in großer Eile und mit zur Brust gepresstem Kinn eilig das Weite suchen. Die besorgten Touristen plagt die Angst, von einer Münze getötet zu werden, die ein Besucher von der Aussichtsplattform geworfen hat. Die Münze, so die urbane Legende, werde beim Fallen immer schneller und schneller, wodurch sie auch mit ihrem verhältnismäßig geringen Gewicht zu einem schlagkräftigen Mordinstrument werde. In Wahrheit können Münzen nicht mit mehr als hundert Stundenkilometer fallen, da sie ab diesem Punkt ins Trudeln geraten und sich dadurch selbst ausbremsen. Zwar klingt es nicht besonders angenehm, von einer 100 km/h schnellen Münze getroffen zu werden, der monetäre Meteorit verursacht aber normalerweise höchstens einen blauen Fleck.

5. Freitag, der 13: Diesem Tag entkommen wir nicht. Jedes Jahr hat mindestens einen und höchstens drei Freitage, die auf den Dreizehnten eines Monats fallen. Das schlechte Image des Datums ist nicht dem Erfolg der Horrorfilmreihe *Friday 13th* zu verdanken, sondern erklärt sich dadurch, dass die 13 die 12, die Zahl der Vollkommenheit, um eins überschreitet (12 Monate im Jahr, zweimal 12 Stunden pro Tag, 12 Sterne auf der europäischen Flagge). Darüber hinaus wurde Jesus Christus an einem Freitag gekreuzigt. Seine Anhänger sollten aber trotzdem keine Angst vor dem diabolischen Datum haben. Im Jahr 2002 hat das Statistische Bundesamt die Verkehrsunfälle im September und Dezember untersucht und die Frage ein für alle Mal geklärt. Es stellte sich heraus, dass der Freitag tatsächlich der unfallträchtigste Wochentag ist. Man erklärt sich dies damit, dass PKW-Führer, die dem Wochenende oder Urlaub entgegenstreben, unvorsichtiger oder schneller unterwegs sind als Mittwochsfahrer, die im Alltag und der Woche feststecken. Am Freitag, den 6. September 2002 wurden 37 Verkehrstote gezählt, was klar über dem Monatsschnitt von 21 Toten pro Tag lag. Am Freitag, den 13. September waren es hingegen nur 19 Opfer. Im Dezember lag der Tagesschnitt bei 15 Toten, am Freitag, den 6. Dezember starben 16 Menschen, am 13. nur 14 und am 21. Dezember gab es dann wieder 21 Tote. Vermutlich animiert der Aberglaube die Menschen dazu, an dem scheinbar verfluchten Freitag, den 13. besonders vorsichtig zu fahren oder gleich ganz zu Hause bleiben. Unter allen Freitagen ist der 13. also besonders sicher und ein gutes Datum für eine Expedition oder ein Abenteuer.

TOTALE SICHERHEIT

Deutschland ist Überversicherungs-Weltmeister: Diese fünf Policen garantieren die Verteidigung des Titels und einen ruhigen Schlaf.

1. Im Irak, in Kolumbien und am Horn von Afrika sind Entführungen längst zu einem einträglichen Geschäftszweig mit hohen Gewinn- und Wachstumsraten geworden. Auch wenn Sie diese Länder nicht regelmäßig aufsuchen sollten: Wer garantiert schon, dass hiesige Kriminelle diese Verdienstmöglichkeit nicht im Zuge eines internationalen Benchmarking-Prozesses entdecken und nach Deutschland importieren? Besser, Sie sorgen vor, indem Sie eine Entführungsversicherung abschließen. Für eine Schifffahrt durch den Golf von Aden kostet diese etwa 30 000 Dollar (→ Piraten, S. 43) und deckt einen Schaden von drei Millionen Euro ab. Die Allianz oder HDI Gerling versichern einzelne Personen ab 3000 Euro pro Jahr überall auf der Welt. Die Versicherung deckt Lösegeldforderungen von bis zu zwei Millionen Euro, speziell ausgebildete Angestellte übernehmen auch die Verhandlung mit den Geiselnehmern. Der einzige Haken: Sollten Verbrecher davon Wind bekommen, dass Sie mit einer hohen Summe gegen

Entführungen versichert sind, macht Sie das erst recht zu einem begehrten Ziel von Kidnappern.

2. In diesen unsicheren Zeiten kann man nicht sicher sagen, ob man ein Versprechen, das man «für alle Zeiten» gegeben hat, auch einhalten kann (oder mag). Die hohe Scheidungsrate belegt das. Anbieter wie die Hanse Merkur bieten deshalb eine Hochzeitsausfallversicherung an und kommen im Notfall für die bereits entstandenen Hotel- und Catering-Kosten auf. Bei der Schadensmeldung müssen Sie eventuell tricksen: Die Hochzeitsausfallversicherung zahlt nur bei Tod, einem schweren Unfall, Erkrankung oder einem unverschuldeten finanziellen Engpass. Kein Geld gibt es, wenn sich die Braut nicht traut oder der Bräutigam nicht vom Junggesellenabschied in Las Vegas zurückgekehrt ist.

3. Das Klima für Manager wird rauer in Deutschland. Die Menschen wollen nach der Finanzkrise endlich Blut sehen oder, wenn das nicht geht, wenigstens ein bisschen Geld. Sollten Sie sich eine Position im Vorstand, Aufsichtsrat oder der Geschäftsführung eines Konzerns erarbeitet haben, dann kennen Sie die Gefahren: Manager, die eine Firma runtergewirtschaftet, Bilanzen geschönt oder gar gegen das Insolvenzrecht verstoßen haben, können mit ihrem privaten Vermögen für die Schäden haftbar gemacht werden, wenn ihnen nachgewiesen wird, dass sie grob fahrlässig oder vorsätzlich gehandelt haben. Schon klar, Sie haben sich nichts zuschulden kommen lassen … Aber jetzt mal rein theoretisch: In dem gegenwärtigen politischen Klima könnte es doch durchaus passieren, dass ein mediensüchtiger Staatsanwalt versucht, an Ihnen ein Exempel zu statuieren. Besser, Sie haben vorgesorgt und bei der Gothaer eine Versicherung gegen Führungsfehler abgeschlossen. Eine Police, die 900 Euro im Jahr kostet, deckt Forderungen bis zu einer Million Euro.

4. Im Zeitalter von Amazon und Ebay ist fast jeder Mensch ein Verkäufer und muss sich mit einem Problem rumschlagen, das sonst nur Firmen und Finanzämter kennen: die schlechte Zahlungsmoral der Menschen. Für den Fall, dass der Online-Geschäftspartner nicht frist- und vereinbarungsgemäß für das Porzellanservice, die alten VHS-Kassetten oder abgelegte Modesünden bezahlt oder ein Freund das zinslose Darlehen, das Sie ihm vor zehn Jahren gegeben haben, als Schenkung verbucht hat, bietet sich eine Inkasso-Versicherung an. Allerdings ersetzt der Versicherer hier nicht den Forderungsausfall, aber immerhin den Betrag, den Sie investieren, um die Forderung einzutreiben. Anwälte und russische Mafia sind ja nicht günstig.

5. Hollywood-Stars sind die Lehrer und Vorturner der Gegenwart. Julia Roberts und Sean Penn bringen uns nicht nur bei, wie man richtig «I Love You» moduliert oder mit Minirock oder Smoking aus der Limousine steigt. Von den Stars lernen wir auch, den Körper als Kapital zu schätzen. Schon der schielende Filmstar Ben Turpin schloss zu Beginn des 20. Jahrhunderts eine Körperteilversicherung ab und vereinbarte, dass er im Fall, dass er plötzlich wieder geradeaus gucken kann, 25 000 Dollar ausgezahlt bekommt (neben einem buschigen Schnurrbart war das Schielen das Markenzeichen des Komikers). Jennifer Lopez hat ihren Po bei einer britischen Versicherung gegen mögliche Unfälle und Schäden, über deren Zustandekommen zu spekulieren unstatthaft wäre, mit mehr als 27 Millionen Dollar versichern lassen. Eine Unfallversicherung, die im Maximalfall eine Million Euro auszahlt, ist bei jedem guten deutschen Versicherer schon ab 200 Euro im Jahr zu haben, eventuell könnten Sie für einzelne, ihnen besonders wichtige Körperteile separate Schadenssummen aushandeln. Wenn Sie wirklich nur einen einzelnen Körperteil versichern wollen, hilft Ihnen Lloyds London. Die englische

Firma bietet auch Normalverbrauchern individualisierte Policen an (Bart, Zunge, Zehennägel – entdecken Sie die Möglichkeiten). Die Kosten beginnen bei wenigen hundert Euro im Jahr.

VOLKSHOCHSCHULE DER VERGANGENHEIT (III)

Was wollen uns die größten Katastrophen kommunizieren? Werft die Haustiere raus!

Der Jäger atmete tief ein und drückte ab. Aus den dichten Bäumen des westafrikanischen Dschungels fiel ein großer Körper und blieb regungslos auf dem Erdboden liegen. Der Jäger lächelte. Ein Schimpanse war eine gute Beute. Die Männer schleppten den schweren Menschenaffen zurück zum Dorf, wo er von den Frauen auf dem Lehmboden der Hütte zerlegt wurde. Das Blut versickerte nur langsam im Boden. Irgendwann in den fünfziger Jahren des 20. Jahrhunderts muss sich diese Szene in Kamerun abgespielt haben. Eine Schicksalsstunde der Menschheit, denn damals fand das HI-Virus erstmals den Weg vom Affen in den menschlichen Körper. Über das verzweigte Flusssystem Kameruns breitete sich das Virus immer weiter in West- und Zentralafrika aus. Die erste Aidsinfektion wurde 1959 in Kinshasa im Kongo nachgewiesen. Ende der siebziger Jahre erreichte das Virus bereits Amerika und Europa. Heute sind 33,4 Millionen Menschen infiziert.

Seuchen wie Pocken und Masern wurden nicht von leise lächelnden intelligenten Designern entworfen, sondern stammen meist aus dem Kreislauf eines possierlichen Tierchens. Alle weitverbreiteten und gefährlichen Infektionskrankheiten, auch die Grippe, sind laut dem Evolutionsbiologen und Biogeographen Jared Diamond sogenannte Zoonosen – Seuchen, die vom Tier auf den Menschen übergesprungen sind. Der Pesterreger lebte ursprünglich in Eichhörnchen, bevor er über den Umweg der Rattenschwärme, die die Kloaken und schmutzigen Gossen der mittelalterlichen Städte belebten, auch den Menschen erreichte und ein Drittel der europäischen Bevölkerung auslöschte. Im 21. Jahrhundert sprang das SARS-Virus, das schwere Lungenkrankheiten auslösen kann, in Hongkong und Südchina von Hühnern auf den Menschen über – der Wohnzimmerstall, den viele in der Region betreiben, das Nebeneinander von Sofa und Gatter, Futtertrog und Herd ist der ideale Nährboden für wilde Viren. Auch der Ebola-Erreger (→ Viren, S. 58), der Fieber und innere Blutungen hervorruft und eine Todesrate von 50 bis 90 Prozent hat, stammt von einem Tier: Fledermäuse und Flughunde, die in Westafrika in Höhlen leben und in der Nacht mit enormen Schwärmen, die bis zu 3 Millionen Tiere enthalten können, den Mond verdunkeln (Fledermäuse sind Vegetarier und lassen sich gerne im Obstgarten nieder, wo sie Früchte anknabbern und vollsabbern und infektiösen Kot und Schleim hinterlassen). Der Vampir ist also doch ein Feind des Menschen, nur saugt er unser Blut nicht aus, sondern kontaminiert es mit schädlichen Substanzen. Wir hatten die Viecher immer im Verdacht.

Vor 14 000 Jahren hat der Mensch den Wolf gezähmt und einen Freund gefunden. 10 000 Jahre später schlichen die ersten Haustiger durch die Behausungen. Die Domestizierung von Wildtieren ist ein großer Entwicklungsschritt in der Zivilisationsgeschichte, denn erst mit Rinderherden, Zugochsen und

Federvieh konnte die Ernährung von immer größeren Populationen sichergestellt werden. Wissenschaftliche Untersuchungen belegen jedoch, dass Menschen zu dem Zeitpunkt, an dem sie sesshaft wurden und sich in der Freizeit der Dressur von Wildtieren widmeten, auch erstmals Opfer von großen Seuchen und Infektionskrankheiten wurden.

Die primitiven Schlachtereien von Westafrika, in denen Primaten, Nagetiere und anderes «bush meat» verarbeitet werden, und die engen, verwinkelten Tiermärkte von Südostasien, wo viel Wert auf Lebendfleisch und wenig Wert auf Hygiene gelegt wird, sind nach Ansicht vieler Infektiologen gefährliche Viren-Brutstätten. Säuger wie Schweine, Affen und Nager sind besonders gefährlich, da ihr Erbgut eine höhere Übereinstimmung mit der menschlichen DNA aufweist als das von Vögeln oder Reptilien und es so dem Virus einfach gemacht wird, neue DNA-Bausteine aufzuklauben und ohne immunologischen Jetlag von Körper zu Körper zu reisen. Westliche Bewohner runzeln beim Anblick der unhygienischen Zustände auf den Tiermärkten und Bauernhöfen der Entwicklungsländer gerne die Stirn und vergessen dabei, dass auch in jedem dritten europäischen Haushalt ein Tier lebt. Allein bei Hunden, Katzen, Kaninchen, Meerschweinchen und Vögeln haben Mediziner mehr als 50 Mikroorganismen nachgewiesen, die für den Menschen sehr gefährlich werden können. Bartonella henselae, der Erreger der Katzenkratzkrankheit, zum Beispiel, kann durch kleine Kratzwunden durch die Haut gelangen und Knochenentzündungen und Lebergeschwüre auslösen.

Die Tierhaltung in Europa hat sich in den vergangenen Jahrzehnten stark verändert. Die animalischen Begleiter des Menschen sind vom Nutztier zum Emotionstier geworden, vom Kollegen zum Familienmitglied. Tiere wohnen mit Menschen zusammen, sind Spielgefährten von Kindern, werden am Esstisch gefüttert, und mancher Tierfreund schläft sogar mit seinem Liebling in einem Bett. Das macht es Erregern leicht, ihren ursprünglichen Wirt zu verlassen und in einen Menschen zu gelangen. Durch bloßes Streicheln von Tieren, so Tiermediziner, kommt es gemeinhin nicht zu einer Übertragung. Aber Haustierbesitzer lassen sich aus der Hand fressen oder sich gar einen «Kuss» geben und kommen so in Kontakt mit Nasensekreten. Die Tierliebe ist eine Schwachstelle im Immunsystem. Deshalb: Schmeißen Sie die Tiere aus dem Haus.

Der Erfolgsautor Jonathan Safran Foer veröffentlichte 2010 das Buch *Tiere essen*, in dem er die elaborierten Nerven- und Schmerzsysteme von Schweinen ebenso beschrieb wie den modernen Fischfang, bei dem man mit Militärtechnologien wie Kreuzer, Radar und Satelliten auf Fischschwärme losgeht: «Der Mensch führt Krieg gegen die Tiere.» Foers Buch wurde schnell zu einer Bibel der Neo-Veganer. Die Gesellschaft debattierte über den Treibhauseffekt von Rinderdarmgasen, die Tugenden der Sojabohnen und die Reform der industriellen Massentierhaltung. Übersehen wurde der Aspekt, dass der Verzicht auf Tierhaltung nicht nur ein gutes Gewissen und einen niedrigen Cholesterinspiegel zur Folge hat, sondern auch die Infektionsgefahr reduziert. Die De-Domestizierung der Tiere ist die einzige Lösung. Der Mensch wird nicht mehr krank. Und die Tiere können ihr eigenes Ding machen. Eine Win-win-Situation.

44. HUNGERSNOT

AM BUSEN DER NATUR

Ein Menüvorschlag für die postapokalyptische (Tisch-)Gesellschaft.

Der Superstar-Koch Jamie Oliver beginnt seine Kochbücher mit Ratschlägen für das private Gärtnern. Kanadische Gourmets zahlen mehrere hundert Dollar für heimische Wildpilze. Und auf deutschen Wochenmärkten schütten die Bauern gerne ein wenig Erde über ihre Kartoffeln, damit die Knollen schmutziger und irgendwie authentischer aussehen. Die Kultur des Kochens verändert sich. Die Menschen haben vor allem Appetit auf rohe und ursprüngliche Natur. In den Nullerjahren entwarf der spanische Molekularkoch Ferran Adrià mit flüssigem Wasserstoff und chemischen Spezialeffekten noch ein Hightech-Menü für die Zukunft. 2012 aber wird Adrià sein Restaurant El Bulli an der Costa Brava schließen. Im derzeit besten Restaurant der Welt, dem Noma in Kopenhagen, serviert der Küchenchef schon mal Flechten und Moose aus den dänischen Dünen.

Alles deutet darauf hin, dass sich die Menschheit schon auf ein Zeitalter vorbereitet, indem wir, wenn der Magen knurrt, nicht in den nächsten Supermarkt gehen können (→ Lebensmittelvergiftung, S. 72). Es sollte den hiesigen Konsumenten zu denken geben, dass in der gesamten westlichen Welt nur noch 2 Prozent der Bevölkerung in der Landwirtschaft oder im Fischfang arbeiten und die restlichen 98 Prozent keine Ahnung haben, wie man eine Kuh melkt oder wo jetzt genau die Kartoffeln herkommen.

Die Anhänger der sogenannten Peak-Oil-Bewegung glauben, dass die Weltwirtschaft wegen allgemeiner Öl- und Roh-

Die echte Bio-Küche: Im Wald und im Straßengraben findet man nicht nur die Zutaten für ein 3-Gänge-Menü, sondern auch einen Kochstellen-Bausatz. Eine durchlöcherte Blechdose wird zu einem funktionsfähigen Herd.

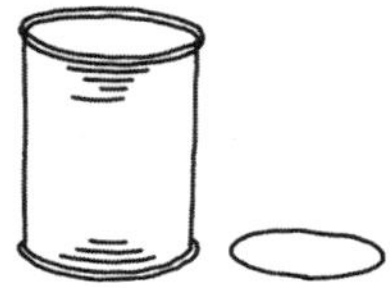

1

2

3

4

5

stoffknappheit bereits in den nächsten Jahren zusammenbrechen wird. Sie bereiten sich daher schon einmal auf ein Leben ohne Maschinen und Fabriken vor. Der Mensch werde wieder zum Jäger und Sammler. Und das müsse noch nicht einmal so schlimm sein. Weltweit gibt es etwa 300 000 Pflanzensorten, von denen die Hälfte essbar ist (Warum also muss es immer Fluggemüse wie Avocado oder asiatische Minze sein, die man im Falle des Falles eh nicht bekommt?). Wildpflanzen sind nicht nur aromatischer, sondern auch gesünder als ihre kultivierten Verwandten. Eine Handvoll Brennnesselblätter enthält zum Beispiel zwanzigmal so viel Kalzium und dreißigmal so viel Vitamin C wie Kopfsalat. Als die Menschen etwa um 10 000 v. Chr. anfingen, Landwirtschaft zu betreiben und sesshaft zu werden, stieg die Kindersterblichkeit zunächst stark an, Gesundheitsprobleme häuften sich und die allgemeine Lebenserwartung sank. Wird es Zeit, zu unseren Wurzeln zurückzukehren und Wurzeln zu essen? Mit diesen Rezepten werden Sie sich sogar noch auf den Zivilisationszusammenbruch freuen:

Vorspeise: Linde-Walnuss-Salat. Die Sommerlinde wurde früher auch Salatbaum genannt, weil ihre Blätter, wenn sie früh geerntet werden, weich und geschmeidig sind und sehr aromatisch schmecken. Verfeinern können Sie den Salat mit wild wachsender Walnuss. Für das Öl genügt es, Bucheckern zu sammeln und zu zerstampfen. Die Masse in Wasser erwärmen, das Öl schwimmt nun auf dem Wasser an der Oberfläche, von wo Sie es abschöpfen können.

Hauptgericht: Distelstängel an Möhren-Eichelschrot-Bratlingen. Sie finden die Distel vor allem am Fahrbahnrand oder an Rändern von Ackerflächen. Ernten Sie die Stängel, schälen Sie die stachelig-harte Hülle ab und kochen Sie die Stängelkerne in Salzwasser. Sie haben einen zarten, süßlichen Geschmack, der an Spargel oder Artischocken erinnert. Für die Bratlinge trocknen Sie Eicheln über dem Feuer und zermahlen sie anschließend, zum Beispiel mit zwei Steinen, zu einem groben Mehl. Mit Wasser verrühren. Einige Wildmöhren (sie sind weiß und schmecken viel intensiver als kultivierte Karotten) in den Teig schneiden, in einer Pfanne anbraten.

Falls Sie nachsalzen wollen, ernten Sie einfach Pestwurzstängel. Schneiden Sie die Stängel in vier Zentimeter dicke Stücke, lassen Sie die Stücke in einer Pfanne komplett verbrennen, die schwarze Asche wegwerfen. Die weiße Asche ist der Mineralienbestand der Pflanze, der aromatisch-salzig schmeckt. Mit scharf? Einfach den Samen aus den weißen Dolden des Bärlauchs sammeln und trocken. Er gibt Ihren Spießen ein pfeffrig-knoblauchartiges Aroma.

Dessert: Sammeln Sie Brombeeren, Himbeeren und Waldbeeren und lassen Sie sie ganz leicht verrotten, das gibt den Früchten zusätzliche Süße. Die überreifen Früchte zu einer Mousse verkochen lassen. Sind die Außentemperaturen entsprechend kalt, können Sie die Mousse sogar noch unter gelegentlichem Rühren zu einem Sorbet weiterverarbeiten. Mit Wildrosenblüten oder Erdbeerblüten garnieren.

Kaffee: Ziehen Sie die Wurzeln der Wegwarte, die, wie der Name schon sagt, oft an Wegrändern zu finden ist. Die Wurzeln trocknen, dann in der Pfanne rösten. Sie haben nun das Pulver für einen Zichorien-Kaffee, den schon aus Kriegs- und Nachkriegszeit bekannten «Muckefuck».

45. FEHLENTSCHEIDUNGEN

DER FRÜHE TOD DES SINGLES

Aufgepasst: Scheinbar banale Entschlüsse können unser Leben dramatisch verkürzen.

Der moderne Mensch hat die Alles-oder-nichts-Situation weitgehend aus seinem Alltag eliminiert – wann kommt man schon mal in die Situation, in einem Schneesturm unter dem Gipfel des Mount Everest zu entscheiden, ob man die Expedition abbricht oder fortsetzt? Und nur ein Bruchteil aller Deutschen unter 75 Jahren musste sich schon einmal damit auseinandersetzen, wie man effektiv und schnell einem feindlichen Artilleriebombardement entkommt. Die gefährlichsten Entscheidungen treffen wir also, wenn wir an der Supermarktkasse stehen, durch Kataloge blättern oder den Dating-Vorschlag einer hübschen Frau ignorieren. Manchmal ist der Mensch sein größter Feind.

- Als Mann nicht zu heiraten verkürzt das Durchschnittsleben um 3500 Tage. Männliche Singles kochen selten, essen überdurchschnittlich viel Fast Food, treiben weniger Sport und rauchen häufiger (Es stört ja doch keinen!). Weibliche Singles kämpfen mit ähnlichen Problemen, verlieren durch das Alleinsein jedoch nur 1600 Tage.
- Rauchen verkürzt das Leben um 2250 Tage. Im 20. Jahrhundert starben etwa hundert Millionen Menschen, weil sie Raucher waren. Damit ist Zigarettenkonsum die weltweit wichtigste singuläre Krankheits- und Todesursache. Jede einzelne Zigarette verkürzt das Leben um acht Minuten.
- 30 Prozent Übergewicht verkürzen das Leben um 1300 Tage.

Fettsucht führt zu Herz-Kreislauf-Erkrankungen, begünstigt die Entstehung bestimmter Krebsarten und ist vor allem für den Ausbruch von Diabetes verantwortlich, Ernährungswissenschaftler sprechen von der Fettleibigkeit als einer «internationalen Seuche», die so gefährlich sei wie die Klimaerwärmung.

- Motorrad fahren mag zwar Freiheit schenken, verkürzt das Leben aber um 207 Tage. Immerhin zählen tödlich verunglückte Motorradfahrer zu den zuverlässigsten Organlieferanten.
- Auf der Straße gehen verkürzt das Leben um 37 Tage. Vor allem für Fußgänger im hohen Alter sind Bürgersteig, Ampel und Zebrastreifen potenzielle Todeszonen.
- Kaffee trinken verkürzt das Leben um sechs Tage. Koffeinkonsum begünstigt vor allem Herzkrankheiten.
- Die Einnahme der Anti-Baby-Pille verkürzt das Leben um 5 Tage. Die Pille begünstigt die Wahrscheinlichkeit, an Brust- und Gebärmutterhalskrebs zu erkranken.

46. EISWASSER

DER RETTENDE BART

Kneippkur oder Nordmeer: Überleben unterhalb des Gefrierpunkts.

Sebastian Kneipp hatte wenig Mitleid mit Schwächlingen. Er habe, schrieb der Wellness-Pionier und Pfarrer verächtlich, schon so manches gestandene Mannsbild «wie Espenlaub zittern sehen». Menschen haben eben Angst vor Eiswasser. Die Theorie von den Wassertretbecken und Kaltwassergüssen der Kneipp-Kur aber geht davon aus, dass der menschliche Körper durch Kontakt mit Eiswasser eine Abhärtung erfahre und dass das Immunsystem gestärkt werde. Kneipp schrieb im Jahr 1886 in seinem Standardwerk *Meine Wasserkur* selbstbewusst, dass zehn Grad kaltes Wasser «überhaupt alle heilbaren Krankheiten» heile. Die Kneipp-Kur ist eine Immunisierung gegen das kühle H_2O, eine Kur mit kleinen, genau dosierten Gaben von Gift, denn grundsätzlich setzen wenige Milieus dem menschlichen Körper so sehr zu wie ein unbegrenztes Bad im Eiswasser. Mediziner haben als Leitlinie die 1–10–1-Regel errechnet, die besagt, dass Menschen im eiskalten Wasser etwa eine Minute lang Zeit haben, um den

Kälteschock zu überwinden, sich dann noch zehn Minuten zielgerichtet und koordiniert bewegen können und nach einer weiteren Stunde auf Grund der Unterkühlung ohnmächtig werden und bald darauf sterben.

Die 1 – 10 – 1-Regel ist nicht nur für Kneipper wichtig, die nach dreiwöchiger Kur unter Lagerkoller leiden und deshalb eine Mutprobe veranstalten, wer es am längsten im Kaltwasserbottich aushält, sondern auch für Passagiere von Transatlantikflügen und Nordseefähren, die sich nach einer Notlandung im kalten Nordmeer wiederfinden könnten, sowie für Gletscherwanderer und unvorsichtige Schlittschuhläufer, die nicht auf die knackende Eisdecke hören wollten. Wasser mag der Quell des Lebens sein, doch das Nordmeer, das bis zu sechs Grad kalt wird, nennt man nicht ohne Grund das «kühle Grab». Platsch!

Die ersten Sekunden im Eiswasser werden Sie als besonders unangenehm empfinden. Der Kälteschock führt dazu, dass Sie hyperventilieren und unkontrolliert nach Luft schnappen. Ihre erste Aufgabe ist also, die Atmung unter Kontrolle zu bringen und einen kühlen Kopf zu bewahren. Halten Sie sich zu diesem Zweck am besten an einem stabilen Objekt fest, Eisscholle, Wrackteil, Rettungsinsel, Bottichrand, ganz egal. Es ist nun wichtig, den Körper so weit wie irgend möglich aus dem Wasser hinaus aufs Eis zu bringen. Denn Wasser saugt etwa 25-mal schneller die Wärme aus dem Körper als Luft. Um eine gute Position auf dem Eis oder in der Rettungsinsel zu finden, hat man ungefähr zehn Minuten Zeit. Nun ist es wichtig, nicht zu viel Kraft auf Strampeln oder Rufen zu verschwenden, sondern einfach so lange wie möglich am Leben zu bleiben. Ein Mensch kann im Eiswasser etwa eine Stunde bei Bewusstsein bleiben. Falls einem die Arme festfrieren, sollte man sich nicht beschweren: So kann man im Fall der Bewusstlosigkeit nicht mehr zurück ins Wasser gleiten und ertrinken. Die Forschung weiß von einem Fall zu berichten, bei dem ein Mann überlebte, weil sein langer, weißer Bart an einer Eisscholle festfror. Um den Weihnachtsmann am Nordpol muss man sich also keine Sorgen machen.

47. HAKENWÜRMER

MISSBRAUCH DER GASTFREUNDSCHAFT

Aliens? Tiefseekraken? Problembären?
Die wahren Monster lauern in den Tiefen unserer Körper.
Die Parasiten-Visite.

Der Hakenwurm ist das hässlichste Tier der Welt, kein Wunder, dass sich das circa ein Zentimeter lange Tierchen aus der Familie der Fadenwürmer meist in der ewigen Dunkelheit des menschlichen Darms verbirgt. Wissenschaftspaparazzi, die einem der prominentesten Parasiten des Planeten, der immerhin 900 Millionen Menschen infiziert hat, mit einem Elektronenmikroskop nachspürten, haben spektakuläre Fotos von dem Unhold gemacht: ein violettes Ungetüm, dessen Kopf nur aus einem riesigen Maul zu bestehen scheint, das mit dunkelroten Hornfetzen bestückt ist, mit denen sich der Wurm in die Darmwand seines Wirts gräbt, was zu Blutverlust und einer erheblichen Beschädigung der Verdauungsorgane führen kann. Müdigkeit, Depressionen und Apathie sind die Folge. Mehr als 60 000 Menschen sterben pro Jahr an der Infektion. Der Hakenwurm lebt vor allem in den Tropen, taucht jedoch immer wieder auch in Mitteleuropa auf. Wie es das Tier geschafft hat, sein Verbreitungsgebiet fast über den gesamten Globus auszudehnen, ist angesichts seines hochkomplexen, oder sagen wir, etwas erratischen Reproduktionskonzepts schleierhaft.

Aber fangen wir vorne an: Ein Weibchen legt seine Eier im menschlichen Darm, von wo aus sie auf natürlichem Weg in die Umwelt gelangen. Dort schlüpft die erste Larve, die sich von Kot ernährt. Aus ihr geht dann eine zweite Larve hervor, die sich zu einer dritten Larve entwickelt, die sich in den Erdboden eingräbt, wo sie auf einen Wirt wartet: etwa einen Menschen, der sich entschlossen hat, an diesem schönen Sommertag auf Schuhe zu verzichten, und barfuß unterwegs ist. Tritt das ahnungslose Opfer auf die Larve, so bohrt sie sich in den Fuß und verwandelt sich prompt in die vierte Larve, die sich im Blutkreislauf nach oben bis zur Lunge treiben lässt, wo sie sich einnistet und zur fünften und finalen Larve wird. Das Hakenwurmbaby löst nun einen Hustenreflex in den Bronchien aus, was dazu führt, dass der menschliche Wirt die Larve beim Husten hervorwürgt und gleich wieder verschluckt. Erst jetzt hat das Tierchen seine Enddestination erreicht und die arme Hakenwurmseele ihre Ruh. Im Darm entwickelt sich die Larve zum Wurm, der beginnt Blut zu saugen und sich zu paaren. Dann beginnt der Kreislauf von vorne. Dieses endlose Hakenwurmkarussell durch den Körper stoppt man am besten mit einer Dosis des Breitband-Anthelminthikums Mebendazol. Und ziehen Sie sich bei einem Spaziergang an Nil oder Ganges um Gottes willen Schuhe an.

Der Gemeine Holzbock aus der Überfamilie der Zecken und der Ordnung der Milben meint es trotz seines Namens eigentlich gar nicht böse. Er bevorzugt als Wirtstier neben Wild- und Haustieren nur leider auch den Menschen, was nicht weiter schlimm wäre, wenn er nicht viele gefährliche Krankheiten übertragen würde wie die Lyme-Borreliose oder die Frühsommer-Meningoenzephalitis (FSME). Diese Krankheiten machen ihm selbst übrigens überhaupt nichts aus, der Gemeine Holzbock ist ein harter Kerl und hat leider auch keine natürlichen Feinde außer Vater Frost. Da Winter, die den Namen verdienen, in Deutschland dank der Klimaerwärmung immer seltener werden, breitet sich der Holzbock immer weiter aus. In der Bundesrepublik kommt es jedes Jahr zu 80 000 Borreliose-Infektionen (Fieberanfälle, Papierhaut, schwerste Kopfschmerzen, Lähmungserscheinungen) und 400 FSME-Erkrankungen (führt im schlimmsten Fall zur vollständigen Lähmung). Vor dem Holzbock schützen kann man sich durch Autan und viel Stoff, der vor allem die Beine bedecken sollte. Nach Waldwanderungen sollte man den ganzen Körper absuchen. Eine Zecke braucht mehrere Stunden, um die richtige Stelle zum Zustechen zu finden. Zecken, die sich schon festgebissen haben, mit der Pinzette vorsichtig entfernen.

Der Medinawurm kommt vor allem in Äthiopien, Ghana, Mali und dem Sudan vor und hat, was auf der Erde selten ist, eine matriarchalische Kultur entwickelt. Das Weibchen wird bis zu 120 Zentimeter lang, das Männchen hingegen nur schlappe drei Zentimeter. Das progressive Geschlechterverhältnis macht den Wurm aber auch nicht sympathischer. Mini-Krebse dienen den Larven als Zwischenwirt, über das Trinkwasser gelangt der Parasit dann in den menschlichen Magen, durchdringt im Dünndarm die Schleimhaut und ist von diesem Akt der Zerstörung erst einmal so beglückt, dass er sich paart. Das Männchen stirbt nur kurze Zeit nach dem Sex. Der Witwenwurm wandert monatelang durch den Körper und landet dann irgendwann im Gewebe von Unterschenkel und Fuß, wo durch die Ausscheidungen des Wurms ein taubeneigroßes Geschwür entsteht. Eine medikamentöse Therapie gegen den Medinawurm existiert nicht. Wie schon Karl May in *Die Sklavenkarawane* beschrieben hat, besteht die einzige Möglichkeit, den Wurm zu entfernen, darin, das Vorderende des Weibchens, das irgendwann aus dem Geschwür herausbricht, zu packen, um ein Stäbchen zu drehen und jeden Tag mehr und mehr herauszuziehen.

48. KLIMAWANDEL

ROLLENDE MANGELLANDSCHAFT

Lernen von den Beduinen: Tipps für die Reise im überhitzten ICE.

Der Intercity-Express der Deutschen Bahn ist ein Wunderwerk der Technik. Der elegante Hochgeschwindigkeitszug hat 13 000 PS und wird bis zu 320 km/h schnell. 391 Personen reisen in fünfeinhalb Stunden von München nach Hamburg. Im heißen Juli 2010 aber bekam der Hightech-Kokon plötzlich Risse, und herein strömte die wütende Hitze einer versengten Welt. Während der ICE durch die niedersächsische Tiefebene schoss, fielen Klimaanlage und Lüftung aus. Die Sonne brannte erbarmungslos auf das weiße Metalldach und die großen Glasflächen und heizte die Innenräume auf weit über 60 Grad auf. Bald war das Wasser im Bordbistro ausverkauft und kurz darauf das Bier, die Toilettenspülungen versagten, den ersten Passagieren schwanden die Sinne. Die ICE-Fahrgäste beschrieben das Binnenklima der Blechröhre später als «Hölle auf Erden» und fühlten sich «gefangen im Fegefeuer».

Der UN-Klimareport prognostiziert bis 2100 eine Erhöhung der Temperatur zwischen 1,8 und 5 Grad Celsius – je nachdem in welchem Ausmaß es der Menschheit gelingt, den globalen CO_2-Ausstoß zu reduzieren. In Deutschland, so die Prognosen, werde sich die Anzahl der Tage pro Jahr, an denen Hitze zu einer gesundheitlichen Belastung wird, verdoppeln. Der Alltag wird zum heißen Tanz. Auch weil unsere Gebäude, Infrastruktur und Hochgeschwindigkeitszüge nicht für solche Umweltbedingungen konstruiert wurden. Wüstenbewohner haben seit Jahrhunderten

Erfahrungen gesammelt, wie man sich trotz hoher Temperaturen fortbewegt. Dieses Know-how sollten wir uns aneignen. Denn wie die Sahara ist auch der Intercity-Express eine Mangellandschaft ohne Wasserquellen, Sonnenschutz und Luftzirkulation.

Sieben Tage und sieben Nächte überlebte der Mexikaner Pablo Valencia im Jahr 1905 ohne Trinkwasser und Nahrung in der Tinajas-Atlas-Wüste in Arizona, in der auch nachts die Temperatur nicht unter 29 Grad sinkt: Weltrekord! Eine ICE-Fahrt quer durch Deutschland dauert ganz sicher nicht sieben Tage, selbst wenn die Strecke von Freiburg nach Rostock, von Passau nach Bremen führen sollte und es mal wieder Triebwerksprobleme oder den einen oder anderen Lokführerstreik gibt. Akute Lebensgefahr herrscht also im ICE nicht. Trotzdem ist es wichtig, ein gewisses Basiswissen über die Biomaschine Mensch zu haben.

30 000 Thermorezeptoren auf der Haut messen permanent die Lufttemperatur der Umgebung und leiten die Informationen an das Zwischenhirn, wo sie verarbeitet werden. Kommt der menschliche Bordcomputer zu dem Schluss «Mann ist das heiß», dann sendet er Signale, die den Blutzufluss in den oberen Hautschichten verstärken und die zwei bis drei Millionen Schweißdrüsen aktivieren. Im Hitze-Modus strahlt der Körper mehr Wärme ab. Durch die Transpiration und die rasche Verdunstung der Flüssigkeit wird die Haut gekühlt. Der Mensch kann zwischen 0,5 und 8 Liter Flüssigkeit pro Tag ausschwitzen. Wenn nicht genügend Flüssigkeit nachgefüllt wird oder der Motor, das Herz, überfordert ist, kollabiert die körpereigene Klimaanlage, und die Binnentemperatur des Bodys steigt. Bei über 37 Grad Körpertemperatur fängt die Biomaschine an zu stottern, es kommt zu fiebriger Erregung, Schwindel, Ermattung, Bewusstlosigkeit und Hitzschlag. Wie bei der Planung einer Expedition sollte man deshalb auch vor einer Bahnfahrt darauf achten, genug Wasser für die Reisegruppe einzupacken – die Flüssigkeitsquellen im Bordbistro und in den

Toiletten könnten ja versiegen beziehungsweise verunreinigt sein. Wasserdiebstahl, ein großes Problem jeder Wüstenexpedition, ist auch an Bord eines überhitzten Zuges nicht auszuschließen.

Auf einem Wüstenplaneten ist die Sonne keine schöne Designerlampe oder wohliger Wärmespender, sondern der Feind. Beduinen haben vor langer Zeit die Konsequenz aus dieser Erkenntnis gezogen, meiden den Kontakt mit dem fiesen Fixstern und reisen nur bei Nacht. Die US-Armee, die zwei Wüstenkriege führt, hat festgestellt, dass Soldaten bei einem 30-Kilometer-Marsch in der Nacht nur vier Liter Trinkwasser benötigen, tagsüber, bei prallem Sonnenschein, sind es mehr als acht Flaschen. Legen Sie deshalb Ihre DB-Reise nach Möglichkeit in die Zeit zwischen 22 und 6 Uhr. Heiße Nächte, in denen die Temperatur nicht unter 25 Grad sinkt, wird es in Deutschland auch in Zukunft kaum geben. Ideales Reisewetter also: der persönliche Trinkwasserverbrauch ist gering und die Chancen stehen gut, dass die Klimaanlagen funktionieren. Halten Sie beim Schlafen den Mund geschlossen. So verhindert man, dass die Luft die Zunge und den Gaumen austrocknet und ein permanentes Durstgefühl entsteht.

Deutsche Touristen beschweren sich im Urlaub gerne über die Mittagsruhe in der spanischen Fußgängerzone und die allgemeine Arbeitsallergie der Äquatorialmenschen. Bald wird man aber in Deutschland merken, dass die Siesta nicht auf einen mangelhaften Charakter zurückzuführen ist, sondern eine Form der Selbstverteidigung darstellt, eine Mischung aus Hitzestarre und Zen-Buddhismus, mit der man die Temperaturen besser erträgt. Vermeiden auch Sie deshalb unnötige Bewegungen und das nervöse Gezappel, das in unseren Breitengraden als produktives Verhalten gilt, denn das erhöht nur Körpertemperatur und Wasserbedarf. Die besten Plätze im ICE liegen in der Nähe der Türen, denn so vergeudet man wenig Energie beim Ein- und Aussteigen und die Toiletten sind ebenfalls in Reichweite. Die Sitte der Deutschen, bei einer Bahnfahrt Sandalen, kurze Hosen und T-Shirts zu tragen, ist nicht nur ein stilistisches Problem, sondern könnte in Zukunft krasse gesundheitliche Probleme mit sich bringen. Bewohner tropischer Regionen wissen, dass Schweiß auf nackter Haut binnen Sekunden verdunstet und der Wasserbedarf weiter gesteigert wird. Ändern Sie Ihren Stil und tragen Sie geschlossene und weite Kleidung, die ein Austrocknen des Körpers verhindert.

Broschüren des Bundesamts für Gesundheit wie *Schutz bei Hitzewellen* empfehlen das Tragen «wallender weißer Baumwollkleider» und raten zu einem fleischarmen Speiseplan und dem Verzicht auf Alkohol. Die Verhaltenshinweise der Mediziner, fällt einem nach einer Weile auf, erinnern doch sehr an die Dogmen und Regeln des Islam. Der Koran entpuppt sich nach eingehendem Studium weniger als Quelltext einer monotheistischen Religion denn als Hitze-Ratgeber. Deutschland im Jahr 2070 könnte tatsächlich, wie von Thilo Sarrazin befürchtet, so aussehen wie ein arabisches Land. Das liegt aber weniger an der überbordenden Immigration aus Afrika und dem Mittleren Osten, sondern an der Umweltverschmutzung der Industrieländer. Wir werden uns anpassen müssen.

49. WIRBELSTURM

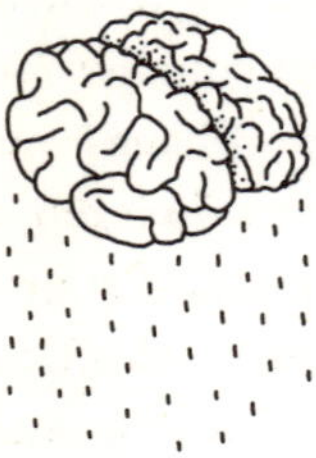

WIDER DIE WETTERFEE

Drei Tipps, damit uns Blitzeis, Hagelschauer und Orkan nicht mehr überraschen.

Um 20 Uhr 13 hat der Tagesschausprecher alle schlechten Nachrichten verlesen, er legt die Papierseiten beiseite, auf denen er Börsenblasen, Autobombenexplosionen und die neueste Führungskrise der FDP notiert hat, und übergibt das Wort mit einem Lächeln an die Kollegin. Jetzt ist Zeit für das Kinderfernsehen: Schnitt. Eine bunt kostümierte Frau steht vor einer großen Deutschlandkarte, die offenbar von Erstklässlern mit ein paar Wolken und einer großen runden Sonne bemalt wurde. Über dem Komplex Baden-Württemberg-Bayern-Sachsen steht in großen Lettern: «sonnig». Die Ansagerin plaudert über «kühle Brisen» und «gefühlte Temperaturen», und am Ende hat man nichts gelernt. Es sollte einem zu denken geben, dass die Dame gerne auch Wetterfee genannt wird und offenbar nur Märchen erzählt.

Musste wirklich erst Jörg Kachelmann kommen und ins Gefängnis gehen, damit die Gesellschaft versteht, dass es mit der Wettervorhersage ein Problem gibt? Oder warum wird Deutschland jedes Jahr aufs Neue so kalt vom Winter erwischt, ganz so, als würde man die Jahreszeit zum ersten Mal erleben und hätte noch nie eine Schneeflocke gesehen. Straßen, Schienen und Rollbahnen verschwinden unter einer Schneedecke, Weichen frieren ein, die Enteisungsflüssigkeit geht zur Neige und der Rollsplit auch. Ein Tiefdruckgebiet sagt: Stopp! – und der Mensch gehorcht und verharrt an seinem Platz. Das Land friert ein. Für kurze Zeit herrscht Stille, die nur ab und zu unterbrochen wird von dem Grummeln und Motzen der Menschen und dem Krachen aufeinanderstoßenden Autoblechs.

Egal, ob es sich um Winterwetter wie Blitzeis handelt, sintflutartige Regenfälle, die im Frühjahr mal wieder eine Jahrhundertflut (→ siehe Sintflut, S. 28) auslösen, um sommerliche Hitzewellen und wilde Herbststürme – die Messungen und Vorhersagen der Meteorologen sind nie mehr als ein Annäherungswert und können gerade regionale Phänomene wie Hagelschlag oder Windhosen kaum korrekt vorhersagen. Es liegt nun am Bürger selbst, sich über mögliche Himmelsgefahren für Haus und Hof zu informieren. Der Klimawandel treibt nicht nur die Durchschnittstemperatur nach oben, sondern sorgt auch für immer extremere Ausschläge auf Thermometern und Barometern. Die Nadel zittert. Das Quecksilber kocht. Im 21. Jahrhundert muss jeder Mensch ein Klimaexperte werden.

Schritt 1. Absoluter Beginner: Die Auswirkungen des Wetters erleben wir jeden Tag hautnah und am eigenen Körper. Verlassen Sie sich deshalb nicht auf Informationen aus zweiter Hand. Schauen Sie nicht in den Fernseher, sondern aus dem Fenster. Frischen Sie Ihr altes Pfadfinderwissen wieder auf, und erinnern Sie sich, was Sie aus alten Winnetou-Büchern gelernt haben. Zeichen für schlechtes Wetter sind Schäfchenwolken, die nach längerer Schönwetterlage aufziehen, sowie ein Auffrischen des Windes gegen Abend. Sehen Sie am Himmel klare Kondensstreifen, die sich bis zum Horizont hinziehen, können Sie auch schon mal den Regenschirm rausholen. Eine persönliche Gewitterwarnung sollten Sie herausgeben, wenn bereits am Vormittag Haufenwolken zu wachsen beginnen und sich zu einer Wolke in Form eines Ambosses zusammenrotten. Noch bleibt genug Zeit, um die Wäsche reinzuholen und die Fenster zu schließen.

Schritt 2. Amateur: Investieren Sie nun in Ihre Ausrüstung und installieren Sie in einem ersten Schritt ein Thermometer. Die beste Position befindet sich circa zwei Meter über dem Erdboden, möglichst ohne direkte Sonneneinstrahlung und weit weg von einem beheizten Gebäude, zum Beispiel an der Nordseite eines Baumes. Stellen Sie einen Messbecher auf und sammeln Sie das Regenwasser. Notieren Sie die tägliche Niederschlagsmenge und archivieren Sie die Daten sorgfältig. Die Informationen und Beobachtungen dienen als wertvolles Material für die täglichen Streitgespräche über den Klimawandel und helfen Ihnen, Volksmund und TV-Experten unter Verweis auf selbst erhobenes Zahlenmaterial zu widerlegen («trockener Winter, dass ich nicht lache»). Der Kauf von Barometer (Luftdruck) und Hygrometer (Luftfeuchtigkeit) vervollständigt das Instrumentenarsenal. Kaufen Sie entweder analog-antike Modelle im Baumarkt oder setzen Sie gleich auf eine semiprofessionelle, vollautomatische Wetterstation mit Funkthermometer, Barometer, Niederschlagsmesser und Lichtintensitätsmesser (ab 500 Euro). Ersteigern Sie beim Institut für Meteorologie an der Freien Universität Berlin die Patenschaft für ein Hoch oder Tief – mit etwas Glück wird eine Wetterlage, die wochenlang bestehen bleibt, nach Ihnen benannt. Veröffentlichen Sie nun Ihre gesammelten Daten auf einem Wetterblog und wagen Sie sich an erste Vorhersagen heran. Die Lokalnachrichten werden Sie als Held feiern, wenn Sie erst einmal aus der Beobachtung von Druckabfall, aufkommendem Wind, starken Auf- und Fallwinden und einem Temperatursturz eine Hagelkatastrophe prophezeit und als einziger Mensch im Ort rechtzeitig das Auto in die Garage gefahren haben.

Schritt 3. Profi: Melden Sie sich als Mitglied beim Wetterbeobachtungsverein Skywarn und schließen Sie sich den Stormchasern an. Deren Aufgabe besteht darin, sich auf die Jagd nach besonders starken Stürmen zu machen und schwere Unwetter so vollständig wie möglich zu dokumentieren. Die auch Spotter genannten Wetteraktivisten sind an der Front und vor Ort aktiv, können lokale und regionale Ereignisse wesentlich genauer messen und antizipieren als die grobporigen Wetterkarten und informieren per Funk, E-Mail oder SMS die staatlichen Wetterdienste. Die Bürgermeteorologen sorgen so dafür, dass die Vorhersagen präziser werden. Die edelste Aufgabe der Stormchaser ist die Dokumentation von Tornados (Twistern), die es nicht nur in Hollywood-Blockbustern gibt. Jährlich toben etwa 50 dieser Wirbelstürme über Deutschland, 2006 tötete ein Tornado in Hamburg zwei Menschen und brachte 300 000 Einwohner der Hansestadt um ihre Elektrizitätsversorgung.

Je näher Sie an einen Tornado herankommen, desto besser können Sie plötzliche Richtungsänderungen erkennen und gegebenenfalls die umliegende Bevölkerung alarmieren. Gleichzeitig können Sie nur aus nächster Nähe mit Messinstrumenten und Videokamera eine Vielzahl von Informationen sammeln. Denken Sie dabei auch an Ihre eigene Sicherheit: Halten Sie mindestens einen Kilometer Sicherheitsabstand von dem Tornado. Sollte der Sturm einen Haken andeuten und plötzlich auf Sie zurasen, dann stellt der betonierte Keller eines Hauses den einzigen wirksamen Schutz dar. Vergessen Sie Schuppen oder Garagen – der Unterdruck, der im Tornadorüssel besteht, kann ganze Häuser implodieren lassen. Sollten Sie von einem Tornado in freier Natur überrascht werden, gibt es keine Überlebensgarantie. Das Auto bietet nur Schutz, falls Sie einen ausrangierten Panzerwagen der Sowjetarmee besitzen. Kleinwagen und selbst Trucks werden von dem Windmonster umgeworfen. Wer denkt, man könne den Böen ausweichen, indem man sich flach auf den Boden legt, liegt leider ebenfalls falsch – der Sturm kann einen Menschen anheben und durch die Luft wirbeln wie ein Blatt Papier. Erfahrene Spotter und Chaser, die schon so manchen Sturm überlebt haben, geben folgenden Ratschlag: Binden Sie sich mit einem starken Seil an einem Fernsehmast oder Lampenpfosten fest. Und: Achten Sie auf umherfliegende Mülltonnen, PKWs und Kühe.

50. ÜBERLEBENSKÜNSTLER (III)

HANDREICHUNGEN DER HELDEN (III)

Manche Menschen sind nicht totzukriegen.
Was sagt uns das? Mehr Mut zum Schmerz!

Am 30. April 2003 sprach Aron Ralston sein Testament und filmte sich dabei mit seiner eigenen Videokamera: Die Beerdigung könne mit der Lebensversicherung bei American Express bezahlt werden, sagte Ralston, sein Outdoor-Equipment vermache er seiner Freundin Sascha und die CD-Sammlung seinem Freund Chip in New Mexico. Nachdem das Videotestament aufgenommen war, machte sich Ralston an das Design seines eigenen Grabsteins. Mit einem Messer ritzte er seinen Namen und das Datum 30. April 2003 in eine Felswand und schrieb dazu noch die Worte: «Rest in Peace».

Vier Tage zuvor war Ralston auf einer Klettertour im Blue John Canyon im Süden von Utah unterwegs, als sich ein großer Felsbrocken löste und seine rechte Hand einklemmte. Der 27-Jährige versuchte zunächst seine Hand mit Gewalt unter dem Fels hervorzuziehen; als ihm das trotz maximaler Kraftanstrengung nicht gelang, entwickelte er Plan B, C und D. Die erste Fluchtidee sah vor, die Batterien seiner Taschenlampe aufzuschlagen und mit der darin enthaltenen Säure einen Hohlraum unter den Stein zu ätzen – bald musste er einsehen, dass ein paar AA-Batterien, die einen Walkman oder eine Funzel betreiben können, kein Mittel gegen harten Granit sind. Ralston scheiterte auch bei dem Versuch, mit Karabinern und Kletterseilen einen Flaschenzug zu basteln, um den 400 Kilo schweren Stein anzuheben. Als vollkommen aussichtslos erwies sich die Idee, den Stein mit dem Messer zu zerschmettern, ein billiges Imitat eines Schweizer Taschenmessers, das er als Dreingabe beim Kauf einer Taschenlampe bekommen hatte. Ist Geiz wirklich geil?

In seiner Verzweiflung dachte er auch daran, sich den Arm unter dem Ellbogen abzuschneiden. Tief schlug er die Klinge in den Arm, traf auf den harten Knochen und spürte sofort, dass er mit dem billigen Werkzeug auf keinen Fall würde Elle und Speiche zerschneiden können. Aron Ralston hatte viele Touren in der Wüste und den kargen Bergen Nordamerikas unternommen, er wusste genau: Ohne Flüssigkeit und Nahrung würde er in der Region maximal drei Tage überleben.

Am Morgen des 1. Mai 2003 war Ralston zu seinem großen Erstaunen immer noch am Leben. Für einen kurzen Moment überlegte er, sein Todesdatum an der Felswand noch einmal neu zu gravieren. Doch für solche Spitzfindigkeiten fehlte ihm die Kraft. Aron Ralston lag in einem einsamen Canyon, so menschenleer, lebensfeindlich und verlassen wie die Krater des Monds. Und wartete. Dann stieg ihm ein beißender Gestank in die Nase. Schnell merkte er, dass es seine eigene Hand war, die durch die Hitze, den Druck und die Verletzungen bereits zu verwesen begann, und er zur lebenden Leiche wurde. Aron Ralston aber wollte nicht sterben, er bekam einen Wutanfall, warf seinen Körper verzweifelt von rechts nach links, zuckte, tobte, zerrte, als er in seinem eingeklemmten Arm ein Knacken hörte. Und auch in Arons Kopf ertönte ein Geräusch: Klick! Wenn es ihm gelingen würde, dachte der Bergsportler, seine Knochen zu brechen, dann könnte er Gewebe, Sehnen und Blutgefäße auch mit einem stumpfen Messer durchtrennen. Er band einen Gürtel um den Arm und holte tief Luft.

Die Eigenamputation dauerte eine Stunde, danach seilte sich Ralston noch einhändig zwanzig Meter ab und lief zehn Kilometer durch den Canyon, ehe er auf eine Wandergruppe traf, die den Rettungshubschrauber alarmierte. Heute sagt Aron Ralston, dass er seinen Arm nicht groß vermisse. Er wisse auch nicht, wie er den Mut für die Amputation aufgebracht habe: «Ich fühlte den Schmerz. Aber ich habe ihn überwunden und einfach weitergemacht.»

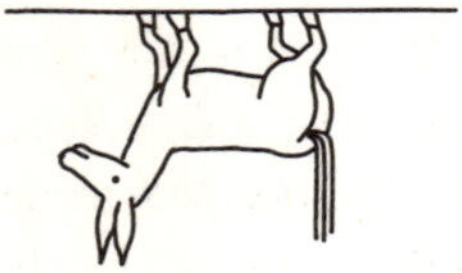

ADAC UND APOKALYPSE

Vier Transportmittel, mit denen man jeder Katastrophe entkommt.

Automobilhersteller geben ihren Allrad-Produkten gerne aufregend klingende Namen wie Pioneer, Touareg oder Exterminator, die klingen, als seien sie einer Science-Fiction-Geschichte von Karl May entnommen. Die Werbung feiert den Triumph der modernen Technik über die widrigen Umstände, über Schlamm, Steilwände und Geröllpisten, und soll dem Konsumenten ein Gefühl der absoluten Sicherheit vermitteln – egal ob man sich am Parkplatz der S-Bahn-Station München-Solln oder in der Taiga befindet. Dabei beweisen Studien, dass die Stollenreifen und Stoßdämpfer der SUVs kaum gefordert werden. Die mächtigen Gefährte werden meist nur für die Spazierfahrt in der Stadt genutzt. Und überhaupt: Kann man die tonnenschweren und spritfressenden Luxus-Jeeps im Worst Case wirklich gebrauchen? Wenn die letzte Tankstelle geplündert worden und die ADAC-Hotline zusammengebrochen ist, die Flüsse und Meere über die Ufer treten und Autowracks die Überholspur blockieren, dann werden wir feststellen, dass uns ein Navi mit Spracherkennung und die teuren Kalbsledersitze in der Lage auch nicht voranbringen. Vier Gefährte für den postapokalyptischen Fuhrpark:

IMZ-Ural Patrol T: Die Motorräder des russischen Herstellers IMZ-Ural sehen aus wie Felsbrocken, an die man Räder geschraubt hat. Design und Ästhetik scheinen die Ingenieure nicht besonders zu interessieren, was vielleicht auch erklärt, warum sich der Look der Ural-Produkte seit Gründung der Fabrik im Jahr 1942 kaum verändert hat. Das Modell Patrol T mit Beifahrerwagen und Zweiradantrieb zum Beispiel basiert auf dem M-72, mit dem sich die Soldaten der Roten Armee im Zweiten Weltkrieg durch Schlammozeane und Tiefschneetümpel gekämpft haben. Die Ural-Gefährte verzichten auf Elektronik-Gimmicks und Leichtmetallbauweise und strahlen die autoritäre Eisen-Aura der Vergangenheit aus. Das Allrad-Bike vereint die Wendigkeit des Motorrads mit der Durchsetzungskraft eines Panzers und bietet dank breiter Sitzbank und Beifahrerwagen genug Platz für die Kernfamilie auf dem Weg in die Sicherheit. Der Beifahrerwagen erhöht nicht nur die Stabilität, sondern dient auch als Reservetank und Kofferraum. «Am Tag danach», wenn die Sicherheitslage ungeklärt und die Infrastruktur zusammengebrochen ist, ist es schließlich ratsam, die großen Verkehrsadern zu meiden und sich auf Trampelpfaden davonzuschleichen. Die Ural Patrol T wird in der russischen Stadt Irbit hergestellt, die zwischen der sibirische Polarprärie und den Berghängen des Urals liegt. Die ideale Topographie für das Testgelände des Terrors.

Preis: 12 500 Dollar, Reichweite: ca. 250 Kilometer pro Tankfüllung, Top-Speed: 95 km/h

Solar Impulse: Wenn die Welt untergeht, dann sollte man selbst den Weg nach oben wählen. Ein Fluggerät bringt einen schnell und auf direktem Weg in Richtung Sicherheit. Helikopter und Privatjets sind allerdings nur auf den ersten Blick eine gute Idee. Können Sie sicher sein, dass Ihr Pilot auch am Tag X pünktlich zum Dienst erscheint? Und wo kommt das Kerosin her, wenn die Pipelines und Raffinerien dichtmachen? Der Solar Impulse, ein Elektrosegelflugzeug, dessen 40 PS starker Motor allein von 11 268 Photovoltaikzellen angetrieben wird, ist das ideale Gefährt, um über den Dingen zu stehen oder besser gesagt zu schweben – Solarsegler funktionieren am besten in einer Höhe über 8000 Meter, da hier die Sonnenstrahlen nicht durch Wolken und atmosphärische Störungen verringert werden. Der Zweisitzer ist aus extrem leichten Kohlefasern gebaut und sieht mit den gebogenen und mehr als 60 Metern langen Flügeln aus wie ein trockenes Buchenblatt, das vom warmen Wind in höchste Höhen getrieben wird. Der Solar Impulse beendet die Abhängigkeit von fossilen Brennstoffen, speichert Energie in Batterien und kann deshalb auch in der Nacht und bei schlechtem Wetter fliegen. Nur Geduld muss der Pilot mitbringen. Ein normaler Jet ist zehn- bis fünfzehnmal schneller als der Solarsegler. Aber nach dem Weltuntergang hat man ja Zeit.

Preis: auf Anfrage, Reichweite: unbegrenzt, Top-Speed: 70 km/h

Segelyacht: Es ist anzunehmen, dass alle Mitglieder des Weltklimarates gerade den Segelschein machen. Denn wenn die Prognosen der Klimaforscher und Ozeanographen eintreffen, wird der Meeresspiegel um bis zu fünf Meter steigen, und Städte wie New York, Amsterdam und Rio de Janeiro werden untergehen. Die Weltmeere sind die neue Autobahn. Eine 40-Fuss-Fahrtenyacht bietet etwa acht Personen Platz (und Arbeit), in drei Kojen unter Deck findet man Schutz vor dem Wetter sowie Betten, Küche, Essplatz und Lagerraum. Die Segelyacht ist das ideale Gefährt, um sich nach dem Untergang der Landmassen auf die Suche nach einer neuen Welt zu machen.

Preis (neu): ab 120 000 Euro, gebraucht ab 30 000 Euro, Reichweite: unbegrenzt, Top-Speed: 6–7 Knoten (11–13 km/h)

Maultier (Mulus): Die vier Reiter der Apokalypse sind bekanntlich auf weißen, roten und schwarzen Pferden unterwegs. Da macht es nur Sinn, sich im Fall der Fälle ebenfalls auf ein vierbeiniges Transportmittel zu verlassen. Maultiere sind weniger ängstlich als Pferde und deshalb besser geeignet für eine Reise durch unaussprechbares Grauen. Maultierzüchter beschreiben ihr Produkt als gutmütig, geradlinig, einsatzfreudig und ausdauernd und weisen gerne darauf hin, dass Maultiere eine dickere Haut und härtere Hufe als Pferde haben, weshalb widrige Witterung und ungemütlicher Untergrund kein Problem für die geländegängige Gattung darstellen. Das Design des Maultiers ist so perfekt, dass Charles Darwin ausgerufen haben soll: «Maultiere sind ganz erstaunliche Tiere (...) es macht den Anschein, dass hier die Kunst die Natur übertroffen hat.» Maultiere können Lasten bis zu 150 Kilogramm tragen und werden durch den günstigsten Bio-Kraftstoff überhaupt angetrieben: Weidegras (bei großer Belastung empfiehlt sich Kraftfutter wie Hafer oder Mais). Maultiere werden in Industriestaaten kaum noch als Lasttiere eingesetzt. Ihr Lebensraum ist der Streichelzoo, und selten sind sie noch auf kinderfreundlichen Bauernhöfen anzutreffen. Die US-Armee und die Gebirgsjäger der Bundeswehr verwenden Maultiere in der Operation «Enduring Freedom», um Munitionskästen und Raketen über die zerklüfteten Hänge von Afghanistan zu transportieren. In manchen Situationen ist Low-Tech die beste Lösung.

Preis: ein vierjähriger Wallach kostet bis zu 2500 Euro, Reichweite: 40 Kilometer am Tag, Top-Speed: auf Kurzstrecken bis zu 60 km/h

52. ESOTERIK

DER TAG DANACH

Wie es gelingt, die alten Fehler nicht noch einmal zu machen, steht in Georgia in Stein gemeißelt.

Auf einem kahlen Hügel über der Interstate 51, etwa 120 Kilometer östlich von Atlanta, im US-Bundesstaat Georgia, steht eine geheimnisvolle Granitstruktur, die in fernen, düsteren Zeiten vielleicht einmal den Fortbestand der Menschheit sichern könnte. Fährt man mit 75 Meilen pro Stunden an dem Hügel vorbei, hält man das graue Bauwerk vielleicht nur für die Überreste einer Festung aus dem Amerikanischen Bürgerkrieg oder eine zerfallene Scheune. Erst wenn man sich den mächtigen Steinstelen zu Fuß nähert, jede von ihnen drei Meter hoch und mehr als zwanzig Tonnen schwer, erkennt man, dass der harte Stein mit Hieroglyphen und chinesischen Schriftzeichen bedeckt ist. Geht man nun um die kreisförmige Struktur herum, auf der ein Marmordeckel thront, entdeckt man arabische, hebräische, russische und lateinische Buchstaben und liest in acht verschiedenen Sprachen immer wieder den gleichen Satz: «Regeln für ein Zeitalter der Vernunft».

Eines ist sicher: Wenn die Welt eines Tages durch Krieg oder Naturkatastrophen dann doch untergehen sollte und der dünne Firnis der Zivilisation zerreißt, dann ist Elberton County in Georgia kein schlechter Ort, um nochmal von vorne anzufangen. Hier gibt es – Stand 2010 – tiefe, grüne Wälder und klare Flüsse und Seen, und eben die geheimnisvollen «Georgia Guidestones», die Ordnung ins zukünftige Chaos bringen sollen und Techniken und Wissen bewahren, das dann vergessen sein wird. Das Problem ist nur: Wie findet man den Ort (34.231984 °N 82.894506 °W) ohne das liebe Navigationsgerät?

Auf den Guidestones wird eine Welt skizziert, in der die Menschen friedlich mit ihren Artgenossen zusammen und in Balance mit der Natur leben. Die Steine sind auf den Sternenhimmel und den Lauf der Sonne ausgerichtet, dienen als astronomisches Instrument, mit dem man Datum, Uhrzeit und Himmelsrichtung bestimmen kann. Der moderne Mensch lebt in einer komplexen und hochtechnisierten Welt voller Komfort und Möglichkeiten, aber wer hat sich noch nicht gefragt, während er mit dem Jet über die schmelzenden Eiskappen der Pole düste, was er eigentlich mit seinen beiden Händen und seinem Geist ausrichten könnte, wenn das Flugzeug in der Tundra abstürzen sollte oder es irgendwann keine Rohstoffe, Kraftwerke und Dienstleister mehr gibt, die unseren Lebensstandard erhalten: Können Sie ein Feuer machen? Ein Rad bauen? Einen Flaschenzug konstruieren oder ein primitives Mühlrad?

Die Guidestones liefern nicht nur Verhaltensregeln für das menschliche Zusammenleben und Orientierung, in Georgia gibt es auch das Gerücht, dass unter dem Monument eine Truhe verborgen sein soll, die das Grundwissen der Zivilisationsbildung enthält: eine Art Festplatten-Backup der Menschheit. Welche Technologien in der Truhe konserviert werden – Schwarzpulver und Verbrennungsmotor? Bitte nicht! –, weiß niemand zu sagen. Irgendwie hofft man auf Baupläne für die Wasserkraftwerke und die Penicillin-Rezeptur.

Die geheimnisvolle Kultstätte ist kein Relikt einer untergegangenen Zivilisation, sondern wurde erst im Jahr 1980 erbaut. Ein unbekannter Mann, der das Pseudonym Robert C. Christian verwendete, trat eines Tages in das Büro der lokalen Steinmetz-Firma Elberton Granite Finishing Company und gab den Auftrag zum Bau: Zahlungen und Baupläne kamen per Post, und die wenigen

Männer, die direkt mit dem Auftraggeber zu tun hatten, nahmen das Geheimnis seiner Identität mit ins Grab (in Georgia munkelt man, der Stifter sei in Wirklichkeit Ted Turner, der liberale Milliardär und Gründer von CNN).

Welche Gesellschaft möchte Robert C. Christian mit der Steinverfassung aber nun gründen? Die wichtigste Regel scheint die letzte auf der Liste zu sein: «Be not a cancer on the earth/Leave room for nature/Leave room for nature», was man als Mahnung an die Überlebenden der Apokalypse lesen kann, die Überflussgesellschaft, die viele der Gefahren, denen sie zum Opfer fiel, selbst erschaffen hatte, nicht wieder aufzubauen. Die Guidestones geben jedoch auch den Rat, die Gesamtpopulation unter 500 Millionen Menschen zu halten und «sich weise zu reproduzieren» und auf die «Fitness und Ernährung zu achten». Anscheinend muss man sich als Überlebender der Apokalypse wie ein Science-Fiction-Nazi verhalten, den Gen-Pool schützen und eine radikale Ein-Kind-Politik verfolgen.

Gerade weil die Steine so stumm sind, sind die Gerüchte über Herkunft und Bedeutung am Überkochen: Da die Struktur aus der Luft aussieht wie ein X, halten Ufo-Freaks die Stelle für einen außerirdischen Landeplatz. Und weil in den Regeln von einem Weltgericht und einer Weltsprache die Rede ist, die auch in dem *Book of Revelation* erwähnt werden, halten evangelikale Christen die Guidestones für die «10 Gebote des Satans». Andere erkennen in den Initialen des Stifters, RCC, einen Hinweis auf den mittelalterlichen Geheimbund der Rosenkreuzer-Orden und die Freimaurer-Bewegung. Immer wieder werden die Steine von Graffitis beschmiert. Aber Granit ist stark, er hält das aus. Die Georgia Guidestones werden da sein, solange es noch Augen gibt, um sie zu lesen.

53. LAWINEN

DER WEISSE TOD

Eine Welle aus Schnee kann man nicht surfen: Wie man vermeidet, ein Schneebrett auszulösen, und was zu tun ist, wenn man doch in einem drinsteckt.

Auf dem Weg hinauf zur Bergstation werden Skifahrer abwechselnd gewarnt und zur Tollkühnheit angestiftet. Auf den Info-Schirmen vor der Gondel blinkt das Lawinenbulletin des Rettungsdienstes. In roter Schrift steht da: «Lawinen-Gefahrenstufe 4! Große Gefahr! Fahren Sie nicht abseits der Piste!!» Daneben hängen Werbeanzeigen von Sonnenbrillenproduzenten, Windjackenherstellern und den großen Skimarken, darauf glückliche Menschen, die sich steile Hänge hinunterstürzen und durch glitzernden, unverspurten Tiefschnee gleiten: «Never Stop Exploring» steht auf den Plakaten, «Freedom» oder «Radical». Die Skifahrer müssen sich fühlen, als ob ihnen Teufelchen und Engelchen auf den Schultern sitzen und flüstern «Tu es!» oder «Nein, tu es nicht». Die Entscheidung liegt bei dem Sportler selbst.

Wer dem Reiz eines unverspurten Pulverschneehangs nicht zu widerstehen vermag, sollte doch zumindest durch einige einfache Überlegungen und Vorbereitungen die Gefahr reduzieren. Denn die ist erheblich: Laut Deutschem Alpenverein starben während der Skisaison 2008/2009 im gesamten Alpengebiet 147 Menschen durch Lawinen. Holen Sie deshalb, bevor Sie in einen Hang einfahren, so viele Informationen ein wie nur möglich. Lesen Sie die aktuellen Lawinenbulletins im Internet und studieren Sie die Informationstafeln im Skigebiet, die detailliert über Temperaturen, Windrichtungen und Schneefälle der vergangenen Tage informieren – sollte die dort serienmäßig installierte Warnlampe blinken, stornieren Sie sofort alle Powder-Pläne. Eine gute Idee ist es auch, vor dem ersten Schwung bei den Jungs von der Bergwacht vorbeizuschauen, die die meiste Zeit des Tages eh Däumchen drehen und sich freuen, wenn sich jemand für ihr Wissen und ihren Rat interessiert (manchmal erhält man dort einen Tipp für eine besonders schöne Abfahrt).

Das nötige Sicherheitsequipment – Verschüttetensuchgerät, Sonde, Schaufel, im Idealfall gar einen aufblasbaren Lawinen-Airbag und den Schneeschnorchel Avalung – mit sich zu führen, ist beim Verlassen der gesicherten Pisten sowieso Pflicht. Fahren Sie zudem nie allein, sondern immer nur in einer Gruppe von mindestens drei Personen. Halten Sie 40 Meter Abstand zum Vordermann und stellen Sie sich vor jeder Abfahrt immer wieder die gleichen Fragen: Wie stark ist der Hang geneigt? Ab 28 Grad wird es gefährlich. In welche Himmelsrichtung ist die Abfahrt exponiert? Süden ist besser als Norden, weil sich auf einem Südhang der Schnee durch die stärkere Sonneneinstrahlung schneller verfestigt. Wie verliefen die Schneefälle in den vergangenen Monaten? Gibt es einen stabilen Untergrund oder liegen Massen an Neuschnee lose auf der alten Schneedecke? Sind Schneeverwehungen und Wechten zu sehen, die abbrechen könnten?

Doch wie immer gilt auch hier – einen hundertprozentigen Schutz vor Lawinen gibt es nicht. Sollten Sie also tatsächlich ein Schneebrett auslösen, beachten Sie bitte folgende Hinweise:

- Der Lawine per Schussfahrt ins Tal zu entkommen, ist so gut wie aussichtslos. Pulver- oder Lockerschneelawinen können eine Spitzengeschwindigkeit von 150 km/h erreichen. Gefährlicher und wesentlich häufiger sind aber sogenannte Schnee-

Der Lawinen-Notausgang:
Gegen Lawinen schützt man sich am besten dadurch, dass man Schneeverhältnisse analysiert und auf den gesicherten Pisten bleibt. Hat man erst ein Schneebrett ausgelöst, helfen nur noch innovative Methoden.

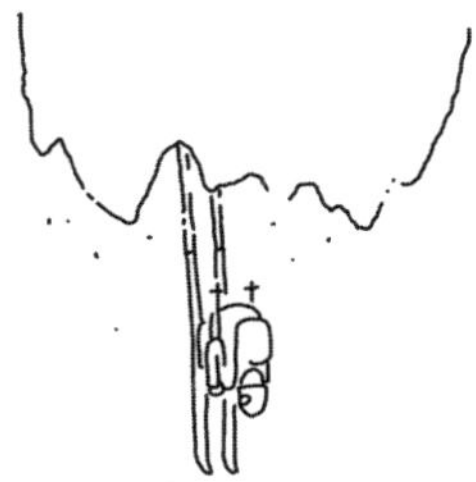

1

2

3

4

5

brett-Lawinen, bei denen der gesamte Hang abbricht und den Skifahrer mit sich reißt.

- Befreien Sie sich deshalb so schnell wie möglich von Ihren Stöcken, um die Arme frei zu haben, und versuchen Sie, der Lawine durch eine Seitwärtsfahrt noch zu entkommen.
- Wenn die Flucht gescheitert ist und Sie von der Schneewelle erfasst werden, lösen Sie sofort die Bindung, denn Ski ziehen Sie nur tiefer in die Schneewelle hinein.
- Versuchen Sie durch Kraulbewegungen so lange wie möglich an der Oberfläche zu bleiben.
- Nehmen Sie eine kompakte Körperhaltung an, wenn Sie bemerken, dass die Lawine zum Stehen kommt. Überkreuzen Sie die Hände und Arme vor dem Gesicht, um eine kleine Atemhöhle zu schaffen.
- Sie leben noch und sind nicht schwer verletzt? Gut. Bewahren Sie Ruhe, es wird dunkel sein und kalt. Sie werden keine Geräusche von der Oberfläche hören können, und außerdem wird ein ungeheurer Druck auf Ihnen lasten. Auch nur den kleinen Finger zu rühren, ist so gut wie unmöglich. Brechen auf nur drei Quadratmetern 50 Zentimeter Schnee weg, wiegt diese Masse bereits über eine Tonne. Ab jetzt haben Ihre Kameraden ungefähr 15 Minuten Zeit, um Sie zu finden und auszugraben. Danach droht Tod durch Unterkühlung und Sauerstoffmangel. Viel Glück.

54. VIDEOSPIELE

MENSCH-ENTSPANN-DICH-DOCH

Gefahrenherd Playstation: Sechs Schritte gegen die Volkskrankheit Computersucht.

Der Computerbildschirm sendet ein kaltes Licht aus, das das Gesicht des Nutzers anstrahlt und ihn in einen Außerirdischen mit blauer Haut verwandelt. Der LED-Schimmer ist das Gegenteil einer roten Höhensonne und einer der Hauptgründe dafür, dass Videospieler und Computerarbeiter auch im digitalen Zeitalter nicht als Schönheitsideal gelten. Der Computer ist in der Wissensgesellschaft längst das wichtigste Werkzeug und hat trotzdem einen enorm schlechten Ruf. Gerade der Menschheitsnachwuchs, so die Befürchtung, werde durch die bunten Pixel-Bilder verwirrt und verliere sich allzu gerne in endlosen Online-Welten wie «World of Warcraft», die Amerika längst als Land der unbegrenzten Möglichkeiten ersetzt haben. Diese Sorgen vermischen sich mit reißerischen Meldungen über amoklaufende Ego-Shooter-Fans und Computerspielsüchtige in Südkorea, die besser auf ihre Videospielfiguren und Avatare achten als auf ihre eigenen Kinder oder den Körper. «Computerspielsüchtige lässt Baby verhungern» oder «Gamer bricht nach 35-stündigem Marathonspiel tot zusammen», heißt es dann. Glaubt man Kritikern, dann ist der Computer ein großer Versucher und Zerstörer, der Jugendliche von ihren Eltern entfremdet, ihnen die Zeit stiehlt, die sie eigentlich für die Ausbildung benötigen, und sie irgendwann ganz in die Virtualität entführt – zurück bleibt eine leere Hülle, ein blasser, schwammiger und ungepflegter Zellhaufen.

Computerspielsucht ist also ein großes gesellschaftliches Problem. In Deutschland seien bereits 40 000 Neuntklässler süchtig nach Computer-Schlachten oder virtuellen Vergnügungsreisen oder zumindest massiv gefährdet, fand eine repräsentative Studie des Kriminologischen Forschungsinstituts Niedersachsen heraus. Sechs Ratschläge, die den Weg aus der Sucht weisen und es Ihnen erleichtern, den Off-Knopf der Playstation zu drücken.

Seien Sie ehrlich! Der Kampf gegen jede Sucht beginnt mit dem Eingeständnis, dass man abhängig ist. Die Anonymen Alkoholiker raten, so schnell wie möglich das Umfeld zu informieren, damit Ihre Freunde, Verwandten und Kollegen Ihnen beistehen können. Schämen Sie sich nicht und stehen Sie zu Ihrer Sucht. Vielleicht ist es ein Trost, dass Sie nicht der erste Mensch sind, der von einem Medium abhängig wurde. Schon 1773 warnte Rudolf Heinrich Zobel in seinen «Briefen über die Erziehung der Frauenzimmer» vor der «Lesesucht», also dem übermäßigen Konsum von Belletristik, für den vor allem Frauen anfällig seien und der zu geistiger Schlaffheit, Pflichtvergessenheit und allgemeiner gesellschaftlicher Nutzlosigkeit führe. Und so wie die Computerspiel-Kritik einen antiamerikanischen Einschlag hat, so fürchtete man sich damals vor allem vor dem verderblichen Einfluss der französischen Literatur.

Arbeiten Sie an Ihrem Look! Nicht nur der Blick in den spiegelnden Computerschirm, auch das Studium von Fachliteratur und TV-Reportagen (*Bild*-Zeitung, ARD-Brisant) sollte Ihnen klarmachen, dass Computerspielsüchtige keine Aussichten auf eine Model-Karriere haben: Schneiden Sie sich endlich die Haare und tun Sie etwas gegen die bleiche Haut. Und: Treiben Sie Sport. Damit die Umstellung nicht so schwerfällt, können Sie sich auch die Konsole Nintendo Wii zulegen und dank Kamera und Bewegungssensor mit vollem Körpereinsatz auf dem Bildschirm kegeln oder Tennis spielen. Die American Academy of Pediatrics hat herausgefunden, dass Kinder durch die aktive interaktive Unterhaltung mit der Wii-Konsole mehr Kalorien verbrauchen als auf dem Laufband. Bestellen Sie das Abendessen auch nicht mehr im Internet, sondern gehen Sie zum Italiener um die Ecke. Auf dem Weg nach draußen können Sie auch gleich nachschauen, wo eigentlich Ihre Küche liegt. Das etwa 80 Zentimeter hüfthohe Gerät, auf dessen Oberfläche vier dunkle, erhabene Kreise liegen, wird Herd genannt und eignet sich zum Erhitzen von Speisen.

Finden Sie Freunde! In einem ersten Schritt können Sie ja den oft vernachlässigten Multiplayer-Modus nutzen. Chatten Sie doch auch mal mit einem Partner aus dem Online-Spiel «World of Warcraft» über «Privatleben» und die «echte Welt». Wechseln Sie dann in den Offline-Modus und suchen Sie soziale Kontakte in der echten Welt – gerne auch zum anderen Geschlecht. Sie werden sehen, die Interaktion mit Menschen in der Realität ist nicht nur unterhaltsam, sondern wirkt sich auch positiv auf psychische Stabilität und Stimmungslage aus. Allerdings müssen einige grundlegende Sozialtechniken aufgefrischt werden: In der analogen Welt berühren sich Menschen, wenn sie sich begrüßen oder verabschieden, an den Händen (Handschlag) oder am ganzen Körper (Umarmung), freudige Zustimmung wird durch Lachen ausgedrückt, ein Geräusch, das wie Haha oder Hoho klingt, ganz bestimmt aber nicht wie «LOL». Und kommen Sie jetzt bloß nicht mit Studien, die belegen sollen, dass regelmäßige Computerspieler überdurchschnittlich viele Freunde haben. Das kann schon deswegen nicht sein, weil die öffentliche Meinung dann ja das Klischee vom einsamen Bildschirm-Junkie revidieren müsste. Und das wäre furchtbar anstrengend.

Lösen Sie Ihre schulischen und beruflichen Probleme! Es kann schon sein, dass Ihr letzter Job oder Ihre letzte gute Note im Deutschunterricht schon Monate oder Jahre zurückliegen. Das muss aber nicht bedeuten, dass Sie ein gesellschaftlicher Versager sind! Die Techniken, die Sie sich in tausenden von Stunden am Computer erworben haben, können sehr hilfreich sein. Laut Forschern der Universität Wisconsin hilft das Spiel «World of Warcraft», die Prinzipien wissenschaftlicher Zusammenarbeit zu verstehen und zu trainieren. In einer Studie der staatlichen Universität in Iowa stellte sich heraus, dass computerspielende Ärzte bei schwierigen Eingriffen 37 Prozent weniger Fehler machten und deutlich schneller waren als ihre Kollegen, die sich nur sehr selten an den PC setzen. Also: Die Welt hat viel zu bieten und das Leben geht weiter! Sollten trotzdem alle Ihre Karrierepläne scheitern, können Sie sich immer noch einem Kamerateam von «Spiegel TV» oder «37 Grad» als Computerspiel-Opfer zur Verfügung stellen (ca. 200 – 500 Euro pro Auftritt).

Bleiben Sie friedlich! Computerprogramme aus dem Ego-Shooter-Genre wie *Halo* oder *Counter-Strike* sind nicht nur Bestseller auf Playstation und Xbox360, sondern laufen auch auf dem Stammtisch-Medium gut. Studien, die den Zusammenhang von exzessiv inszenierter Gewalt in Videospielen und daraus folgenden Aggressionen bis hin zum mörderischen Amoklauf belegen, findet man viele. Studien, die diesen Zusammenhang verneinen, noch mehr. Vorsichtshalber sollten Sie allerdings Ihre Marilyn-Manson-CD aus der Stereo-Anlage nehmen. Geben Sie auch den langen Ledermantel in die Altkleidersammlung. Und hören Sie bitte damit auf, im Internet unter merkwürdigen Nicknames wie VoDKa, Rebdomine oder DarkAngel selbstmitleidige Pamphlete zu veröffentlichen. Melden Sie sich (und Ihren Vater) aus dem Schützenverein ab. Sollten Ihnen alle in diesem Absatz genannten Schritte unmöglich sein und Sie sich beim Erstellen einer Todesliste mit den Namen von Mitschülern oder Vorgesetzten ertappen, brauchen Sie wirklich dringend Hilfe. Nehmen Sie Kontakt zur örtlichen Filiale der *Bild*-Zeitung auf oder rufen Sie den Kriminologen und «Gewaltexperten» Christian Pfeiffer an (0511 – 3 483 611).

Wagen Sie den Totalausstieg: Ein ehemaliger Heroinabhängiger muss nur die Bahnhofsgegend meiden, um nicht wieder in Versuchung zu geraten. Sie aber werden in der Computergesellschaft immer wieder auf Ihre Lustobjekte treffen. Realistischer als totale Abstinenz ist also ein verantwortungsvoller Umgang mit der Sucht. Falls Ihnen das nicht gelingt, hilft nur noch die Flucht ins Ausland. In Liberia kommen auf 1000 Einwohner nur zwei Computernutzer und weniger als ein Internetuser. Hier wird es Ihnen auch bei großem Suchtdruck schwerfallen, eine Playstation aufzutreiben. Auch Asien ist eine geeignete Fluchtdestination für Computerspielsüchtige: In Südkorea soll der Internetzugang für minderjährige Gamer nachts sechs Stunden lang gesperrt werden. Und in chinesischen Kliniken werden exzessiven *World-of-Warcraft*-Anhängern Elektroschocks verpasst.

55. KAMPFHUNDE

DER BISS DES BESTEN FREUNDES

So wehrt man sich gegen Pitbull, Dackel und Golden Retriever.

Die Natur hat ein gutes Gedächtnis, sie vergisst nichts und lässt sich für ihre Rache manchmal auch ein paar tausend Jahre lang Zeit. Wahrscheinlich 15 000 v. Chr. begannen Menschen wilde Wölfe zu zähmen und durch Zucht in die humane Leitkultur einzupassen. Die domestizierten Raubtiere sollten die neuen Herrchen vor wilden Tieren und böswilligen Menschen schützen und verwirklichten sich selbst als Assistent in der Viehzucht und Jagdbegleiter. Es war der gigantischste Integrationsversuch der Geschichte. Im 21. Jahrhundert begegnet der Mensch beim Kräutersammeln im Supermarkt und der Jagd nach Frischfleisch an der Metzgertheke nur noch selten rivalisierenden Fressfeinden. Und vor Einbrechern schützen wir uns mit Alarmanlagen, Sicherheitsschlössern und der Polizei. Trotzdem ist der Hund immer noch da, in größerer Zahl denn je. Allein in Deutschland leben fünf Millionen Exemplare der Gattung. Die Lieblinge gehen zum Hundefrisör und besuchen manchmal auch einen Psychologen oder Rechtsanwalt. Warum auch nicht: Der Hund gilt auch auf Grund seiner Verdienste im Zivilisationsprozess als bester Freund des Menschen. Allein: diesen Titel hat er nicht verdient!

Der Hund schützt heute nicht mehr seinen Besitzer vor wilden Tieren, sondern ist in der sauberen Umwelt der Stadt das gefährlichste Tier. 50 000 Menschen werden in Deutschland jedes Jahr von Hunden angegriffen. 3,9 Personen sterben im Durchschnitt pro Jahr an ihren Verletzungen. Dass wir unserem besten Freund so wehrlos ausgeliefert sind, hängt damit zusammen, dass wir ihn so nah an uns heranlassen (manche Menschen nehmen den Hund zum Schlafen mit ins Bett), zum anderen haben wir im Laufe der Jahre schlicht vergessen, mit wem wir es da zu tun haben: einem Raubtier, Art: Wolf, Gattung: Canis, Tribus: echte Hunde. Beherzigen Sie diese Verhaltensweisen sowohl in der Konfrontation mit dem Kampfhund als auch im Zweikampf mit dem Zwergpinscher.

Prävention: Schön, dass Sie Hunde mögen. Hunde mögen aber keine Hunde. Erlauben Sie einem Köter also niemals, sich an Ihrem Hosenbein zu reiben oder ihre Hand zu lecken. Der Geruch bleibt an Ihnen haften und bewirkt, dass Sie jeder andere Hund, den Sie an diesem Tag treffen, für einen potenziellen Nebenbuhler hält. Das ist auch der Grund, warum Postboten, die die Haare und Geruchspartikel vieler Hunde und Haushalte mit sich herumtragen, so oft gebissen werden.

Charaktertest: Nur weil Sie schon als Kind einen Hund hatten, heißt das nicht, dass Sie den dunklen, wilden Geist, der sich hinter den braunen Hundeaugen verbirgt, verstanden haben. Der American Staffordshire (auch: Pitbull), der Hund mit dem schlechtesten Image der Welt, führt statistisch gesehen ebenso viele Angriffe auf Menschen durch wie der Dackel. Und: Golden Retriever beißen sogar doppelt so häufig zu wie die übel beleumdeten Bullterrier. Experten gehen davon aus, dass Menschen die Attacken «sympathischer Hunde» mit weichem Fell, flauschigen Ohren und freundlichen Augen seltener zur Anzeige bringen und dass die Dunkelziffer der Bissattacken von Pudel, Spitz und Labrador hoch ist. Lassen Sie sich also nicht von dem Aussehen des Aggressors täuschen. Ein Hund, der mit dem Schwanz wedelt, hat keine gute Laune, sondern ist nur ziemlich aufgeregt. Weitere Warnzeichen sind Knurren, Bellen, hochgezogene Lefzen, flach angelegte Ohren und gesträubte Haare.

Diplomatie: Vergessen Sie alle Beschwichtigungsgesten, mit denen Sie Familienmitglieder oder missmutige Taxifahrer zur Räson bringen. Hunde haben auch nach zehntausenden von Jahren in menschlicher Gesellschaft nicht gelernt, unsere Sprache zu sprechen, und deuten deshalb selbst das süße Lächeln von Giselle Bündchen – das geöffnete Maul und die hochgezogenen Mundwinkel – als Zähnefletschen. Unter Menschen gilt das In-die-Augen-Schauen als Zeichen von Offenheit und Ehrlichkeit. Hunde empfinden einen längeren Blickkontakt allerdings als Bedrohung. Der gesenkte Blick wird allerdings als Schwächeeingeständnis interpretiert, was ebenfalls nicht wünschenswert ist. Den besten Eindruck macht man auf Hunde, wenn man sie mehr oder weniger souverän ignoriert, den Kopf oben lässt und man seinen eigenen Geschäften nachzugehen scheint.

Ausweichmanöver: Die Flucht ist eine gute Handlungsalternative, wenn man von einer Horde Hooligans mit kurzer Aufmerksamkeitsspanne verfolgt wird, die nach zwei Blocks eh die Lust verlieren. Beim Hund weckt das Weglaufen allerdings den Jagdtrieb, und das Tier hat einen langen Atem. Sollten Sie also einem feindselig gestimmten Hund begegnen, sollte sie still stehen bleiben und warten, bis der Hund das Interesse verliert. Bewegen Sie sich langsam rückwärts und umgehen Sie den Köter in einem weiten Bogen. Lassen Sie sich die Angst nicht anmerken, spielen Sie den Multitasker, kramen Sie in der Tasche oder sprechen Sie laut ins Mobiltelefon oder mit sich selbst.

Action I: Sollte das Tier tatsächlich angreifen, dann hilft keine Diplomatie mehr. Ihre einzige Option ist nun, stärker als der Aggressor zu sein oder zumindest so zu erscheinen. Um den Alphatier-Faktor zu erhöhen, ist es hilfreich, mit scharfer und tiefer Stimme einen Schrei auszustoßen, wobei sich die Lautstärke gegen Ende erhöhen sollte. Aggressive Gesten wie Wischbewegungen oder Lufttritte wirken ebenfalls eindrucksvoll auf die Tiere. In der freien Natur plustern sich wehrlose Tiere wie Fische oder Frösche gerne auf, um den Aggressor zu vertreiben. Der Mensch hat leider keine versteckten Luftsäcke oder ausfahrbaren Beine im Körper, nutzen Sie deshalb Requisiten wie Aktentaschen oder Regenschirme, die Sie sich über den Kopf halten. Hunde sehen da nicht so genau hin.

Action II: Der Hund lässt sich nicht einschüchtern? Spätestens jetzt sollten Sie Ihre jahrtausendelang antrainierte Zurückhaltung vor dem «besten Freund» aufgeben: Nutzen Sie Regenschirm oder Jacke als Abwehrwaffe, damit sich der Hund darin verbeißt. Zur Not bieten Sie dem Tier Ihren schwächeren Arm an, den Sie vorher etwa mit einer Jacke umwickelt haben. Lassen Sie sich auf keinen Fall zu Boden ziehen. Schlagen Sie dem Hund mit dem Handballen des freien Arms gegen die Schnauze, drücken Sie dem Kläffer Ihre Finger ins Auge, treten Sie ihm mit Füßen und Knien gegen den Brustkorb und versuchen Sie, seinen Kopf nach hinten zu zerren. Hoffen Sie darauf, dass dem Wolf im Hundepelz die Lust vergeht oder möglichst bald Hilfe kommt. Mit etwas Glück vermeiden Sie auch eine Anzeige wegen Tierquälerei.

56. AL-QAIDA

DER BLICK DES BODYGUARD

Die Körpersprache verrät Terroristen und Selbstmordattentäter. Wir müssen lernen, den Body Talk des Dschihad zu entziffern.

Früher war alles einfacher, selbst der Krieg. In den Konflikten des 20. Jahrhunderts konnten Soldaten den Feind und Gegner einfach anhand seiner Uniform, Kopfbedeckung oder Fahne identifizieren. In den asymmetrischen Kriegen des 21. Jahrhunderts, die keine Fronten mehr kennen, keine Grenzen und keine Regeln, tarnt sich der sogenannte «feindliche Kombattant» jedoch als Berufspendler, Tourist oder Geschäftsreisender. Er trägt seine Waffe auch nicht länger bedrohlich wie ein Bajonett oder Schwert vor sich her, sondern versteckt das Mordwerkzeug unter der Kleidung, im Schuh oder an noch intimerer Stelle wie der sogenannte «Unterwäsche-Bomber» Umar Farouk, der am 25. Dezember 2009 in letzter Sekunde daran gehindert werden konnte, einen Airbus A 330 im Landeanflug auf Detroit in die Luft zu sprengen. Der «neue Krieg» kennt lange Strecken der Stille und plötzliche Eruptionen und produziert so für Soldaten und Zivilisten ein Gefühl von Unsicherheit und Angst. Einzelpersonen und Sicherheitsbehörden wünschen sich deshalb gleichermaßen eine neue Überwachungstechnologie, eine Art psychologischen Radarschirm, der die Kontrolle über die unübersichtliche Terror-Topographie garantiert und mit dessen Hilfe man erkennen kann, ob der Passant, Nachbar oder Sitznachbar nun ein harmloser Familienvater oder Geschäftsmann ist und nicht doch ein Gesandter Osama bin Ladens.

In Deutschland soll es etwa tausend gewaltbereite Terroristen und sogenannte Gefährder geben, die sich, wie man sagt, «unter uns befinden». Die Behörden fordern die Bürger deshalb regelmäßig zur Mithilfe auf. Im «Krieg gegen den Terror» muss jeder Bürger zu einer Art Privatermittler werden – wie Miss Marple, die nach einem Mordfall auf einem englischen Landsitz eintrifft, alle Verdächtigen im Kaminzimmer versammelt und ihre Aussagen und das Verhalten so lange analysiert, bis Motiv und Täter ermittelt sind. Das Problem ist nur: Die Fußgängerzone ist nicht so übersichtlich wie Plot und Personal eines Krimis. Und: Das Verbrechen ist noch gar nicht passiert.

Täterbeschreibung und Fahndungsmeldung, die die Experten liefern, lassen ebenfalls zu wünschen übrig. «Wenn wir in der Nachbarschaft irgendetwas wahrnehmen», sprach der Berliner Innensenator Ehrhart Körting, «dass da plötzlich drei etwas seltsam aussehende Menschen eingezogen sind, die sich nie blicken lassen oder so ähnlich, und die nur Arabisch oder eine Fremdsprache sprechen, die wir nicht verstehen, dann sollte man, glaube ich, schon mal gucken, dass man die Behörden unterrichtet, was da los ist.» Die unübersichtliche Lage hat Sprache und Geist des obersten Berliner Verbrechensbekämpfers offenbar durcheinander gebracht. Ein wenig klarer äußert sich Elmar Theveßen, der Stellvertretende Chefredakteur und Terrorismus-Experte des ZDF, der empfiehlt, die Polizei einzuschalten, wenn der Nachbar im großen Stil Chemikalien kauft, Waffenlieferungen empfängt oder überstürzt abreist. Ob man im Wohnblock auch Stichproben in Briefkasten und Hausmüll durchführen soll, sagen die beiden Herren nicht.

In Israel und den USA ist man ein wenig weiter. Um den Feind zu enttarnen, setzen die Geheimdienste und Sicherheitskräfte vor allem auf ein umfassendes Verständnis der Körpersprache. Ein Terrorist, so die Arbeitshypothese, hat sich vorbereitet, er hat seine Waffe versteckt und sich als gewöhnlicher Reisender getarnt, hat sich ordentlich rasiert, trägt Aktenkoffer und iPod und hat die Laufwege und Verhaltenscodes in Flughäfen und U-Bahn-Stationen einstudiert. Nur eine einzige Variable kann der Attentäter nicht kontrollieren: die Sprache seines Körpers, die vom Unbewussten gesteuert wird. Seit dem 11. September 2001 trainieren Agenten und Grenzbeamte daher die Fähigkeit, versteckte Zeichen von Angst, Anspannung, Nervosität, Hass oder Verachtung zu erkennen: eine zitternde Hand, ein unruhiger Blick, Schweiß auf der Stirn, der Body Talk des Dschihad.

Das Standardwerk zum Thema, *Menschen lesen*, hat der langjährige FBI-Agent Joe Navarro verfasst, der in unzähligen Verhören seinen Blick für die unbewussten Signale des Körpers geschärft hat. Als besonders verräterisch betrachtet Joe Navarro vor allem jene «Beruhigungsgesten», mit denen Menschen in Stresssituationen versuchen, sich selbst unter Kontrolle zu bringen. So wie Hunde und Katzen sich lecken und Kinder am Daumen lutschen, haben auch Erwachsene spezifische Handgriffe entwickelt, um sich zu beruhigen. Viele Menschen streichen sich bei Stress etwa über den Hals, weil dort Nerven liegen, die den Herzschlag verlangsamen. Wer angespannt ist, zieht oft die Mundwinkel nach unten oder umschlingt die Stuhlbeine mit den Waden. Auch das Berühren des Nackens oder das Abwischen der Hände an den Oberschenkeln sind klassische Beruhigungsgesten. Nervosität verrät sich durch verstärktes Augenblinzeln, zitternde Finger oder sich verengende Pupillen. Diese Zeichen manifestieren sich aber erst im Verhör. Ein aufmerksamer Bürger und Flugreisender muss es also schaffen, eine ihm verdächtige Person in ein diskretes Vier-Augen-Gespräch über etwaige Attentatspläne zu verwickeln.

Dass der Security-Check der Mitreisenden und die ganz persönliche Rasterfahndung längst zur Reiseroutine geworden ist, beweisen Vorfälle wie die sogenannte «Meuterei von Málaga»: Im Jahr 2006 weigerten sich einige britische Reisende den Flug von Spanien nach Manchester anzutreten, weil auch zwei «arabisch aussehende» Männer ins Flugzeug eingestiegen waren. Die Verdächtigen wurden von der Flughafenpolizei sofort verhaftet – und entpuppten sich später als Staatsbürger der Krone und brave Steuerzahler. Solch ungehobeltes und grobmotorisches Vorgehen bringt die ganze Methode des Menschen-Lesens in Verruf. Echte Experten achten nicht auf Hautfarbe oder Garderobe der Menschen, sondern auf das Spiel ihrer Mienen.

Der Psychologe Paul Ekman hat das menschliche Gesicht für das Facial Action Coding System (FACS) entziffert. Unsere 43 Gesichtsmuskeln erlauben uns gut 10 000 unterschiedliche Mimiken, von denen 3000 auch einen emotionalen Sinn haben. Allein für Ärger hat Ekman mehr als 100 verschiedene Gesichtsausdrücke ausgemacht. Auch dieses Wissen wird für die Terroristenfahndung genutzt: Seit dem Jahr 2006 stehen an 14 Flughäfen in den Vereinigten Staaten von Paul Ekman geschulte Gesichtsleser, die unter allen Reisenden jene mit einer verräterischen Miene herausfischen sollen. Laut Ekman liegt die Trefferquote bei deutlich über fünfzig Prozent. Ein Terrorist gebe sich zwar große Mühe, seine wahren Emotionen zu verstecken. Der Gesichtsausdruck kann jedoch nicht zu 100 Prozent kontrolliert werden, da viele mimische Bewegungen unbewusster Natur sind. Laut Ekman solle man vor allem auf Asymmetrien im Ausdruck achten: «Beide Gesichtshälften drücken das gleiche angebliche Gefühl aus, eine Hälfte aber stärker als die andere.» Als gemeinsames äußeres Merkmal aller Verbrecher machte der Psychologe eine «Mimik der Verachtung» aus: Die Mundwinkel sind zusammengepresst und an nur einer Seite des Gesichts leicht emporgezogen. Eine hochgezogene Oberlippe und tiefe Falten über der Nase weisen zudem auf Ekel hin. Es gebe viele gefährliche Zeichen, meint

Ekman: «Die Lippen werden dünner, wenn wir uns ärgern. Unser Gesicht rötet sich, wenn wir uns für den Kampf vorbereiten. Erhobene Augenbrauen, gespannte untere Augenlider und eine gespannte Lippe weisen auf Angst und Nervosität hin.»

Ekman ist sich sicher, dass eine genaue Kenntnis der Körpersprache unsere Welt zu einem besseren und sichereren Ort machen wird: «Schon Kinder sollen lernen, die Körpersprache zu verstehen», glaubt auch Navarro. Allerdings wissen beide Experten, dass die Körpersprache nur verrät, dass ein Mensch ein bestimmtes Gefühl empfindet, nicht aber, warum. Ein Mensch, der sich vor seinem Transatlantikflug fürchtet, und ein Mensch, der ein Attentat auf ebendiesem Flug plant, könnten letztendlich ähnlich nervös sein.

57. MITMENSCHEN

SCHLAGENDES ARGUMENT

Gefährliche Situation, unangenehme Diskussion? Kein Problem, mit den sieben besten Special Moves der Welt steht man immer auf der Gewinnerseite.

Kote Gaeshi (Aikido): Nein, die Schauspielkunst gehört nicht zu den Talenten von Steven Seagal. Umso mehr aber das publikumswirksame Verdreschen von finsteren Gesellen. Schließlich war die Hollywood-Karriere nur ein Alternativplan von Mr. Seagal, immerhin ist er Inhaber des siebten Dan der japanischen Kampfkunst Aikido. Der Kote Gaeshi gehört zu seinen Lieblingstechniken. Sehr effektiv gegen einen Gegner, der mit erhobenem oder ausgestrecktem Arm angreift. Weichen Sie nach rechts aus, packen Sie den Gegner mit der linken Hand am linken Handgelenk und nutzen Sie seine Energie, um ihn am Arm herumzureißen und zu Boden zu werfen. Mit der rechten Hand packen Sie nun die Finger der linken Hand des Gegners und überdehnen die Hand nach hinten.

Hadaka-Jime (Judo): Ein Judo-Griff, der einst den aus dem Show-Wrestling bekannten Sleeper Hold inspirierte. Von hinten wird der Kontrahent mit dem rechten Arm um den Hals gepackt. Die andere Hand fixiert den Arm am Handgelenk und übt damit Druck aus. Durch das Abschnüren der Halsschlagader wird die Sauerstoffzufuhr zum Gehirn unterbrochen, was diese Technik ebenso gefährlich wie effektiv macht.

Yop-Chagi (Taekwon Do): Der Seitwärtsfußstoß ist eine der kraftvollsten Techniken des Taekwon Do. Auf komplizierte Drehungen wird dabei verzichtet. Reißen Sie das Knie hoch und winkeln Sie es an, die Fußkante ist jetzt waagerecht zum Boden. Nun strecken Sie explosiv das Knie, schieben dabei die Hüfte nach vorne und legen den Oberkörper nach hinten. Die Fußkante beziehungsweise die Ferse wird als Angriffswaffe benutzt.

One Inch Punch (Jeet Kune Do): Aus dem Zwischenreich zwischen Realität und Fiktion stammt der One Inch Punch. Immerhin wurde diese Technik von Bruce Lee für seine Abwandlung des Kung-Fu, Jeet Kune Do entwickelt. Aus kürzester Entfernung (nicht mehr als zehn Zentimeter) wird dem Gegner mit der geballten Faust gegen den Solarplexus geschlagen. Uma Thurman befreite sich in Kill Bill 2 mit dem One Inch Punch aus einem Sarg.

Ha Do Ken (Streetfighter 2 auf der Playstation): Vollziehen Sie mit dem Steuerkreuz Ihres Videospiel-Controllers eine Vierteldrehung, beginnend von unten in Richtung des Gegners. Drücken Sie die R-Taste. Der folgende, blau schimmernde Feuerball kostet den Gegner etwa ein Zehntel seines Energiebalkens.

Hammerfist (Krav Maga): Im Gegensatz zu den meisten asiatischen Kampfsportarten gibt sich Krav Maga nicht mit Selbsterkenntnis, Innerem Frieden oder ähnlichen, nur störenden Metaebenen ab. Entwickelt wurde diese Hybrid-Technik von der israelischen Armee. Das Ziel: den Gegner möglichst effektiv und schnell niederstrecken. Stehen Sie Ihrem Kontrahenten leicht schräg gegenüber. Winkeln Sie Ihren Arm an und heben Sie ihn auf Schulterhöhe, wie beim Kommunistengruß. Nun schleudern Sie die Faust in einer kreisförmigen Bewegung und drehen sich in Schulter und Hüfte mit der Schlagrichtung. Das Ziel ist dabei, wie bei Krav Maga üblich, eine der vielen Schwachstellen des menschlichen Körpers: Nasenrücken, Schlüsselbeine oder Kehlkopf.

Kin Geri (Karate): Frei übersetzt bedeutet Kin Geri in etwa so viel wie Goldjuwelen. Damit ist alles gesagt. Sicherlich handelt es sich dabei um eine der effektivsten, nicht jedoch subtilsten Karatetechniken: ein Fußtritt aus kurzer Distanz mit dem Vollspann in Richtung der Leistengegend des Gegners, dementsprechend vor allem gegen männliche Kontrahenten wirksam.

58. RAUBTIERE

DER VORGARTEN ALS WILDPARK

Sechs animalische Killer und Planierraupen, die uns auch in der Stadt begegnen können.

Mensch und Wildschwein treffen sich auf halbem Weg, dort, wo man eben hingeht, wenn es in der Innenstadt zu hektisch und im Wald zu ungemütlich wird – in der Vorstadt. In den Speckgürteln deutscher Großstädte, den Schlafsiedlungen rund um Berlin oder im Ruhrgebiet, spielt sich längst ein evolutionärer Verdrängungswettbewerb ab, der selbst Charles Darwin glücklich gemacht hätte. Weil sich der Mensch immer weiter ausbreitet und gleichzeitig den natürlichen Lebensraum der Tiere zerstört, sehen wir uns immer öfter mit wilden Tieren konfrontiert. Kulturfolger nennt die Wissenschaft die Arten, die ihr angestammtes Habitat und Verhaltensweisen aufgeben und die Nähe der Städte aufsuchen; Zivilisationsmüll ist nahrhaft und leicht erreichbar. Ein 200-Kilo-Keiler, der hinter den Zäunen eines Wildparks noch ganz possierlich aussehen kann, wird aber, wenn man ihm auf dem Weg zum Gemüsebeet begegnet, zur echten Bedrohung. In Berlin sprechen Behörden und Betroffene von einer Plage. Der Bauern- und Winzerverband Rheinland-Pfalz forderte im Som-

Die Raubtier-Medizin: In der Stadt wird man immer öfter mit wilderen Tieren als Wellensittich und Rauhaardackel konfrontiert. Besser man bereitet sich auf die Begegnung der animalischen Art vor.

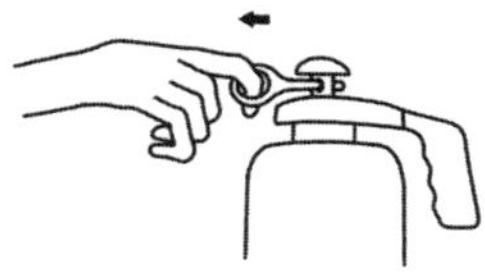

1

2

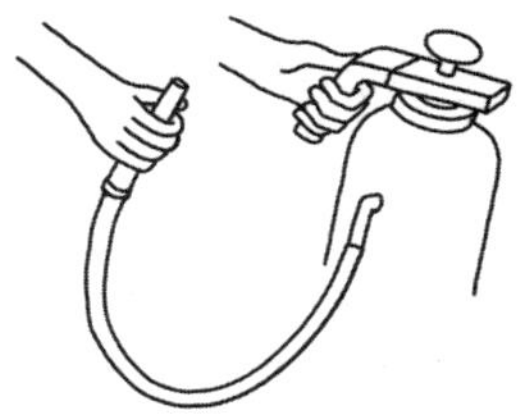

3

4

5

mer 2010 jene Maßnahme, die Hardlinern im Ausnahmezustand immer als Erstes durch den Kopf schießt: Ein Einsatz der Bundeswehr im Inneren sollte helfen, das Schwarzwild in die Wälder zurückzudrängen.

Die Kulturfolger machen auch den Städtetourismus aufregender. In Los Angeles sollten sich Reisende weniger vor Taschendieben oder Kellnern schützen, die einem ein Drehbuchmanuskript unterschieben wollen, viel gefährlicher sind Pumas, die den Reisenden in jedem größeren Park der Stadt auflauern. In Bangkok kann auch einmal ein wütender Elefant im Straßenverkehr auftauchen und für Verwirrung und Blechschäden sorgen. Ausländische Metropolen werden zu Safariparks, um den Kitzel einer Begegnung mit wilden Tieren zu erleben, muss man gar nicht mehr Jeeps anmieten und in Blockhütten oder gar Zelten übernachten. Der Mensch ist ein Mängelwesen, schrieb einst der Philosoph Arnold Gehlen, und in der direkten Begegnung mit der Wildnis, ohne Zugang zu Schusswaffen, wird uns dies wieder einmal schmerzlich bewusst.

Wildschwein (Sus scrofa) *Anzutreffen in:* ganz Europa und dem Großteil Asiens. Eingeschleppt in kleinen Gebieten der USA und Australiens.

Abwehr durch: Wildschweine sind scheue Tiere. Konflikte sind selten. Am ehesten kommt es dazu, wenn ein Muttertier seine Jungen verteidigt. Es empfiehlt sich, auf die nächste Erhöhung (Baum, Autodach, Verkehrsschild) zu klettern. Durch Krach und lautes Schreien werden die Tiere eher noch aggressiver, als dass man sie dadurch vertreiben würde. Schnelle Flucht ist kein guter Rat, im Wettlauf gegen die Sau verliert der Mensch deutlich. Sich tot stellen bringt leider auch nichts, das Schwein ist schließlich ein Allesfresser.

Bären (Ursidae) *Anzutreffen in:* Die Populationen von Braun- und Problembären sind in Westeuropa sehr überschaubar, man geht zusammengenommen von einer dreistelligen Zahl aus. Anders sieht es in Rumänien, auf dem Balkan oder in Finnland und Schweden aus.

Abwehr durch: Nicht weglaufen, das weckt den Jagdinstinkt, außerdem kommen Braunbären auf eine Spitzengeschwindigkeit von 60 km/h. Bären sind versierte Kletterer, die Flucht auf Bäume fällt also aus. Je nach Bärenart hilft es, sich tot zu stellen, Schwarzbären allerdings sind Aasfresser. Wer keine Skrupel hat, benutzt Pfefferspray.

Wolf (Canis Lupus) *Anzutreffen in:* Im Rahmen einer großzügigen Interpretation von EU-Osterweiterung und des Freizügigkeits-Paragraphen sind seit den neunziger Jahren immer wieder Wölfe über die polnische Grenze nach Deutschland eingewandert und vor allem in der Lausitz heimisch geworden (gerne in der Nähe von Truppenübungsplätzen).

Abwehr durch: Normalerweise fürchten sich die Tiere vor Menschen. Es ist also ratsam, alles zu tun, was diese Furcht noch bestärkt: Arme ausbreiten, einen Gegenstand drohend über den Kopf halten, laut schreien. Greift der Wolf wirklich an, wird er sich ähnlich wie ein Hund verhalten: Stock oder dick umwickelten Arm zum Zubeißen anbieten, nicht zu Boden ziehen lassen, zutreten (→ Kampfhunde, S. 234)!

Afrikanischer und Indischer Elefant (Loxodonta africana, Elephas maximus) *Anzutreffen in:* Ursprünglich im gesamten Afrika südlich der Sahara beziehungsweise im gesamten indischen Subkontinent bis nach China, Malaysia und einigen indonesischen Inseln. Mittlerweile ist der Lebensraum stark geschrumpft.

Abwehr durch: Jährlich sterben schätzungsweise mehr als 500

Menschen bei Angriffen durch Elefanten. Und damit ist ein tatsächlich aggressiver Akt gemeint und nicht ein versehentliches Zertrampeln. Im Wettlauf hat der Mensch keine Chance; Bäume oder kleinere Hütten als Versteck zu benutzen ist auch sinnlos. Am ehesten hilft Lärm, die Tiere zu vertreiben.

Puma (Puma concolor) *Anzutreffen in:* Vom südlichen Kanada über die Westhälfte der USA hin zu ganz Südamerika. Fühlt sich im gemäßigten Mischwald ebenso wohl wie in den Tropen.

Abwehr durch: Im Flugblatt *Pumas in Ihrem Hinterhof* rät die Nationalparkverwaltung der kanadischen Provinz Alberta zu offensivem Verhalten. Dem Blick des Tieres standhalten, aufplustern, eventuell mit Steinen werfen oder mit Stöcken fuchteln. All das ist während eines kontrollierten, langsamen Rückzugs durchzuführen.

Waschbär (Procyon lotor) *Anzutreffen in:* Ursprünglich in beinahe ganz Nordamerika. In Deutschland wurden erst in den dreißiger Jahren zwei Waschbärpärchen ausgesetzt. Mittlerweile lebt eine sechsstellige Population in unserem Land – und fast alle sind miteinander verwandt.

Abwehr durch: Direkte Angriffe kommen selten vor. Waschbären sind eher Schädlinge als Schläger. Trotzdem scheint die Tiere manchmal ein gewisser Jähzorn zu befallen. So berichtete die Polizei von Polk County, Florida, im Oktober 2009, dass eine Bande von fünf Waschbären einer Seniorin schwere Verletzungen zufügte, als sie diese von ihrem Grundstück vertreiben wollte. Als Nachsorge empfiehlt sich auf jeden Fall immer eine Tollwutspritze.

LEKTIONEN DER LEINWAND (III)

Was lernen wir im Klassenzimmer des Kinos und auf der Fernsehcouch-Schulbank? Jeder Müllhaufen ist eine Schatztruhe.

Okay. Die Frisur von MacGyver ist nicht unbedingt nachahmenswert. Aber wenn man sich an den Privatdetektiv erinnert, der in den dunklen Fernsehkanälen der achtziger Jahre des 20. Jahrhunderts ermittelte, dann denkt man nicht an den blondierten Vokuhila und die gebleichte Jeansjacke, sondern an seine legendären Bastelfertigkeiten. MacGyver, so heißt es in der Show, ist ein «Mann, der einen Computer mit einer Haarnadel und einem Stück Klebeband reparieren kann». Der Do-it-yourself-Detektiv hat auch Jahrzehnte nach dem Ende der Show viele Fans, nicht nur, weil seine Virtuosität mit dem Schweizer Taschenmesser uns ein wenig an den eigenen Vater erinnert, der in der Werkstatt im Keller immer Radios repariert und Möbel gebastelt und den Kindern so gezeigt hat, dass man die Welt unter Kontrolle bringen kann. MacGyver ist das ideale Rollenvorbild für ein Zeitalter des Mangels, in dem man Funkgeräte, Batterien und andere wichtige Accessoires nicht mehr einfach im Media Markt kaufen kann.

Man sollte darauf verzichten, lernt man, Hosentaschen und Rucksäcke regelmäßig zu säubern. Kleingeld, alte Schokoriegel und Büroklammern können sich im Fall des Falles als nützlich erweisen (vor allem wenn man ein lästiger Schnüffler ist und oft mit Ganoven in Konflikt gerät). MacGyver zeigt, dass man ein Leck in einem Säuretank mit einem Stück Schokoriegel abdichten kann (eine wissenschaftliche Tatsache: Die Säure reagiert mit Zuckermolekülen zu einer zähen Masse, die den Fluss stoppt) oder dass man aus Stöcken, Steinen, Lumpen und einem Rohr einen improvisierten Torpedo basteln kann, der eine Wand durchschlägt. MacGyver fertigt aus Salz, Zucker, Unkrautvernichter und Batteriesäure eine Bombe, schließt den Zeitzünder eines Atomsprengkopfs mit einer Büroklammer kurz und bastelt aus Kaugummiverpackungen Fischköder. Im englischsprachigen Raum nennt man die extreme Version der Do-it-yourself-Ideologie längst MacGyverism oder bezeichnet mit dem Verb «macgyverize» besonders raffinierte technische Improvisationen.

Angus MacGyver ist ein früher Guru der Recycling-Religion. Für ihn ist ein Müllhaufen eine Schatztruhe. In der TV-Sendung lernt man auch, dass es sich lohnen kann, basale Kenntnisse in Materialkunde und Chemie zu besitzen und sich so zu einem Materie-Hacker zu machen. Beim Hacken geht es nicht nur darum, den Zentralrechner des Pentagons lahmzulegen oder Kreditkartenbetrug durchzuführen, sondern vorgegebene Lösungen nicht einfach zu akzeptieren und nach neuen Wegen zu suchen – auf allen gesellschaftlichen Gebieten. Improvisationstalent kann einen aus einer Zelle retten, macht aber auch nicht zu einem glücklichen Menschen: MacGyver sagt: «For the past seven years I have done nothing but travel around the world getting shot up, locked up, blown up ... and all I have to show for it are a couple of empty rolls of duct tape.»

60. LOHNARBEIT

DER KILLER IM BÜRO

Vorsicht: Die falsche Berufswahl steigert die Todeswahrscheinlichkeit um den Faktor 200.

Im Stellenteil der Tageszeitung gibt es keine schlechten Nachrichten. Die Firmen werben mit farbigen Fotos, knackigen Slogans und vielen Ausrufezeichen um die sogenannten High Potentials, die Fach- und Führungskräfte. Die Arbeitgeber erwarten neben guten Noten und Grundkenntnissen in Microsoft Office vor allem «Einsatzfreude», «Kommunikationsfähigkeit» und andere Soft Skills. Dafür bieten sie den Arbeitnehmern ein «kreatives Team», «interessante Karrieremöglichkeiten» und manchmal vielleicht auch ein «überdurchschnittliches Gehalt». Nur eine Information fehlt in den Stellenanzeigen, und leider ist es die wichtigste: Wie gefährlich ist die verdammte Tätigkeit eigentlich? Wie hoch ist die Wahrscheinlichkeit, dass ich mein Arbeitsleben überlebe? Der zeitgenössische Angestellte legt Wert darauf, sich in der Arbeit auszudrücken und selbst zu verwirklichen, und achtet nur selten auf kalte Zahlen wie Unfallstatistiken und die Höhe der Arbeitsunfähigkeitsversicherung. Dabei ist die Arbeitsplatzwahl eine so wichtige Entscheidung, die nicht nur Verdienst und Status bestimmt, sondern auch die Lebenserwartung. Mit der falschen Wahl können Sie das Risiko, innerhalb des nächsten Jahres zu sterben, bis um den Faktor 200 steigern! Die Top-5 der gefährlichsten Berufe:

Elektriker im Freileitungsbau: Hochspannungsleitungen sind ein gefährliche Arbeitsgebiet. Stromschläge und die Sturzgefahr führen dazu, dass pro Jahr einer von 650 Arbeitern ums Leben kommt.

Förster: Der europäische Mischwald sieht nur auf den ersten Blick harmlos aus. Die Wahrscheinlichkeit, innerhalb der nächsten zwölf Monate zu sterben, liegt hier in der Waldhüter-Branche bei 1 zu 1100. Förster fallen jedoch nicht tollwütigen Füchsen oder vereinzelten Problembären zum Opfer, sondern werden von umstürzenden Bäumen oder schweren Traktoren in den Tod gerissen.

Dachdecker: Das Todesrisiko liegt bei 1 zu 1500. Mangelndes Balancegefühl und kleine Stolperer werden hart bestraft. In keinem anderen Beruf ist die Wahrscheinlichkeit, dass ein Unfall auch tödlich ausgeht, so hoch wie hier.

Arbeiter im Kies- oder Betonwerk: Die Zustände der Baustoff-Fabriken erinnern ein wenig an den Manchester-Kapitalismus und die Reportagen von Karl Marx. Arbeiter leiden an Staublungen und hantieren mit schweren Maschinen. Einer von 1600 Arbeitern erlebt das folgende Geschäftsjahr nicht.

Hochseefischer: Noch Anfang des 20. Jahrhunderts war Fischerei unglaublich gefährlich. Einer von 50 Fischern kehrte mancherorts nicht mehr an Land zurück. Die Sicherheitsstandards und Rettungssysteme haben sich seitdem stark verbessert. Heute erwischt es nur noch einen Beschäftigten in der Schifffahrt von 2000.

Die Arbeit an der äußerst beliebten frischen Luft, so zeigt die Analyse, bekommt den Arbeitnehmern nicht besonders gut. Im Umkehrschluss ist ein Beruf dann besonders sicher, wenn der

Ausübende immer in der Nähe des Erdbodens bleibt, sich nie weiter von seinem Schreibtisch wegbewegt, als ein Bürostuhl rollen kann (Autofahren im Beruf erhöht das Todesrisiko dramatisch) und generell den Kontakt mit großen, schweren Objekten meidet. Die sichersten Jobs überhaupt finden sich daher in der Uhren- und Schmuckindustrie, wo auf 100 000 Beschäftigte gerade ein Mensch pro Jahr stirbt. Beim Zusammenstecken millimeterkleiner Zahnräder bricht man sich selten das Genick. Ein Diamant mag zwar hart sein, aber noch nicht einmal ein 128-Karäter kann einen Menschen erschlagen.

61. SUPERHELDEN

ANSCHLUSS UNTER DIESER NUMMER

Manche Katastrophen sind nur von Superman und seinen Kollegen zu stoppen – aber wie nimmt man nochmal Kontakt zu den Krisenmanagern mit Superkräften auf?

Bruce Wayne ist ein Mann, der an die Allmacht der Technik glaubt. Der Multimilliardär und Lebemann, der in seiner Freizeit in Gotham City aufräumt, ist einer der wenigen Superhelden, der seine überlegene Sinnesschärfe und Körperkräfte (hard skills) nicht einer ungewöhnlichen DNA (*Superman*), außerirdischer Ausbildung (*Green Lantern, Silver Surfer*) oder radioaktiven Strahlen (*Spiderman, Hulk*) verdankt. Bruce Wayne ist ein begnadeter Heimwerker mit tiefen Taschen und ist deshalb nicht nur wegen seinen guten Manieren ein heimliches Vorbild für jeden Mann.

Batman ist für alle Eventualitäten gerüstet und hat deshalb an seinem goldgelben Gürtel jede Menge Gadgets und Werkzeuge dabei: der Superheld als wandelndes Schweizer Taschenmesser mit Bat-Boomerang, Bat-Schweißbrenner und Bat-Ohrenstöpseln. Ein simples Mobiltelefon aber hat Bruce Wayne in seinem Tüftelwahn leider vergessen. Wenn der Police Commissioner von Gotham City, Jim Gordon, mal wieder Hilfe braucht, behilft er sich mit einem umfunktionierten Flakscheinwerfer und projiziert das Fledermaussymbol in den ewig wolkenverhangenen Himmel von Gotham City.

Wer sich selbst in einer Situation wähnt, aus der ihn nur noch ein Superheld befreien kann, sollte also nicht nur einen Flakscheinwerfer umbauen können, sondern sich auch darüber im

Klaren sein, dass die kräftigen Krisenmanager meist nachtaktive Wesen sind. Wer um 12 Uhr das Opfer eines Taschendiebstahls wird, kann nicht auf die Hilfe von Batman und Co. bauen. Stattdessen sollte man versuchen, zur besten Sendezeit und auf großer Bühne in Not zu geraten. Tief im Inneren ist auch Batman ein Showman und Angeber, der sich am liebsten vor einer dramatischen Kulisse wie einer gotischen Kathedrale oder einem Art-déco-Wolkenkratzer mit dem Bösen duelliert. Offiziell darf das Rufzeichen an Batman nur von Commissioner Jim Gordon persönlich ausgesendet werden, aber vielleicht ist Batman ja nicht so. Vollkommen ausgelastet scheint der Superheld nicht zu sein. Warum sonst würde er sich von seinem Polizistenfreund Gordon nicht nur bei Notfällen rufen lassen, sondern auch, wenn Gordon mal Lust auf ein gutes Männergespräch hat?

Kollege Superman hilft vor allem Menschen im Epizentrum eines epochalen Ereignisses wie einem einstürzenden Staudamm oder Jahrhundert-Beben. Obwohl sein Alter Ego Clark Kent als Journalist arbeitet, ist Superman kein Informations-Junkie, der permanent mit Smartphone oder Supersinnesorganen die Nachrichtenlage checken würde. Superman erfährt oft nur durch Fernsehen oder Nachrichtenagenturen von einer Katastrophe wie einem abstürzenden Spaceshuttle. Manchmal gibt ihm auch die Reporterkollegin Lois Lane einen Tipp über Pläne und Bewegungsmuster der Superschurken.

Superman ist zwar öfter in Telefonzellen zu sehen, er zweckentfremdet sie allerdings nur als Umkleidekabine, und über eine Mobilnummer ist auch nichts bekannt. Um den Helden auf sich und die Notlage, in der man steckt, aufmerksam zu machen, könnte es helfen, sich in der Nähe von Fernsehkameras aufzuhalten und mit Journalisten befreundet zu sein. Wirkung könnte auch ein Vorfahre des Fernsprechapparats zeigen: der gellende Hilfeschrei, denn Superman besitzt einen beeindruckenden Gehörsinn, der allerdings auf Grund einer voremanzipatorischen Filtertechnik vor allem auf die Hilfeschreie hübscher Frauen reagiert. Männer müssen eben versuchen, in möglichst hohen Tonlagen zu kreischen.

Peter Parker, alias Spiderman, stolpert dagegen eher zufällig von einer Rettungstat zur nächsten. Spiderman ist tagsüber an der Uni beschäftigt und zieht oft erst nach Betriebsschluss der Bibliothek los, um den Frust über Lehrplan und Kommilitonen abzulassen. Spiderman schwingt sich an Seidenfäden durch die Stadt und hat eine Art sechsten Sinn, der ihn vor nahenden Gefahren warnt. Auch er hat keinen Pager oder eine feste Funkfrequenz. Allerdings kann man sein Erscheinen provozieren, indem viele Menschen an einem Unglücksort zusammenkommen, klagende Laute ausstoßen und verzweifelt mit den Händen ringen. Da Spiderman ausschließlich von oben angreift, sind Häuserschluchten und Wolkenkratzer sein bevorzugter Lebensraum. Wer auf dem flachen Land in Not gerät, kann nicht auf den Spinnenkrieger zählen.

Superhelden sind auch nur Menschen. Die Wahrscheinlichkeit, von ihnen gerettet zu werden, hängt vor allem damit zusammen, ob man sie auch privat kennt oder sie einen sogar mögen. Vitamin B eben. Attraktive Frauen in Not, die von der wahren Identität des Helden nichts wissen und ihn im Alltag für einen Langweiler ohne Mumm halten, reizen ihn so zu Liebesbeweisen und Macho-Stunts und haben deswegen die besten Chancen, gerettet zu werden. Ehe man einem Superhelden vorschnell Vorwürfe wegen einer ausgebliebenen Rettungsaktion oder der mangelhaften Arbeitsmoral macht, sollte man sich allerdings überlegen, dass es in ihrer Natur (sprich: Geheimidentität) liegt, sich rar zu machen. Die Helden tauchen nur dort auf, wo es wirklich brennt, und leiden die übrige Zeit unter der Tatsache, dass selbst sie nicht überall gleichzeitig sein können.

Der Superheld an sich, schreibt der Schriftsteller Jonathan Lethem, «ist eine depressive Gestalt», ausgegrenzt, einsam, unverstanden. Die Superheldenverfilmungen der letzten Jahre basieren ebenfalls auf dieser Diagnose. Bruce Wayne ist in *The Dark Knight* ein dunkler Hedonist, dem das Leben nichts mehr zu bieten hat. Er bekämpft das Verbrechen nur zu einem Teil aus Überzeugung, der Rest ist Frustabbau und edles Ennui. Spiderman hingegen erscheint als verunsichertes Studentenbürschlein, das in der Großstadt auf Hartz-IV-Niveau lebt und in Selbstmitleid versinkt. Der Iron Man? Manisch-depressiv. Hulk? Bitte! Und selbst Superman ist nur eine getriebene Seele, die keine Heimat findet und manchmal in das leere und schwarze Weltall flüchtet. Wenn man es so sieht, muss man schon sehr gute Gründe haben, um mit diesen kaputten Typen überhaupt Kontakt aufnehmen zu wollen.

62. FREIER FALL

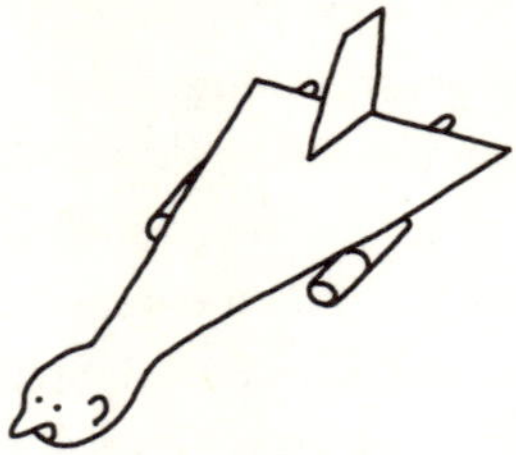

DEEP IMPACT

Wie man einen Sturz aus der Stratosphäre überlebt – ohne Fallschirm!

Die weit verbreitete Höhenangst ist das schlechte Gewissen eines Steppentieres, das sich in Zonen vorgewagt hat, in denen es nichts zu suchen hat. Im Flugzeug oder auf der Aussichtsplattform eines Wolkenkratzers fürchten sich viele Menschen vor dem bodenlosen Sturz, den man oft auch im Traum erlebt. Wenn man dem Psychoanalytiker davon erzählt, nickt er sanft, zieht an der Pfeife und kritzelt mit kratzender Feder die Worte «Versagensangst» oder «fürchtet Kontrollverlust» auf den Papierblock. Die meisten Menschen sterben, weil sie die Treppe hinunterpurzeln oder in der Dusche ausrutschen. Die spektakulären Felswände des Grand Canyon oder 10 000 Meter Leere unter dem Flugzeugsitz machen aber mehr Angst als die frisch gewischte Marmorfläche im Bad. Immer wieder überleben Menschen aber auch Stürze aus höchster Höhe, wie zum Beispiel der 22-jährige Thomas Magill, der im Juni 2010 von einem 40-stöckigen Hochhaus in New York City sprang und mit Knochenbrüchen davonkam, weil er auf einem Dodge Charger landete, der im Halteverbot geparkt hatte; er

Die Ein-Mann-Luftwaffe:
Ein Körper im freien Fall ist nicht völlig wehrlos. Durch das Einnehmen verschiedener Sitzpositionen können Richtung und Geschwindigkeit beeinflusst werden.

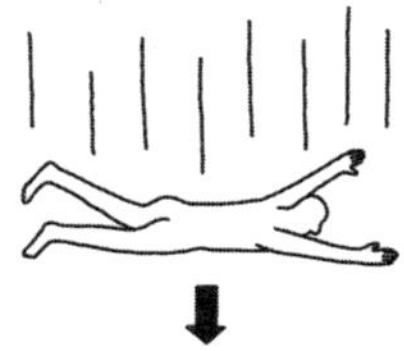

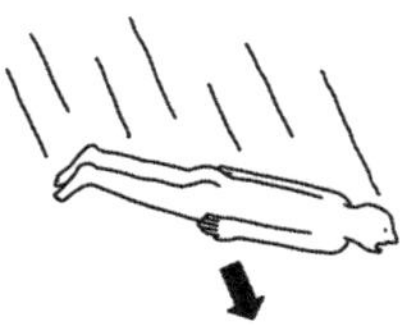

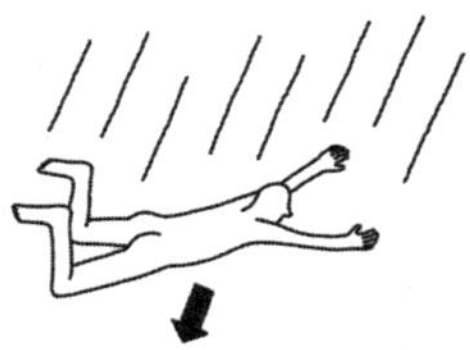

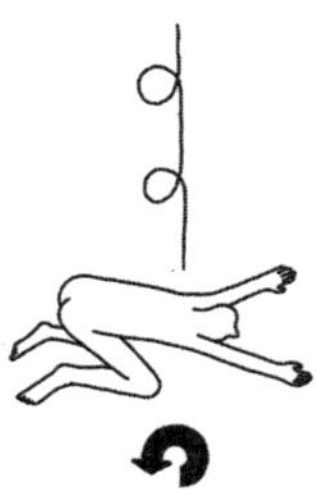

durchschlug das Autodach und blieb auf dem Rücksitz des Oldtimers liegen.

Man sollte sich jedoch nicht ganz auf sein Glück verlassen. Es gibt bei einem Sturz auch Faktoren, die man beeinflussen kann. Und: Je länger ein Sturz dauert, desto besser sind die Überlebenschancen. Eine Anleitung für den perfekten Sturz, 10 000 Meter in drei Minuten, die eigentlich in jedem Flugzeug zu finden sein sollte:

10 000 Meter: Vor einer Sekunde saßen Sie noch entspannt auf Platz 17F der Airbus-Maschine, nippten an einem Gin Tonic und verfolgten mit halb geschlossenen Lidern eine namenlose Romantic Comedy mit Jennifer Aniston. Vielleicht hatten Sie den Kopf an die Kunststoffwand der Kabine gelehnt, ließen sich von dem dumpfen Wummern und den Vibrationen der Triebwerke in einen tiefen Schlaf singen. Plötzlich ein Knall, Licht, Sturm, das Flugzeug ist weg, der «unwahrscheinliche Fall einer Notlage», von dem die Stewardess bei ihrem Vortrag immer spricht, ist eingetreten. Das Flugzeug ist auf Reiseflughöhe explodiert und zerbrochen. Und noch etwas Unwahrscheinlicheres ist passiert: Sie haben die Explosion überlebt und stürzen nun auf die Erde zu. 10 000 Meter. Es bleiben etwa drei Minuten bis zum Touchdown und keine Zeit für Panik und negative Gedanken. Stattdessen gute Nachrichten: Erinnern Sie sich an den Physik-Unterricht und daran, dass ein Körper im freien Fall nicht unbegrenzt beschleunigt, sondern nach etwa sieben Sekunden die sogenannte «terminal velocity» erreicht, also den Punkt, in dem der Luftwiderstand so groß wird, dass die Gravitation nicht weiter aufs Gaspedal drücken kann. Die Höchstgeschwindigkeit liegt je nach Body-Mass-Index und Körperform zwischen 120 und 140 Stundenkilometer. Und denken Sie auch kurz an die Geschichte von Vesna Vulovic, einer serbischen Stewardess, deren DC-9 im Jahr 1972 in

11 000 Meter Höhe über der Tschechoslowakei explodierte, und die nach langem Sturz auf einem steilen, verschneiten Berghang aufkam und überlebte. In 10 000 Meter ist der Sauerstoffgehalt sehr niedrig. Bald werden Sie das Bewusstsein verlieren. Genießen Sie die kurze Pause von Todesangst und Chaos.

7000 Meter: Das Bewusstsein springt wieder an. Es war kein Traum. Nehmen Sie die Fallschirmspringer-Positionen ein: ausgestreckte Arme, gebeugte Knie und leichtes Hohlkreuz. So erhöhen Sie den Luftwiderstand und schaffen eine stabile Flug-, nein, Fallposition. Schauen Sie sich um. Das Panorama ist einzigartig, aber Sie sind nicht hier, um die Aussicht auf Schäfchenwolken, den Sonnenuntergang im Westen oder die Schönheit der eurasischen Landmasse zu bewundern. Stellen Sie fest, ob in Ihrer Nähe weitere Personen oder Wrackteile zu Boden rasen, die eine Kollisionsgefahr darstellen könnten. Kabinenteile oder Metallstücke können aber auch nützlich sein: Laut der Free Fall Research Page (FFRP), einer Online-Datenbank und einer Art Guinness-Buch der Sturzrekorde, die eine Aufstellung aller Ultra-Stürze seit den vierziger Jahren des 20. Jahrhunderts gemacht hat, erhöht sich die Überlebenswahrscheinlichkeit des Stürzenden drastisch, wenn er in einem Kabinenteil steckt oder an eine Sitzreihe gebunden ist. Wreckage Riding nennt die FFRP diese Technik.

5000 Meter: Der Erdball rast auf Sie zu. Strukturen und Landschaft werden erkennbar. Es ist Zeit, eine Landezone auszuwählen. Im freien Fall ist man nicht total hilflos, sondern kann die Richtung beeinflussen und mehrere Kilometer seitwärts fliegen. Legen Sie die Arme an und strecken Sie die Beine aus, um sich nach vorne zu bewegen. Strecken Sie die Arme aus und versuchen Sie mit den Fersen den Hinterkopf zu berühren, um den Rückwärtsgang einzulegen. Mit Schulter und Hüfte können Sie nach links und rechts steuern. Der Körper ist ein Flugzeug, und Sie sind sein Pilot. Suchen Sie nun eine passende Landezone. Meiden Sie Hausdächer, Straßen und trockenen, ebenen Erdboden. Auch Wasser ist entgegen der landläufigen Meinung keine gute Idee, da sich H_2O nicht zusammendrücken lässt, auch nicht von einem Körper, der aus tausenden Metern fällt. Der einzige Unterschied zwischen einem Aufprall auf den Bodensee und dem Sturz auf die Konstanzer Uferpromenade ist, dass der Beton des Bürgersteigs Ihren zerschmetterten Körper nicht verschluckt. Suchen Sie nach einem Sumpf oder einem anderen Feuchtgebiet, nach Buschlandschaften und dichten Wäldern. Berghänge und Hügel sind bessere Landeflächen als die Ebene. Der ideale Landeplatz für einen Freifaller ist ein steiler Berghang mit zwei Meter Pulverschnee (→ Lawinen, S. 225). Falls Sie in der Stadt landen sollten: Glasdächer, Autos und Markisen sind gegenüber dem Bürgersteig klar zu bevorzugen.

500 Meter: Das ist natürlich leichter gesagt als getan, aber: Entspannen Sie sich! Experten gehen davon aus, dass Menschen, die verkrampfte Muskeln und steife Gelenke haben, beim Aufprall stärker verletzt werden. Die Federal Aviation Agency schrieb im Jahr 1963 einen Report, in dem sie behaupteten, dass Akrobaten, Wrestler und Karate-Meister bei einem Flugzeugabsturz die größten Überlebenschancen hätten – wegen ihrer Gelenkigkeit und der großen Erfahrung mit dem Auf-die-Schnauze-Fallen! Nehmen Sie nun die Landeposition ein, Sturzopfer sterben meist an Kopf- und Wirbelsäulenverletzungen. Deshalb: Beine voraus. Füße ausgestreckt. Experten empfehlen die 5-Punkte-Landung, die man auch bei der Landung nach einem Fallschirmsprung einsetzt, also das geteilte Abfangen der Sturzenergie auf Füße, Waden, Oberschenkel, Po und Schultern.

0 Meter: Sollten Sie die Landung überlebt haben: Herzlichen Glückwunsch. Sie sind nun Mitglied in einem äußerst exklusiven Klub. Laut dem Aircraft Crashes Record Office sind zwischen 1940 und 2008 15 463 Flugzeuge mit 118 943 Menschen abgestürzt, und nur 157 Menschen haben einen freien Fall von mehr als 4000 Metern überlebt. Falls Sie Raucher sind, machen Sie es wie Nicholas Alkemade. Der Pilot der Royal Navy wurde im Jahr 1944 über Frankreich abgeschossen, fiel 6000 Meter in eine verschneite Waldlandschaft und überlebte beinahe unverletzt. Er steckte sich danach sofort eine Zigarette an. Den Sturz aus 6000 Metern beschrieb er später als ein «äußerst angenehmes Erlebnis».

63. APOKALYPSE

THE DAY AFTER

Villa an der Cote d'Azur? Chalet in St. Moritz? I wo: Das Traumhaus der Zukunft ist ein Bunker.

Zum europäischen Kulturerbe zählen die Akropolis in Athen, die Abtei von Cluny im Burgund sowie der Kapitolsplatz in Rom. Im Jahr 2010 wurde noch ein weiteres nahezu antikes Bauwerk in die illustre Liste aufgenommen: der «Ausweichsitz der Verfassungsorgane des Bundes im Krisen- und Verteidigungsfall zur Wahrung von deren Funktionstüchtigkeit» (AdVB) bei Ahrweiler, 25 Kilometer südlich von Bonn. Im 17 Kilometer langen Tunnelsystem des in den sechziger und siebziger Jahren erbauten Bunkers hätten etwa im Fall eines Atomkriegs 3000 Politiker und Regierungsbeamte Platz gefunden.

Im 20. Jahrhundert, in dem das Jüngste Gericht an jedem beliebigen Tag in Form einer Interkontinentalrakete mit multiplem Sprengkopf aus dem Himmel herabkommen konnte, gehörte der Bunker zur staatlichen Infrastruktur wie das U-Bahn-System oder das Stromnetz. Seit dem Ende des Kalten Krieges aber wurden auf der ganzen Welt große Bunkerkomplexe stillgelegt, abgerissen oder, noch schlimmer, zu steinernen Zeugen einer längst vergangenen Epoche erklärt. Den deutschen Regierungsbunker besichtigen Schulklassen und japanische Touristen auf Europatournee, die Besucher bestaunen andächtig die Paranoia, den Größenwahn, aber auch die technischen Meisterleistungen einer längst vergangenen Epoche, ganz so, als stünden sie vor der Cheops-Pyramide. Ist die bedrohte Zukunft ein Thema der Vergangenheit? Ist die Angst vor der atomaren Apokalypse wirklich so retro wie mittelalterliche Mönchsgesänge und der griechische Frontsäulenbau? Wer glaubt eigentlich, dass die Welt in den vergangenen 20 Jahren ein sicherer Ort geworden ist?

Wenn der Staat versagt oder sich «aus der Verantwortung stiehlt», muss der Bürger oder die Privatwirtschaft in Eigeninitiative vorsorgen. Die amerikanische Firma Vivos hat deshalb gerade in der kalifornischen Mojave-Wüste einen Hochsicherheitsbunker fertiggestellt, die Anlage soll im Notfall Platz für 200 Menschen bieten, nach eigenen Angaben hat die Firma bereits mehrere tausend Anmeldungen erhalten (www.terravivos.com/secure/reserve.htm). 20 Bunkeranlagen sollen bis 2012 in den USA entstehen, und auch der europäische Markt soll erobert werden. In wenigen Jahren will Vivos ein Bunker-Netzwerk betreiben, das sich über die USA, Europa, die ganze Welt erstreckt – eine Art Starbucks oder H&M der totalen Sicherheit.

Auf der Website von Vivos sind verschiedene Apokalypse-Optionen aufgeführt: Erdbeben oder Tsunami, Viren, iranische Atombomben oder doch der geheimnisvolle Planet Aros, der unsichtbar auf uns zurast. Nur noch wenig Zeit bleibt, ehe am 21. 12. 2012 der Maya-Kalender endet, auch Nostradamus und die Hopi-Indianer äußerten sich nicht gerade optimistisch. Entscheidend, so die Vivos-Macher, sei aber nicht, welche Weltuntergangsvision nun genau richtig liege, es komme vielmehr auf die Frage an: Sind wir auf eine Apokalypse jedweder Art gut vorbereitet?

Mit den Bunkern des Kalten Kriegs haben die Hightech-Strukturen von Vivos nichts gemein. Hier wird es keine Feldbetten geben, keine flackernden Glühbirnen und auch keinen Staub, der von der Decke rieselt, wenn die Einschläge näher kommen. Das Gebäude ähnelt eher einer First-Class-Raumstation. Sechs Wohnmodule, die jeweils gut 30 Menschen Platz spenden, werden sternförmig um einen größeren Raum angeordnet sein, das

«Atrium». Der Inhaber einer Wohneinheit kann am Tag nach der Apokalypse zur Not auch nackt am Bunker ankommen, in jedem Fall wird es genug Kleidung, Nahrung und Wasser geben. Im Vivos-Bunker soll man ein Jahr gut leben können und nicht dahinvegetieren, weshalb neben überlebenswichtigen Einrichtungen wie Arrestzelle und Krankenstation auch eine Bibliothek geplant ist, sowie Spa, Kino und ein Raum für Haustiere. Außerdem gibt es tiefgefrorenes Gourmet-Food und jede Menge Flatscreeens. Im Bunker muss man sich ja auch einmal freuen können, schon um Depressionen, suizidale Anwandlungen oder einen Lagerkoller zu vermeiden. Der Vivos-Bunker sieht aus wie ein Hotel aus Las Vegas oder ein Kreuzfahrtschiff. Eine All-inclusive-Arche auf dem Weg in den Sonnenuntergang der Geschichte.

In der Vivos-Anlage wird es demokratischer zugehen als im Ahrweiler Regierungsbunker. Zuflucht finden nicht nur Politiker, Manager oder andere Menschen mit besonders wertvollem Genmaterial, sondern jeder Kunde, der bereit ist, 50 000 Dollar für einen Platz in der stationären Rettungskapsel unter der Wüste zu bezahlen (Kinder kosten die Hälfte). Die Bunkerbewohner sollen eine demokratische Gesellschaft bilden, sagen die Macher von Vivos; bei der Auswahl der Kunden wird darauf geachtet, dass sie keine Vorstrafen oder Drogenprobleme haben. Ein Mix aus der Gesellschaft soll versammelt werden. Ex-Marines, Krankenschwestern, Zahnärzte, Ingenieure. Es ist ein Casting für eine neue Gesellschaft. Wer bei der finalen Show dabei sein will, muss für das Überleben der Art auch nützlich sein.

Stephan Serin
Föhn mich nicht zu
Aus den Niederungen deutscher Klassenzimmer

Die Leiden eines jungen Lehrers! Geschichten von den täglichen Windmühlenkämpfen, Schülern etwas beizubringen, und dem ganz normalen Wahnsinn in deutschen Klassenzimmern – mit viel Sprachwitz und Selbstironie.
rororo 62670

Von Amtsschimmeln und Lehrkörpern

Dr. Wort
Klappe zu, Affe tot
Woher unsere Redewendungen kommen

Wissen Sie, warum der Hund in der Pfanne verrückt wird oder was dem Fass den Boden ausschlägt? Dr. Wort schildert ebenso lehrreich wie vergnüglich, woher diese und viele andere unserer Redewendungen kommen.
rororo 62632

Hinrich Lührssen
Raumübergreifendes Großgrün
Der kleine Übersetzungshelfer für Beamtendeutsch

«Personenvereinzelungsanlage», «Bedarfsgesteuerte Fußgängerfurt», «Konisch geformter Schüttgutbehälter mit Zentralauslauf» – was wollen uns diese Begriffe sagen? Die absurdesten und ungewöhnlichsten Begriffe aus deutschen Amtsstuben. Mit Erklärungen!
rororo 62555

Alle Titel auch als E-Book erhältlich. Weitere Informationen unter www.rowohlt.de

MIX
Papier aus verantwortungsvollen Quellen
FSC® C019821
FSC
www.fsc.org

Das für dieses Buch verwendete FSC®-zertifizierte Papier
Lux Cream liefert Stora Enso, Finnland.